Kohlhammer
Urban
-Taschenbücher

Band 553

Grundriß der Psychologie
Band 4

eine Reihe in 22 Bänden
herausgegeben von
Herbert Selg und Dieter Ulich

Diese neue, in sich geschlossene Taschenbuchreihe orientiert sich konsequent an den Erfordernissen des Studiums. Knapp, übersichtlich und verständlich präsentiert jeder Band das Grundwissen einer Teildisziplin.

Band 1
H. E. Lück
Geschichte der Psychologie

Band 2
D. Ulich
Einführung in die Psychologie

Band 3
H. Selg/J. Klapprott/
R. Kamenz
Forschungsmethoden der Psychologie

Band 5
D. Ulich/P. Mayring
Psychologie der Emotionen

Band 6
F. Rheinberg
Motivation

Band 7
R. Guski
Wahrnehmung

Band 8
W. Hussy
Denken und Problemlösen

Band 9
W. Deutsch
Sprache

Band 10
F. J. Schermer
Lernen und Gedächtnis

Band 12
H. M. Trautner
Allgemeine Entwicklungspsychologie

Band 14
T. Faltermaier/P. Mayring/
W. Saup/P. Strehmel
Entwicklungspsychologie des Erwachsenenalters

Band 15
G. Bierbrauer
Sozialpsychologie

Band 18 und 19
B. Sieland
Klinische Psychologie
I: Grundlagen
II: Intervention

Band 20
H.-P. Nolting/P. Paulus
Pädagogische Psychologie

Band 22
L. v. Rosenstiel/
W. Molt/B. Rüttinger
Organisationspsychologie

Gerhard Vossel und Heinz Zimmer

Psychophysiologie

Verlag W. Kohlhammer
Stuttgart Berlin Köln

Die Deutsche Bibliothek – CIP-Einheitsaufnahme

Grundriß der Psychologie : eine Reihe in 22 Bänden / hrsg. von
Herbert Selg und Dieter Ulich. – Stuttgart ; Berlin ; Köln :
Kohlhammer
  (Urban-Taschenbücher ; ...)
  Literaturangaben
Bd. 4. Vossel, Gerhard: Psychophysiologie. – 1998

Vossel, Gerhard:
Psychophysiologie / Gerhard Vossel und Heinz Zimmer. – Stuttgart ;
Berlin ; Köln : Kohlhammer, 1998
  (Grundriß der Psychologie ; Bd. 4) (Urban-Taschenbücher ; 553)
  ISBN 3-17-012622-9

Dieses Werk einschließlich aller seiner Teile ist urheberrechtlich
geschützt. Jede Verwendung außerhalb der engen Grenzen des
Urheberrechts ist ohne Zustimmung des Verlags unzulässig und
strafbar. Das gilt insbesondere für Vervielfältigung, Übersetzungen, Mikroverfilmungen und für die Einspeicherung und Verarbeitung in elektronischen Systemen.

Alle Rechte vorbehalten
© 1998 W. Kohlhammer GmbH
Stuttgart Berlin Köln
Verlagsort: Stuttgart
Gesamtherstellung:
W. Kohlhammer Druckerei GmbH + Co. Stuttgart
Printed in Germany

Inhalt

		Seite
Vorwort		9

Teil I: Grundlagen ... 11

1.	Was ist Psychophysiologie?	11
1.1	Philosophische Grundpositionen zur Beziehung zwischen Psychischem und Physischem und Überlegungen zur Begründung der Psychophysiologie	12
1.2	Abgrenzung der Psychophysiologie	14
1.3	Zielsetzungen und Vorgehensweisen in der Psychophysiologie	18
1.4	Historische Entwicklungen	20
2.	Aufbau und Funktion des Nervensystems	24
2.1	Überblick	24
2.2	Die Nervenzelle	25
2.2.1	Elektrische Potentiale in Neuronen	26
2.2.2	Synaptische Übertragung	31
2.3	Zentrales Nervensystem	34
2.3.1	Entwicklung	34
2.3.2	Rückenmark	35
2.3.3	Gehirn	36
2.3.3.1	Großhirn	36
2.3.3.2	Zwischenhirn	38
2.3.3.3	Mittelhirn	39
2.3.3.4	Hinterhirn	40
2.3.3.5	Nachhirn	41
2.4	Autonomes Nervensystem	41
2.5	Endokrines System	45

Teil II: Methoden ... 47

3.	Elektrodermale Aktivität	47
3.1	Terminologie	48

		Seite
3.2	Physiologische Grundlagen	49
3.3	Messung der EDA	51
3.3.1	Elektroden, Ableitorte, Elektrodenpaste	52
3.3.2	Stromversorgung	53
3.3.3	Registrierung	54
3.4	Kennwertbildung bei Hautleitfähigkeitsmessungen	54
3.4.1	Parameter phasischer Veränderungen	54
3.4.2	Tonische Hautleitfähigkeitsparameter	57
3.4.3	Spontanfluktuationen	58
3.5	Einflußfaktoren	60
3.6	Transformationen	60
3.7	Schwitzaktivität	61
3.8	Anwendungsbeispiele	61
4.	Kardiovaskuläre Aktivität	64
4.1	Physiologische Grundlagen	65
4.2	Herzschlagfrequenz	67
4.2.1	Auswertung	69
4.3	Blutdruck	72
4.3.1	Messung und Auswertung	73
4.4	Periphere Durchblutung	75
4.4.1	Photoplethysmographie – Messung und Auswertung	76
4.5	Weitere kardiovaskuläre Variablen	78
4.6	Anwendungsbeispiel	78
5.	Hirnelektrische Aktivität	80
5.1	Beschreibung des EEGs	81
5.1.1	Spontan-EEG	81
5.1.2	Ereignisbezogene Potentiale	82
5.2	Physiologische Grundlagen	86
5.3	Aufzeichnung des EEGs	87
5.4	Analyse des EEGs	90
5.4.1	Spontan-EEG	90
5.4.2	Analyse von ERPs	92
5.5	Weitere Verfahren	94
5.6	Anwendungsbeispiele	95
6.	Elektrische Muskelaktivität	98
7.	Augenaktivität	104
7.1	Pupillendurchmesser	104
7.2	Augenbewegungen	106
7.3	Lidschlag	108

		Seite
8.	Atmungsaktivität	109
9.	Psychophysiologie »unter der Lupe«	112
9.1	Der Wunsch nach objektiven Kriterien subjektiver Phänomene: »Die Kunst, Daten eine Bedeutung abzuringen« (Zugang 1)	113
9.1.1	Maßnahmen im Umgang mit Mehrdeutigkeit aufgrund komplexer Beziehungen	117
9.2	Der Wunsch nach universeller Gültigkeit von theoretischen Sätzen und empirischen Befunden (Zugang 2)	120
9.2.1	Prüfung von Hypothesen	120
9.2.2	Kontrolle	124
9.3	Der Wunsch nach universeller Gültigkeit *und* praktischer Relevanz von Befunden: »Per aspera ad astra« (Zugang 3)	128

Teil III: Zentrale psychophysiologische Konzeptionen . 132

10.	Aktivation	132
10.1	Begriffsbestimmung	132
10.2	Aktivation als eindimensionales Kontinuum	134
10.3	Aktivation und Leistung	139
10.4	Aktivation in Relation zu Reizen, Personen und deren Interaktionen	143
10.5	Epilog	144
11.	Orientierungsreaktion (OR)	145
11.1	Charakterisierung und theoretische Einbettung der OR	145
11.2	Determinanten der Auslösung und Stärke einer OR	149
11.3	Abgrenzung der OR	155
11.4	Das klassische OR-Paradigma	160
11.5	Sokolovs Theorie der OR	160
11.6	Hirnelektrische Anzeichen der OR	162
12.	Streß	166
12.1	Die Beiträge von Cannon und Selye	167
12.2	Die Modifikation der Unspezifitätskonzeption durch Mason	171
12.3	Weitere Entwicklungen	172

		Seite
Teil IV:	**Ausgewählte Anwendungsbeispiele**	175
13.	Biofeedback	175
13.1	Biofeedback zentralnervöser Variablen	177
13.2	Biofeedback autonomer Variablen	178
13.3	Biofeedback neuromuskulärer Variablen	181
14.	Schlaf	183
14.1	Schlafstadien	184
14.2	Organisation und Regulation des Schlafes	186
14.3	Funktionen des Schlafes	189
15.	Psychophysiologische Aussagebeurteilung	191
15.1	Befragungstechniken	192
15.2	Kritik am Kontrollfragentest	195
15.3	Psychophysiologische Differenzierung von Täuschung und Wahrheit	198
Literatur		200

Vorwort

Die Psychophysiologie ist eine humanwissenschaftlich orientierte Disziplin, die sich mit den Zusammenhängen von psychischen und körperlichen Vorgängen befaßt. Themen und Fragestellungen der Psychophysiologie werden in Deutschland auch unter den *Fachbezeichnungen* »Physiologische Psychologie« oder »Biologische Psychologie« abgehandelt. Der Schwerpunkt der psychophysiologischen Ausbildung liegt an deutschen Universitäten im Vordiplomsbereich, wenngleich an einigen Instituten psychophysiologische Inhalte ergänzend im zweiten Abschnitt des Studiums – etwa im Rahmen der Forschungsvertiefung – gelehrt werden.

Das vorliegende Buch stellt eine Einführung in die Grundlagen, Methoden und Konzepte der Psychophysiologie dar und informiert über einige Anwendungsbereiche. Es wendet sich insbesondere an Studierende der Psychologie, aber auch an Interessenten aus benachbarten Disziplinen, wie z.B. der Medizin und der Biologie. Obwohl das Buch primär einführenden Charakter besitzt, haben wir versucht, u. a. durch die Nennung zahlreicher weiterführender Literaturhinweise, auch den Ansprüchen von fortgeschrittenen Studierenden Rechnung zu tragen.

Das Buch gliedert sich in vier Hauptteile: Im ersten Teil werden die wissenschaftstheoretischen, begrifflichen und physiologischen Grundlagen besprochen. Im Mittelpunkt des zweiten Teils steht die Behandlung der zentralen psychophysiologischen Meßmethoden, ihrer physiologischen Grundlagen, Anwendung und Auswertung. Diesem Teil kommt ein besonderer Stellenwert zu, da ohne ein fundiertes Methodenverständnis keine intensive und kritische Auseinandersetzung mit inhaltlichen Themen erfolgen kann. Der dritte Hauptteil konzentriert sich auf ausgewählte Konzepte wie Aktivation, Orientierungsreaktion und Streß. Er soll vor allem Interessierte zur weiteren Beschäftigung mit psychophysiologischen Inhalten anregen. Im vierten Teil schließlich präsentieren wir einige Anwendungsbeispiele, die auch in einer breiteren Öffentlichkeit diskutiert werden, und zwar Biofeedback, Schlaf und die Beurteilung von Aussagen mittels psychophysiologischer Methoden (»Lügendetektion«).

Wir danken Herrn Prof. Dr. Gerd Böhmer, Herrn Dr. Michael Juris und Frau Dipl.-Psych. Pia Gahn herzlich für die kritische Lektüre einzelner Buchkapitel. Herrn Dipl.-Psych. Richard Beuchert und Frau Dipl.-Phys. Agnes Münch sind wir für die Unterstützung bei der Herstellung der Abbildungen zu Dank verpflichtet.

Mainz, im Winter 1997/1998

Gerhard Vossel
Heinz Zimmer

Teil I: Grundlagen

Die ersten beiden Kapitel dienen einer allgemeinen Einführung in den Gegenstandsbereich der Psychophysiologie. Im ersten Kapitel wird der Versuch unternommen, die prinzipiellen Zielsetzungen und Vorgehensweisen der Psychophysiologie zu beschreiben, sie von verwandten Disziplinen abzugrenzen sowie eine Begründung der psychophysiologischen Perspektive zu formulieren. Außerdem wird in einem kurzen Exkurs auf historische Entwicklungen eingegangen, die in entscheidendem Maße zur heutigen Psychophysiologie beigetragen haben. Das zweite Kapitel befaßt sich schwerpunktmäßig mit dem Aufbau und der Funktion des Nervensystems. Die zu vermittelnden Inhalte sollen erste Einblicke in die neurale Steuerung von Körpervorgängen gewähren, wie sie für ein solides Verständnis psychophysiologischer Fragestellungen und Methoden erforderlich sind.

1. Was ist Psychophysiologie?

Der Begriff »Psychophysiologie« verkörpert die enge Verbundenheit zweier Disziplinen (Psychologie und Physiologie), deren Fragestellungen, Zielsetzungen und Methoden sowohl Gemeinsamkeiten als auch gravierende Unterschiede aufweisen. Er steht für die Hoffnung, Psychisches und Körperliches einer gleichberechtigten und erkenntnisfördernden Betrachtung zugänglich machen zu können. Diese erste, noch sehr allgemein gefaßte Charakterisierung der Psychophysiologie wird im folgenden zu präzisieren sein. Möchte man nun zum besseren Verständnis der Ziele der Psychophysiologie den Gegenstand der beiden beteiligten Disziplinen kurz angeben, so fällt auf, daß eine angemessene Kennzeichnung und Abgrenzung in wenigen Worten kaum möglich ist. Wir begnügen uns deshalb an dieser Stelle mit einer skizzenhaften Umschreibung: *Psychologie* als die Lehre von menschlichem Erleben und Verhalten, *Physiologie* als die Lehre von Körper- und Organfunktionen.

1.1 Philosophische Grundpositionen zur Beziehung zwischen Psychischem und Physischem und Überlegungen zur Begründung der Psychophysiologie

Bei dem Versuch einer soliden Begründung der psychophysiologischen Perspektive stoßen wir auf eine grundsätzliche Frage: Wie soll das »*Leib-Seele-Problem*« gelöst werden? Die aus der Philosophie bekannten Vorschläge reichen von einem Extrem (reduktiver psychophysischer Monismus) bis zum anderen Extrem (psychophysischer Dualismus) und haben alle einen Zugang zur Psychologie gefunden. Unter diesen Stellungnahmen zum psychophysischen Problem sind aber nur wenige, die für eine sinnvolle Begründung des psychophysiologischen Ansatzes in Frage kommen (vgl. auch Bunge, 1993; sowie Bunge & Ardila, 1990). Beispielsweise wären Programm und Zielsetzung der Psychophysiologie massiv in Gefahr, falls die Beziehung zwischen dem Körperlichen und dem Geistigen als sich auf unerklärliche Weise ständig ändernd oder von einer eigenwilligen, unabhängigen Macht beeinflußbar gesehen würde. Ebenso wäre es selbstverständlich mit der Programmatik der Psychophysiologie unvereinbar, wenn in Psychologie und Physiologie einander sich gegenseitig ausschließende Grundannahmen über diese Beziehung getroffen würden.

Unabhängig davon, wie man für sich selbst dieses metaphysische Rätsel einer Lösung zuführt bzw. welchen persönlichen Standpunkt man übernehmen möchte, es wird zur *Begründung der Psychophysiologie* in einer Weise geschehen müssen, die es erlaubt, die in der Psychologie und der Physiologie recht unterschiedlichen Systeme zur Beschreibung, Erklärung und Vorhersage sinnvoll aufeinander zu beziehen (vgl. Fahrenberg, 1979, S. 96–99).

Bunge formuliert die dahinterstehende Problematik folgendermaßen:

»Da es keine Zustände oder Prozesse an sich gibt, sondern nur Zustände *von* etwas oder Vorgänge *in* etwas, so müssen wir fragen, was das denn eigentlich sei, das solche psychischen Vorgänge produziert, mit anderen Worten, was ist das für ein Ding, das wahrnimmt, fühlt, sich erinnert, sich etwas vorstellt, etwas will und das denkt? Dieses ist der eigentliche Kern des sogenannten Leib-Seele-Problems, nämlich die Identifizierung des Subjekts mentaler Prädikate.« (Bunge, 1984, S. 6)

Verschiedene Standpunkte sind diesem Problem gegenüber eingenommen worden.

»Diejenigen, die erwarten, das Leib-Seele-Problem sei lösbar, haben Antworten vorgeschlagen, die sich in zwei Hauptgruppen einteilen lassen. Die erste Gruppe ist durch die Ansicht charakterisiert, Träger psychischer Funktionen (Wahrnehmung, Wünsche, Denken usw.) sei der Geist (oder die Seele). Bei der zweiten Gruppe tritt an die Stelle des Geistes das Gehirn. Nach der ersten Gruppe ist der Geist eine immaterielle Entität als Trägerin aller psychischen Prozesse. Gefühle, Ideen, Gedächtnis und dergleichen wären danach Inhalte des Geistes. Entsprechend der zweiten Gruppe von Antworten ist der Geist nicht ein Ding an sich, sondern durch die Summe der Funktionen oder Aktivitäten des Gehirns repräsentiert. Wahrnehmung, Ideenbildung, Denken und ähnliches sind danach Vorgänge des Gehirns.« (Bunge, 1984, S. 7)

Ohne Zweifel sind nicht alle Antworten, die auf die Eingangsfrage gegeben worden sind, als Fundament einer sinnvollen Konzeption der Psychophysiologie geeignet. Richtungsweisend ist aus unserer Sicht eine bestimmte monistische Position, der *Emergentistische Materialismus* (s. z. B. Bunge, 1977, 1984), dessen Grundthesen im folgenden knapp zusammengefaßt sind.

(1) Alle psychischen Zustände und Zustandsänderungen sind Zustände und Zustandsänderungen in den Gehirnen der höheren Wirbeltiere. (2) Diese sind gegenüber solchen der Elemente des Gehirns als emergent zu betrachten (bei einem System sind emergente Eigenschaften solche, die dem System als Ganzem zukommen, nicht jedoch dessen Bestandteilen). (3) Die sogenannten psychophysischen Beziehungen sind nichts anderes als Wechselwirkungen zwischen unterschiedlichen Teilsystemen des Gehirns oder zwischen einigen von ihnen und anderen Teilen des Organismus (vgl. Bunge, 1984).

Es sind vornehmlich drei Gründe, die bei dem Versuch einer Begründung der Psychophysiologie für diese Ansicht oder programmatische Hypothese sprechen:

1. Die Annahme einer geheimnisvollen »Geistessubstanz« oder einer unabhängig existierenden Seele wird vermieden, ohne dabei die Existenz und das Besondere psychischer Vorgänge zu leugnen.

2. Ungleich dem psychophysischen Dualismus zwischen »Leib und Seele« fördert der emergentistische Materialismus ein Zusammenwirken von Psychologie und anderen Wissenschaften (insbesondere Neurowissenschaften), weil er psychische Vorgänge als eine spezielle Form von biologischen ansieht.

3. Ungleich dem reduktiven Materialismus, der die emergenten Eigenschaften und Gesetze des Nervensystems und seiner Funktionen nicht zur Kenntnis nimmt, bekennt sich der emergentistische Materialismus dazu, daß Psychisches eine emergente Qualität ist, und schlägt vor, diese Problematik mit allen zur Verfügung stehenden wissenschaftlichen Verfahren anzugehen.

Der entscheidende Vorteil dieser Grundeinstellung gegenüber dem psychophysischen Problem ist demnach darin zu sehen, daß sie dem Bemühen, bedeutsame Schlüsse von physiologisch Meß- und Beschreibbarem auf nicht direkt erfaßbares Psychisches zu ziehen, nicht im Wege steht, sondern ihm erst Sinn verleiht. Darüber hinaus können sich auf diesem Wege die Methoden und Erkenntnisse der beiden (und auch verwandter) Einzeldisziplinen ergänzen, gegenseitig anregen oder sogar befruchten. Beide Argumente zusammen verdeutlichen die heuristische Bedeutung dieses programmatischen Ansatzes – als *Voraussetzung für psychophysiologische Erkenntnis*.

1.2 Abgrenzung der Psychophysiologie

Neben der Bezeichnung Psychophysiologie existieren zahlreiche weitere Begriffe für wissenschaftliche Disziplinen, deren globales Ziel ebenfalls die gemeinsame Betrachtung psychischer und körperlicher Prozesse ist. Die wichtigsten darunter sind: Physiologische Psychologie, Biologische Psychologie bzw. Psychobiologie, Neuropsychologie und Psychosomatik bzw. Verhaltensmedizin. Es ist nun zu klären, ob und anhand welcher Kriterien diese Disziplinen von der Psychophysiologie abgegrenzt werden können. Dabei muß vorausgeschickt werden, daß verschiedene Autoren unterschiedliche Abgrenzungsvorschläge formuliert bzw. für die genannten Disziplinen unterschiedliche Definitionen vorgeschlagen haben. Wir lehnen uns in der folgenden Darstellung an Vorschläge an, wie sie u. a. von Stern (1964), Fahrenberg (1979), Markowitsch (1983) sowie Velden (1994) propagiert worden sind.

Der erste Versuch zur Abgrenzung der Psychophysiologie gegenüber der Physiologischen Psychologie stammt von Stern (1964). Danach soll von *Psychophysiologie* dann gesprochen werden, wenn die abhängige Variable, also das was erfaßt werden soll, eine veränderliche physiologische Größe ist, und die unabhängige Variable, d. h. die vom Versuchsleiter (Vl) systematisch variierten, also in bestimmter Weise (planmäßig) hergestellten oder ausgewählten Bedingungen, psychische Veränderungen zur Folge hat, deren Einfluß auf die physiologische Größe untersucht wird. Von *Physiologischer Psychologie* soll hingegen dann gesprochen werden, wenn die Verhältnisse umgekehrt sind, wenn also die Auswirkungen systematischer physiologischer »Manipulationen« (Bedingungsvariationen) auf psychisches Geschehen untersucht werden. Velden (1994, S. 17) greift diesen Grundgedanken von Stern auf und definiert die Physiologische Psychologie als Wissenschaft, die sich mit den »Auswirkungen systematischer Beeinflussungen der Funktion des Nervensystems auf das Verhalten (und implizit auf psychische Funktionen)« befaßt, »während die Psychophysiologie die körperlichen Auswirkungen psychischer Prozesse zum Gegenstand hat«. Entsprechend diesen Überlegungen wäre eine Untersuchung, in der ein Versuchsleiter (Vl) bei einer Versuchsperson (Vp) verschiedene Gefühle (z. B. Angst und Ärger) induziert und prüft, ob diese mit unterschiedlichen physiologischen Veränderungen (z. B. in der Herzschlagfrequenz oder im Blutdruck) einhergehen, der Psychophysiologie zuzuordnen. Ein Versuch hingegen, bei dem Adrenalin in unterschiedlichen Dosen verabreicht wird, um zu prüfen, wie sich als Folge dieser physiologischen Manipulation bestimmte kognitive Funktionen (z. B. Gedächtnisfunktionen) verändern, wäre der Physiologischen Psychologie zuzurechnen.

Fahrenberg (1979) und Markowitsch (1983) grenzen die Physiologische Psychologie von der Psychophysiologie anhand ihrer bevorzugten Methoden und Themen ab, wobei Markowitsch zusätzlich eine Abgrenzung zur Neuropsychologie vornimmt. Beide Autoren schränken die *Physiologische Psychologie* auf eine vorwiegend *tierexperimentelle* Wissenschaft ein, deren Ziel die Aufdeckung grundlegender Zusammenhänge insbesondere zwischen dem Gehirn und dem Verhalten ist. Die bevorzugten Methoden stellen dabei experimentell kontrollierte Eingriffe in das Zentralnervensystem (z. B. Läsionen oder Reizungen bestimmter Hirnstrukturen) und die Analyse der Folgen solcher Eingriffe dar (z. B. durch Verhaltensbeobachtung bzw. -messung, Einzelzellableitung oder eine andere Erfassung von Aktivitäten des zentralen Nervensystems). Im Gegensatz dazu wird die *Psychophysiologie* als eine überwiegend *humanwissenschaftlich* orientierte Disziplin beschrieben, die nach Kovariationen zwischen Verhalten/Erleben und Aktivitäten des Nervensystems sucht bzw. diese zu verstehen versucht und deren Methodeninventar hinsichtlich der Bestimmung der Aktivitäten des Nervensystems auf non-invasive Ableitungen, d. h. Ableitungen von der Körperoberfläche, beschränkt ist. Schließlich versteht Markowitsch (1983) unter *Neuropsychologie* die Erforschung von Zusammenhängen zwischen (neurologisch diagnostizierten) Hirnschädigungen (durch Krankheit oder Gewalteinwirkung) und menschlichem Verhalten bzw. Verhaltensdefiziten, die durch spezifische psychologische Testverfahren und Verhaltensanalysen diagnostiziert werden können. In *Abb. 1.1* ist die Abgrenzung dieser drei Disziplinen dargestellt, wobei vor allem deutlich werden soll, daß es sich nicht um vollständig unabhängige Disziplinen handelt,

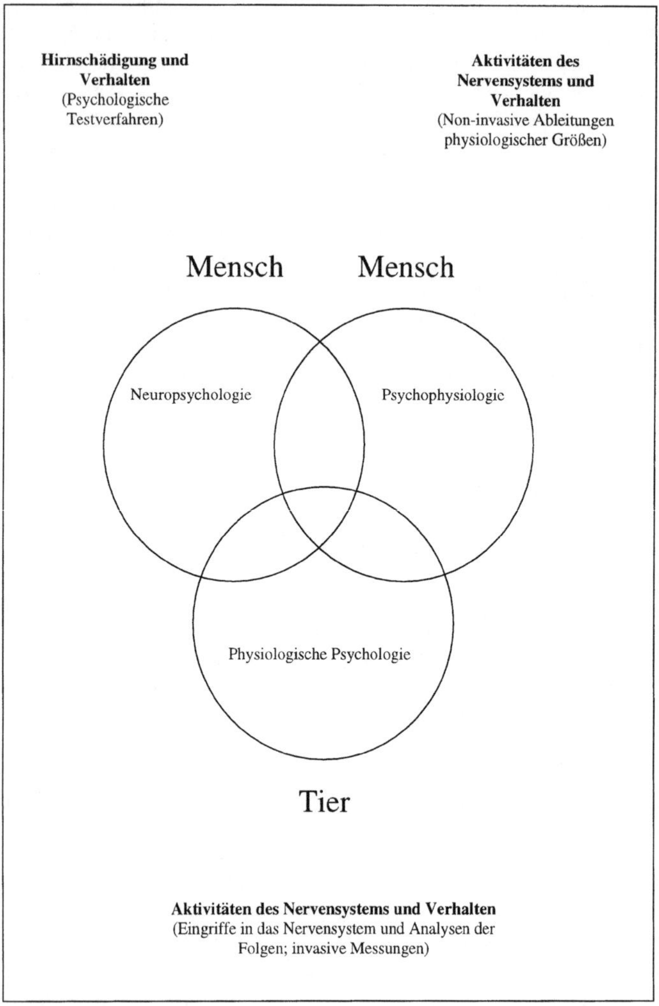

Hirnschädigung und Verhalten
(Psychologische Testverfahren)

Aktivitäten des Nervensystems und Verhalten
(Non-invasive Ableitungen physiologischer Größen)

Mensch   Mensch

Neuropsychologie   Psychophysiologie

Physiologische Psychologie

Tier

Aktivitäten des Nervensystems und Verhalten
(Eingriffe in das Nervensystem und Analysen der Folgen; invasive Messungen)

Abb. 1.1: Bevorzugte Ziele, Methoden und Forschungsobjekte der Neuropsychologie, Psychophysiologie und Physiologischen Psychologie (nach Markowitsch, 1983)

sondern daß es unterschiedliche Überlappensbereiche gibt. So könnte beispielsweise eine Untersuchung zu Veränderungen im Erlernen einer Angstreaktion bei Katzen oder Menschen als Folge eines Eingriffs in das Gehirn (z. B. eine gezielte Läsion oder ein chirurgischer Eingriff aufgrund einer Hirnschädigung) nach dem in *Abb. 1.1* dargestellten Schema durchaus sowohl der Physiologischen Psychologie, der Psychophysiologie als auch der Neuropsychologie zugeordnet werden, je nachdem, wie die Fragestellung realisiert wird und mit welchen Methoden die Veränderungen ermittelt werden.

Neben den genannten Begriffen findet in den letzten Jahren vermehrt der Begriff der »Biologischen Psychologie« bzw. »Biopsychologie« (seltener: Psychobiologie) Verwendung (z. B. Galluscio, 1990; Janke, 1993). Betrachtet man die Themen, die unter diesem Begriff abgehandelt werden, so wird deutlich, daß es sich dabei nicht um eine an spezifischen Zielen, Methoden oder Forschungsobjekten von den erwähnten Disziplinen abgrenzbare Disziplin handelt. Unter dem Begriff der *Biologischen Psychologie* werden vielmehr neben Fragestellungen der Neuropsychologie, Physiologischen Psychologie und Psychophysiologie Themen aus der Genetik, Abstammungslehre, Anthropologie, Ethologie und Sinnesphysiologie behandelt. Biologische Psychologie fungiert damit als ein Oberbegriff für alle diejenigen wissenschaftlichen Disziplinen, die sich mit den biologischen Grundlagen und evolutionären Ursprüngen von Verhalten und Erleben beschäftigen, wobei die Bandbreite an Forschungsobjekten vom Einzeller bis hin zum Menschen reicht.

Die *Psychosomatik* schließlich beschäftigt sich mit den »körperlichen Auswirkungen psychischer Prozesse« (Velden, 1994, S. 11) unter dem Gesichtspunkt der Entstehung von körperlichen Erkrankungen. So haben z. B. Situationen, die als sehr stark belastend erlebt werden, massive physiologische Auswirkungen (z. B. Erhöhung des Blutdrucks), die bei hinreichender Dauer über eine Folge von Zwischenschritten (z. B. Verletzungen der Arterieninnenhaut) zu Organschädigungen (z. B. Absterben von Herzmuskelgewebe infolge einer Verschließung von Herzkranzarterien) führen können. Die Analyse und Therapie solcher Erkrankungen, bei denen psychische Prozesse höchstwahrscheinlich von Bedeutung sind, ist der Gegenstand der Psychosomatik, die zum überwiegenden Teil der Medizin zugeordnet wird und die seit ihren Anfängen stark von psychoanalytischen Auffassungen und Sichtweisen geprägt ist (vgl. ausführlicher Velden, 1994). In Abhebung von diesem bis heute dominierenden Ansatz findet in den letzten Jahren vermehrt der Begriff der *Verhaltensmedizin* Verwendung (bzw. man spricht von psychophysiologischen statt von psychosomatischen Störungen; vgl. Fahrenberg, 1979), der die Absicht signalisiert, die in Frage stehenden Dysfunktionen auf der Grundlage verhaltensorientierter (insbesondere lerntheoretischer) Ansätze und Verfahren zu verstehen und zu therapieren (vgl. Miltner et al., 1986).

1.3 Zielsetzungen und Vorgehensweisen in der Psychophysiologie

Aus den vorausgegangenen Darstellungen lassen sich einige spezifische Merkmale der Psychophysiologie erkennen, die uns eine Präzisierung ihrer Zielsetzungen und prinzipiellen Methoden gestatten.

(1) Die Psychophysiologie ist eine *humanwissenschaftliche* Disziplin, die sich mit den Zusammenhängen von psychischen und körperlichen Vorgängen befaßt. Dies impliziert hinsichtlich ihres Methodeninventars, daß einerseits das gesamte Spektrum psychologischer Methoden zur Erfassung und Induktion psychischer Merkmale und Prozesse eingesetzt werden kann (z. B. Testverfahren zur Erfassung von Fähigkeiten; Fragebogen zur Erfassung von Persönlichkeitsmerkmalen und psychischen Zuständen; apparative Verfahren zur Bestimmung von mentalen Leistungen; sensorische Reizung; Situationsmanipulationen zur Induktion bzw. Anregung von Emotionen und Motivationen usw.). Dies impliziert andererseits, daß allein aus Gründen der Zumutbarkeit die interessierenden körperlichen Vorgänge (insbesondere die Aktivitäten des Nervensystems, aber auch die anderer Systeme, wie z. B. des hormonellen Systems oder des Immunsystems) möglichst *non-invasiv* zu erfassen sind, d. h., die interessierenden Maße werden am intakten menschlichen Organismus von der Körperoberfläche und nicht aus dem Körperinneren gewonnen.

(2) Die Psychophysiologie ist eine *interdisziplinäre* Wissenschaft, in deren Rahmen eine Vielzahl psychologischer Fragestellungen behandelbar ist. Diese Feststellung widerspricht nicht der Tatsache, daß sich die psychophysiologische Forschung bisher auf relativ wenige, ausgewählte Fragestellungen konzentriert hat, da hierfür hauptsächlich praktische Überlegungen entscheidend waren (z. B. vornehmlich solche psychischen Prozesse zu untersuchen, die eine markante bzw. leicht zugängliche physiologische Seite haben; vgl. Fahrenberg, 1979). Es folgt weiter, daß physiologische Variablen in der Regel nicht um ihrer selbst willen erfaßt werden, sondern daß diese im Kontext von und unter Bezug auf psychologische Fragestellungen, Konzepte und Theorien gesehen und behandelt werden müssen. Dabei wäre das Idealziel dann erreicht, wenn eine physiologische Größe bzw. ein davon abgeleiteter Kennwert eindeutig als Indikator eines bestimmten psychischen Prozesses inter-

pretiert werden könnte, der mittels anderer Methoden nicht, weniger objektiv oder unpräzise erfaßbar ist. Dieser Idealfall würde es gestatten, beim Auftreten oder Ausbleiben der physiologischen Funktionsänderung stringente Aussagen darüber zu machen, ob der entsprechende psychische Zustand bzw. die Zustandsänderung eingetreten ist oder nicht (z. B. wenn die Validität einer kurzfristigen Verlangsamung der Herzschlagfrequenz auf einen diskreten sensorischen Reiz als Indikator einer Aufmerksamkeitsreaktion gesichert wäre, könnte bei jedem Auftreten dieser physiologischen Veränderung geschlossen werden, daß sich der betreffende Organismus in einem Zustand erhöhter Aufmerksamkeit befindet). In der konkreten Forschungsrealität ist es bisher allerdings noch nicht gelungen, dieses Idealziel einer eindeutigen und von Rahmenbedingungen unabhängigen Beziehung (Cacioppo & Tassinary, 1990a) zwischen physiologischen und psychologischen Größen zu erreichen, wenngleich dieses möglicherweise utopische Ziel nie aus den Augen verloren werden sollte (Stevens, 1951; vgl. auch Kap. 9). Somit sind in der gegenwärtigen Situation nur eingeschränkte Schlußfolgerungen möglich. Diese Einschränkungen können z. B. darin bestehen, daß eine eindeutige Beziehung zwischen einer physiologischen Größe und einem psychischen Prozeß nur unter ganz spezifischen Kontextbedingungen existiert, daß ein psychischer Prozeß nicht durch eine, sondern durch mehrere physiologische Variablen und ggf. deren spezifisches Muster repräsentiert wird oder daß mehrere psychische Prozesse mit ein und derselben physiologischen Variable oder mit einem bestimmten Ausprägungsmuster verschiedener Variablen in Zusammenhang stehen (für eine ausführliche Diskussion dieser möglichen Beziehungen vgl. Kap. 9).

(3) Nach dem heutigen Stand ist die Psychophysiologie vornehmlich als eine *Grundlagenwissenschaft* zu charakterisieren, die in hohem Maße der Methodologie der experimentellen Psychologie verpflichtet ist (vgl. Kap. 9). Differenzierungen sind jedoch leicht möglich (z. B. in Allgemeine und Differentielle Psychophysiologie; vgl. Fahrenberg, 1979). Ebenso können breit gefächerte Anwendungsbezüge (z. B. zur Arbeitswissenschaft und Gesundheitspsychologie, zur medizinischen und klinischen Psychologie sowie zur Sozialpsychologie) hergestellt werden, wenngleich auch in diesen Bereichen der Schwerpunkt psychophysiologischer Aktivitäten z. Zt. noch auf der Forschung liegt. Zu den psychophysiologischen Studien im weitesten Sinne können auch noch solche Arbeiten gerechnet werden, die sich nicht primär mit dem Zusammenhang psychischer und physiologischer Vorgänge befassen, sondern die sich mit spezifischen methodischen Problemen beschäftigen, wie

z. B. der Frage nach den Abhängigkeiten bestimmter physiologischer Änderungen von ihrem Ausgangsniveau, der Frage nach den spezifischen anatomisch-physiologischen Grundlagen einzelner Größen (z. B. welche kardiovaskulären Maße reflektieren am besten die Aktivität des sympathischen und welche die des parasympathischen Nervensystems) oder der Frage nach wechselseitigen Abhängigkeiten verschiedener physiologischer Größen (z. b. der gegenläufigen Regulation von Blutdruck und Herzschlagfrequenz).

1.4 Historische Entwicklungen

Stern et al. (1980) charakterisieren die Psychophysiologie als eine Disziplin mit einer kurzen Geschichte und einer langen Vergangenheit. Die kurze Geschichte beginnt in den 50er Jahren mit dem losen Zusammenschluß einer informellen Gruppe von Forschern in den Vereinigten Staaten von Amerika, aus der 1960 die »Society for Psychophysiological Research« entstand, unter deren Herausgeberschaft 1964 die erste genuin psychophysiologische Zeitschrift »Psychophysiology« erschien. Die erste europäische Zeitschrift für psychophysiologische Fragestellungen »Biological Psychology« wurde im Jahre 1973 gegründet. Ein Jahr darauf entstand eine englische Gesellschaft für Psychophysiologie. In den nachfolgenden Jahren kam es zur Bildung mehrerer nationaler Gesellschaften, darunter 1982 auch zur Gründung der »Deutschen Gesellschaft für Psychophysiologie und ihre Anwendung«. Im selben Jahr wurde die »International Organization of Psychophysiology« gegründet, die ab 1983 für die Herausgabe der Zeitschrift »International Journal of Psychophysiology« verantwortlich zeichnet. Gemeinsam von der englischen und deutschen Gesellschaft wurde im Jahre 1987 das »Journal of Psychophysiology« gegründet, das seit 1992 von der »European Federation of Psychophysiology« (einem Zusammenschluß mehrerer nationaler Gesellschaften aus Europa) herausgegeben wird.

Obwohl nach dieser Darstellung die Psychophysiologie als formale Disziplin gerade erst in ihr 4. Jahrzehnt geht, weisen ihre Themen eine lange Vergangenheit auf, mit denen sich bereits frühe Kulturen beschäftigten. Dabei ging es vornehmlich um die Frage, welche Zusammenhänge zwischen körperlichen und psychischen Vorgängen bestehen, bzw. um die vorrangigere Frage, welche Organe als »Sitz der Seele« identifiziert werden können. Während heute kein Zweifel mehr daran besteht, daß die körperlichen Grundlagen psychischer Vorgänge ausschließlich im Gehirn zu suchen sind, existierten über Jahrhunderte hinweg durchaus andere Vorstellungen. Diese sollten – auch wenn sie uns heute als obskur erscheinen mögen – jedoch nicht belächelt werden, da man berücksichtigen muß, daß sie ohne detaillierte Kenntnisse der Anatomie und Physiologie formuliert wurden und sehr viel stärker von philosophischen und religiösen Überzeugungen als von empirischen Tatsachen geprägt waren (zu den historischen Ansätzen vgl. ausführlicher Lausch, 1980).

Die ersten Vorstellungen finden sich in der altägyptischen Kultur, in der das Herz als Mittelpunkt des Körpers, als Organ des Lebens und Denkens betrachtet wurde. Die gleiche Auffassung findet sich in der griechischen Kultur bei Aristoteles (384–322 v. Chr.), der ebenfalls das Herz als alleinigen Sitz der Seele ansah und davon ausging, daß alle Wahrnehmungen dem Herzen als zentralem Sinnesorgan zugeleitet werden. Interessant ist dabei, daß bereits vor Aristoteles andere – aus heutiger Sicht z. T. realistischere – Vorstellungen bestanden. So sah Hippokrates (460–375 v. Chr.) im Gehirn den »Dolmetscher des Bewußtseins«, er erkannte also bereits die Bedeutung des Gehirns als Sitz und Koordinationssystem geistiger Tätigkeiten, wohingegen Platon (427–347 v. Chr.) die menschliche Seele dreifach unterteilte und jeder Unterklasse ein anderes Körperorgan zuordnete: Die Vernunft – als rationale Seele – dem Kopf, die Leidenschaften dem oberen Teil des Rückenmarks, von wo aus sie die Herztätigkeit beeinflussen, und die Instinkte dem Rückenmark unterhalb des Diaphragmas (Zwerchfell), von wo aus sie auf die Leber einwirken. Platon gilt darüber hinaus als einer der herausragenden Begründer eines psychophysischen Dualismus, dadurch daß er eine scharfe Trennung zwischen der als unsterblich angesehenen rationalen Seele und dem Körper vornahm.

Erst nach Aristoteles begann man, sich mit der Anatomie, insbesondere auch der des Gehirns, ausführlicher zu beschäftigen. Hier sind vor allem Herophilos (um 335–285 v. Chr.) und Erasistratos (304–ca. 250 v. Chr.) zu nennen. Herophilos beschrieb als erster Groß- und Kleinhirn, die Hirnhäute und Hirnhöhlen und erkannte zudem, daß das Rückenmark mit dem Gehirn verbunden ist. Er lokalisierte den Sitz der Seele in den Hirnhöhlen, den Hohlräumen des Gehirns, die mit Flüssigkeit gefüllt sind. Sein Schüler Erasistratos studierte die Hirnnerven und die Windungen des menschlichen Gehirns im Vergleich zu den Windungen von Tiergehirnen. Erasistratos darf darüber hinaus als einer der ersten klinischen Psychophysiologen gelten: Er benutzte eine non-invasiv erfaßbare physiologische Größe, um ein psychisches Phänomen (Liebeskummer mit massiven psychischen und körperlichen Begleiterscheinungen) zu diagnostizieren, indem er Veränderungen des Pulses in Anwesenheit verschiedener Personen, u. a. der Geliebten, erfühlte (vgl. Mesulam & Perry, 1972).

Die nächsten Jahrhunderte (ungefähr bis ins 16. Jahrhundert n. Chr.) waren dominiert von den Vorstellungen Galens (129–199 n. Chr.), der die verschiedenen medizinischen Auffassungen seiner Zeit zu *einem* geschlossenen wissenschaftlichen System zusammenfaßte. Er ging – ähnlich wie Platon – von einer dreigeteilten Seele aus, deren Zentren in der Leber, im Herzen und im Gehirn lokalisiert wurden. Alle drei Organe sah er als durch Säfte miteinander verbunden, die er als »Spiritus« bezeichnete: Der *spiritus naturalis* der Leber werde im Herzen zum *spiritus vitalis* verändert. Dieser Lebenssaft gelange nun mit dem Blut ins Gehirn, wo daraus der *spiritus animalis* entstünde. Dieser sei so dünnflüssig, daß er durch die kleinsten Nerven – Galen betrachtete das Nervensystem als ein Röhrensystem – fließen könne. Das Gehirn fungiere dabei als Pumpe, welches den in den Hirnhöhlen gespeicherten *spiritus animalis* in die Nerven befördere.

Erst im 16. Jahrhundert kam es mit dem Beginn systematischer anatomischer Studien zu einer Wende in der Gehirnforschung. Vesalius, der 1543 das erste Lehrbuch der Anatomie veröffentlichte, bezweifelte die zentrale Rolle der Hirnhöhlen als Reservoir des Seelensaftes, wie es vor ihm von Herophilos und von Galen beschrieben wurde, und lokalisierte die Seele in den grauen Rinden des Groß- und Kleinhirns (womit er heutigen Auffassungen schon recht nahe kam). Von diesem Zeitpunkt an war die Vorstellung, daß die körperlichen Grundlagen des Erlebens und Verhaltens ausschließlich im Gehirn und Nervensystem zu sehen sind, weitgehend akzeptiert, und weiterführende Entwicklungen konzentrierten sich folglich auf dieses Organsystem. Von den zahlreichen Entdeckungen über Aufbau und Funktionsweise des Gehirns und Nervensystems, die die Grundlagen der modernen Forschung bildeten, aber auch von Vorstellungen über den Zusammenhang zwischen körperlichen und psychischen Prozessen, die z. T. heute noch diskutiert werden, sollen beispielhaft einige aufgeführt werden.

Descartes (1596–1650) formulierte eine neuzeitliche dualistische Position von Leib und Seele, wonach die vernünftige Seele, deren Kontrollzentrum über Körperprozesse von ihm in der Zirbeldrüse lokalisiert wurde, immateriell, autonom und unsterblich sei, wohingegen der Körper lediglich eine Maschine sei, der damit in der gleichen Weise untersucht werden könne, wie es bei anderen physischen Systemen möglich ist. Hobbes (1651, zit. n. Bunge, 1984) propagierte eine materialistische Gegenposition, in der das Denken als eine Bewegung von Teilchen des Gehirns betrachtet wurde. Beide Positionen ebneten unabhängig von den unterschiedlichen Auffassungen über Seele und Geist den Weg für empirische Analysen des Gehirns und des peripheren Nervensystems, die dann rasch zu fundamentalen Erkenntnissen über deren Aufbau und Funktion führten. Hierzu gehören z. B. der Nachweis durch Galvani (1737–1798), daß Nervenimpulse elektrischer Natur sind, die Entdeckung der Nervenfasern durch Treviranus 1816 und die der Nervenzellen durch Schwann im Jahre 1839 sowie die erste exakte Darstellung einer Nervenzelle aufgrund mikroskopischer Untersuchungen durch Deiter 1865. Von besonderer Bedeutung war ebenfalls die Erkenntnis von Du Bois-Reymond 1848, daß die Nerven den elektrischen Strom nicht nur passiv leiten, sondern daß ihre Tätigkeit mit der ständigen Produktion von Elektrizität verbunden ist, sowie der Nachweis von Helmholtz im Jahre 1850, daß die Geschwindigkeit, mit der sich ein elektrischer Impuls im Nerv fortpflanzt, nicht unendlich groß ist, sondern endlich und meßbar. Weitere bedeutende Entdeckungen in der Gehirnforschung betrafen die Beschreibung von spezifischen Gehirnstrukturen, die z. B. für die Sprachproduktion oder das Sprachverständnis verantwortlich sind, sowie die Erkenntnis, daß Nervenzellen nicht fest miteinander verdrahtet sind, sondern über Synapsen, die von Sherrington (1857–1952) entdeckt und u. a. von Eccles (vgl. Eccles, 1964) in ihren elektrophysiologischen Funktionen beschrieben wurden, miteinander in Verbindung stehen.

Während die genannten Entdeckungen generell zu einem besseren Verständnis der grundlegenden Funktionsweisen des Nervensystems führten, waren für die Entwicklung der Psychophysiologie im engeren Sinne außerdem spezifische meßmethodische Fortschritte wichtig, die es gestatteten, Aktivitäten des Nervensystems bzw. einzelner Körperorgane non-invasiv zu erfassen. Hier sollen beispielhaft die Arbeiten von Vigouroux (1879) und Féré (1888) zur Erfassung des Hautwiderstandes, die von Waller (1887, zit. n. Stern et al., 1980) zur non-invasiven Messung der menschlichen Herzaktivität oder die von Berger (1929) zur Messung der elektrischen Gehirnaktivität mittels des Elektroenzephalogramms genannt werden. Mit der Entwicklung solcher Verfahren waren die methodischen Voraussetzungen für eine psychophysiologische Forschung geschaffen worden, die vor allem in den letzten Jahren – u. a. bedingt durch die rasch vorangeschrittenen Entwicklungen im Computerbereich – einen quantitativ starken Aufschwung nahm, wobei letztlich auch ihre Fragestellungen zunehmend breiter und anwendungsorientierter ausgerichtet worden sind.

2. Aufbau und Funktion des Nervensystems

Die Beschäftigung mit psychophysiologischen Fragestellungen setzt Grundkenntnisse über einzelne Körperfunktionen voraus. Physiologische Kenntnisse – insbesondere solche über das Nervensystem – sind u. a. erforderlich, um die grundlegenden Funktionsweisen von körperlichen Vorgängen, die psychischen Prozessen zugeordnet sind, verstehen zu können. Sie werden darüber hinaus benötigt, damit verständlich wird, weshalb und wie die Aktivität einzelner Reaktionssysteme (z. B. des kardiovaskulären Systems) non-invasiv erfaßt werden kann und welche Schlußfolgerungen auf der Grundlage solcher Messungen möglich sind. In diesem Kapitel sollen vornehmlich die fundamentalen Erkenntnisse über den Aufbau und die Funktion des Nervensystems behandelt werden. Außerdem soll kurz auf das endokrine System eingegangen werden. Spezifischere anatomische und physiologische Fakten einzelner Reaktionssysteme sind Gegenstand des II. Teils, in dem die wichtigsten psychophysiologischen Variablen und Verfahren zu deren Messung vorgestellt werden.

2.1 Überblick

Das Nervensystem besteht aus der Gesamtheit der Nervenzellen und den ihnen zugehörigen Strukturen (z. B. Stütz-, Hüll- und Ernährungsgewebe). Durch die Konzentration von Nervenzellen ist es bei höheren Lebewesen zur Bildung des *zentralen Nervensystems* (ZNS) gekommen. Dieses umfaßt das Gehirn und das Rückenmark. Das ZNS wird dem *peripheren Nervensystem* gegenübergestellt. Dieses besteht aus denjenigen Nervenzellen, die außerhalb von Gehirn und Rückenmark liegen oder die mit ihren Fasern die Verbindung zu den Erfolgsorganen (Effektoren) herstellen (»Efferenzen«) bzw. sensorische Informationen an das ZNS herantragen (»Afferenzen«).

Neben dieser anatomisch begründeten Unterteilung wurden auch Unterteilungen des Nervensystems vorgeschlagen, die sich an funktionalen Gesichtspunkten orientieren. Am weitesten verbreitet ist die Unterscheidung zwischen dem motorischen, sensorischen und autonomen Nervensystem. Dabei umfaßt das *motorische* System diejenigen Teile des Nervensystems, die für die Einstellung der Skelettmuskulatur (Stütz- und Bewegungsmuskulatur) verantwortlich sind, das *sensorische* System diejenigen Teile, die für die Aufnahme und Verarbeitung von Reizen zuständig sind, und das *autonome* (oder vegetative) System diejenigen Anteile, die die Funktionen der inneren Organe kontrollieren und regulieren und damit für das »innere Milieu« verantwortlich sind. Motorisches und sensorisches System werden häufig auch unter der Bezeichnung »somatisches Nervensystem« zusammengefaßt. Diese verschiedenen Einteilungsmöglichkeiten sind aus didaktischen Gründen durchaus sinnvoll; sie dürfen aber nicht darüber hinweg täuschen, daß die einzelnen sog. Systeme keinesfalls völlig unabhängig voneinander sind oder entkoppelt operieren. Vielmehr muß das Nervensystem als ein komplexes, integratives System betrachtet werden, für dessen Verständnis auch die vielfältigen Wechselbeziehungen zwischen einzelnen Untersystemen von entscheidender Bedeutung sind.

2.2 Die Nervenzelle

Die Nervenzelle bildet die fundamentale strukturelle und funktionale Einheit des Nervensystems. Schätzungen gehen davon aus, daß das Nervensystem aus 10^{10} bis 10^{12} solcher Zellen besteht, wobei eine Nervenzelle mit 10 bis 10000 anderen in Verbindung stehen kann. Nervenzellen oder *Neurone* sind spezialisierte Zellen, deren Funktion darin besteht, über die Bildung und Verarbeitung elektrischer Signale Erregungsmuster zu erzeugen, die die Aktivität anderer Zellen durch chemische Übertragung kontrollieren.

Die typischen morphologischen Merkmale eines Neurons sind in *Abb. 2.1* dargestellt. Danach besteht ein Neuron aus dem Zellkörper oder Soma, dem Axon und den Dendriten. Das gesamte Neuron wird von einer *Zellmembran* begrenzt, auf deren spezifische elektrochemische Eigenschaften später noch einzugehen ist. Das *Soma* besteht aus dem Zytoplasma, dem Zellkern und anderen Organellen, wie z.B. Mitochondrien. Im Soma finden alle lebenserhaltenden Prozesse der Zelle statt. Die *Dendriten*, deren Zahl beträchtlich schwanken kann, empfangen Signale von anderen Nervenzellen und regulieren damit den elektrischen Erregungszustand der Zelle. Jede Nervenzelle besitzt – im Unterschied zur variablen Anzahl von Dendriten – nur ein *Axon*, das aus dem Axonhügel entspringt, das aber durch Verzweigungen sog. Kollateralen bilden kann. Das Axon leitet die Erregung der Zelle an andere Nervenzellen bzw. an Muskel- oder Drüsenzellen weiter. Axone können beim Menschen in ihrer Länge von wenigen Mikrometern bis zu einem Meter schwanken. Sie sind in Gliazellen eingebettet, die etwa bei einem Drittel der Nervenzellen eine isolierende Lipidschicht, das Myelin, bilden. Die Gliazellenhülle ist in bestimmten Abständen unterbrochen (Ran-

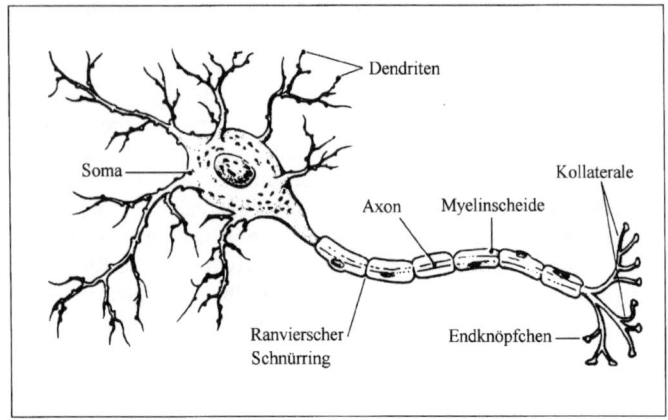

Abb. 2.1: Morphologie eines Neurons (nach Carlson, 1986)

viersche Schnürringe). An den Axonendigungen befinden sich sog. synaptische Endknöpfe, die die Verbindung zu anderen Nervenzellen oder Effektoren herstellen. Die Kontaktstelle zwischen Neuron und Effektor wird als *Synapse* bezeichnet. Synaptische Verbindungen von Neuronen findet man an Dendriten, an Zellkörpern und an Axonen anderer Neurone. Hier findet die Übertragung der Erregung statt, die bei Säugern (von wenigen Ausnahmen abgesehen) nicht auf elektrischem, sondern auf chemischem Wege erfolgt.

2.2.1 Elektrische Potentiale in Neuronen

Als Hauptfunktion des Neurons wurde die Übermittlung von Information genannt. Unter diesem Aspekt betrachtet kann sich ein Neuron in einem von zwei Zuständen befinden: (1) Ruhe; (2) Empfangen und Senden eines Signals. Diese Aktivitätszustände spiegeln sich in unterschiedlichen elektrischen Potentialen wider, im Ruhepotential, im Aktionspotential und in verschiedenen Formen synaptischer Potentiale.

Ruhepotential. An der Membran lebender Nervenzellen ist in Ruhe eine Ladungsdifferenz zwischen dem Zellinneren (Intrazellulärraum) und der die Zelle umgebenden Flüssigkeit (Extrazellulärraum) meßbar, das Ruhe-Membranpotential. Dieses Ruhepotential ist immer negativ und hat für die einzelnen Zelltypen eine charakteristische, konstante Größe. Es beträgt bei Nerven- und den meisten

Muskelzellen von Warmblütern -50 bis -90 mV. Die Ursache für dieses bioelektrische Potential ist eine ungleiche Verteilung verschiedener Ionenarten in der intra- und extrazellulären Flüssigkeit, an der Membraneigenschaften, passive Ionenströme und ein aktiver, Stoffwechselenergie benötigender Transport von Ladungsträgern durch die Zellmembran beteiligt sind. Von besonderer Bedeutung ist hierbei die Verteilung zweier positiv geladener Ionen (Kationen), Kalium (K^+) und Natrium (Na^+). Allgemein ist bei Nerven- und Muskelzellen von Säugetieren im Zellinneren die K^+-Konzentration 20- bis 100mal höher, die Na^+-Konzentration jedoch 5- bis 15mal niedriger als im Zelläußeren. Wie entsteht nun aufgrund der verschiedenen Ionenkonzentrationen im Intra- und Extrazellulärraum das negative Ruhepotential? Die unterschiedlichen Ionenkonzentrationen würden sich durch Diffusion der beweglichen Teilchen rasch ausgleichen, wenn dies nicht durch die Zellmembran verhindert würde. Wäre die Membran völlig undurchlässig für Ionen, also impermeabel, so könnten die unterschiedlichen Ionenkonzentrationen auf beiden Seiten der Membran unbeschränkt bestehen bleiben. Die Zellmembran ist jedoch nicht völlig impermeabel. Eine unüberwindliche Barriere stellt sie allerdings für negativ geladene große Eiweißmoleküle, Protein-Anionen (A^-), des Zellinneren dar. Andere Anionen, wie Chlorid (Cl^-), oder aber Kationen, wie K^+ und Na^+, können die Membran passieren. In Ruhe ist die Durchlässigkeit der Membran von Nervenzellen besonders hoch für die K^+-Ionen, eingeschränkt ist sie für Na^+ und Cl^-. Dies bedeutet, daß die hohe Konzentration der Protein-Anionen passiv die hohe intrazelluläre K^+-Konzentration erzwingt. Andererseits muß es, angetrieben durch den hohen, von innen nach außen gerichteten, Gradienten (Konzentrationsgefälle) der K^+-Ionen, zu einem Netto-Ausstrom dieser Teilchen und damit zu einer elektrischen Aufladung der Zellmembran kommen (Membrankondensator). Die entstandene Membranladung (bzw. das Membranpotential) bildet eine dem Ionenstrom entgegengerichtete elektrische Kraft, die bei einem vom Ionengradienten abhängigen Wert den Netto-Ausstrom von K^+ verhindert. Bei diesem Membranpotential sind nun Ein- und Ausstrom der K^+-Ionen im Gleichgewicht (K^+-Gleichgewichtspotential). Die Cl^--Konzentration in der Zelle stellt sich auf dieses Membranpotential ein und ist damit eine Folge der K^+-Verteilung. Das Ruhepotential ist aber nicht mit dem K^+-Gleichgewichtspotential identisch, da zusätzlich eine geringe Leitfähigkeit der Membran für Na^+-Ionen vorliegt. Daraus ergibt sich ein positives Potential, dessen Folge ein ständiger Netto-Ausstrom von K^+-Ionen ist. Daher müßten die Ionengradienten kleiner werden, bis es schließlich zu einem Potenti-

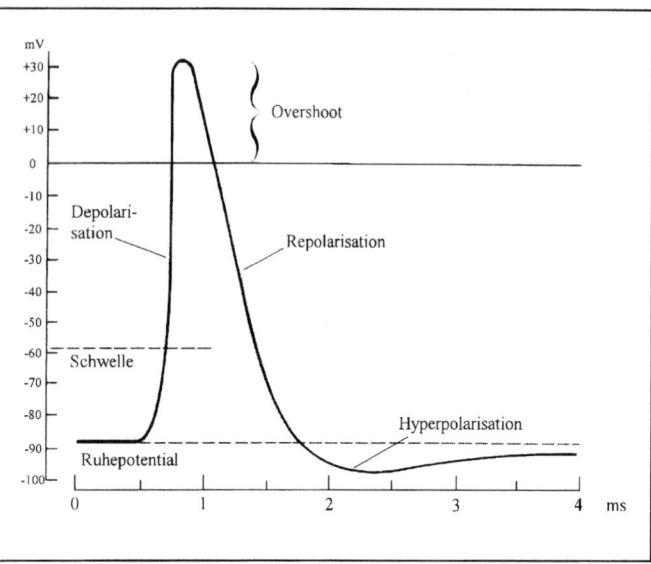

Abb. 2.2: Aktionspotential (idealisiert; nach Dudel, 1987)

alausgleich käme, gäbe es nicht noch einen aktiven Mechanismus, der dies verhindert, die sog. »gekoppelte Natrium-Kalium-Pumpe«. Diese Pumpe kompensiert dies, indem sie die dauernd passiv in die Zelle einfließenden Na^+-Ionen sowie die dauernd aus der Zelle ausströmenden K^+-Ionen aktiv wieder zurück transportiert. Diese Funktion übernehmen chemische Prozesse, an denen bei verschiedenen Typen von Nervenzellen unterschiedliche Trägersubstanzen und Enzyme beteiligt sind. Ohne Zweifel läuft dieser Austauschvorgang aber an allen Nervenzellen aktiv, also nur unter Energieaufwand ab.

Aktionspotential. Eine typische Eigenschaft der Nervenzelle (und auch der Muskelzelle) ist ihre Erregbarkeit. Vorbedingung hierfür ist das besprochene Ruhepotential und seine *kurzfristige* Veränderbarkeit auf einen »Reiz« hin. Führt ein solcher Reiz zu einer ausreichenden Depolarisation, so wird ein Aktionspotential (vgl. *Abb. 2.2*) ausgelöst, welches das weiterzuleitende Signal darstellt (fortgeleitete Erregung).

Auslöser des Aktionspotentials ist eine ausgeprägte Veränderung des Ruhepotentials in die positive Richtung. Wird dabei das sog.

Schwellenpotential, das meist im Bereich von -50 bis -60 mV liegt, überschritten, kommt es sehr schnell zu einer weiteren Verschiebung des Membranpotentials in die depolarisierende Richtung, die bei den meisten Zelltypen vorübergehend in eine Umkehr der Polarität mündet (»overshoot«). Unmittelbar anschließend sinkt das Membranpotential wieder in den negativen Bereich ab (Repolarisation), und es kann vor dem Wiederaufbau des Ruhepotentials sogar eine kurzfristige Hyperpolarisation auftreten. Dieser gesamte Prozeß läuft an der Nervenzelle innerhalb von 1 bis 2 ms ab. Er wird gefolgt von einer kurzen Refraktärperiode, in der die Zelle zunächst nicht und anschließend nur durch einen starken Reiz erregt werden kann. Auf diese Weise wird in der lebenden erregbaren Zelle die für die Informationsübertragung so wichtige Trennung einzelner Aktionspotentiale erreicht; gleichzeitig wird auch die maximale Frequenz der Aktionspotentiale festgelegt.

Das Aktionspotential ist also ein für jede Nervenzelle stereotyper, zyklischer Ablauf von Depolarisation und Repolarisation der Membran, der immer selbsttätig auftritt, sobald die Membran über das Schwellenpotential hinaus depolarisiert wird. Zellen, an denen Aktionspotentiale ausgelöst werden können, nennt man erregbar. Diese Erregbarkeit einer Zelle kommt zustande durch eine besondere Eigenschaft ihrer Zellmembran: Bei Überschreiten der Erregungsschwelle wird die Durchlässigkeit der Membran für Natrium-Ionen stark erhöht. Es kommt daraufhin zu einem vorübergehend gesteigerten Einstrom von Na^+-Ionen in die Zelle. Während der Polarisationsumkehr nimmt dann aber bereits die Permeabilität für Na^+-Ionen schnell wieder ab, und die Durchlässigkeit für K^+-Ionen steigt gleichzeitig über die Ruheleitfähigkeit an, um anschließend langsam wieder abzunehmen. In dieser Zeit strömen die K^+-Ionen vermehrt aus der Zelle aus, wodurch sich das Membranpotential wieder dem K^+-Gleichgewichtspotential annähert, d.h. das Membranpotential wieder negativ wird. Dadurch wird die ursprüngliche Polarität an der Zellmembran wiederhergestellt und schließlich das Ruhepotential erreicht. Die mit dem Aktionspotential in die Zelle eingeströmten Na^+-Ionen und die vermehrt ausgeströmten K^+-Ionen werden nun durch die beschriebenen aktiven, energieaufwendigen Prozesse wieder zurückgepumpt.

Die zentrale Eigenschaft des Aktionspotentials ist, daß es eine »Alles-oder-Nichts-Antwort« der Zelle auf eine überschwellige Reizung darstellt, d.h. eine Reaktion der Zelle, die unabhängig von der Reizstärke in der geschilderten Weise abläuft, sobald der kritische Schwellenwert überschritten wird. Das Aktionspotential kann also mit einem digitalen Impuls verglichen werden. Die Stärke eines Reizes wird in Form der Frequenz der Aktionspotentiale kodiert.

Unter funktionalen Aspekten ist entscheidend, daß das Aktionspotential keine lokale Antwort der Zelle darstellt, sondern ohne Abschwächung weitergeleitet wird und damit Information über weite Strecken übertragen kann. In unmyelinisierten Axonen geschieht dies dadurch, daß es in der noch unerregten, direkten Nachbarschaft eines Aktionspotentials ebenfalls zu Membranpotentialverschiebungen in positiver Richtung kommt. Erreicht diese Verschiebung den Schwellenwert, dann läuft an dieser Stelle der Membran der weitere Erregungsvorgang des Aktionspotentials selbsttätig ab und liefert damit den Strom für die (elektrotonische) Depolarisation weiterer Membranbezirke. Auf diese Weise wird das Aktionspotential »wie der Funke an einer Zündschnur« fortgeleitet. In Axonen, die mit einer Myelinschicht umgeben sind, wirkt das Myelin als Isolator. Somit kommt es nicht zu einer kontinuierlichen Fortleitung des Aktionspotentials an benachbarte Membranbezirke längs des Axons, sondern der depolarisierende Ladungsausgleich erfolgt nur an den Ranvierschen Schnürringen, an denen der Ionenaustausch zwischen intra- und extrazellulärem Raum möglich ist. Das Aktionspotential wird also saltatorisch von Schnürring zu Schnürring weitergeleitet, wohingegen die Leitung zwischen den Schnürringen elektrotonisch (kabelartig) erfolgt. In *Nervenfasern* (Einheiten bestehend aus Axonen und Hüllzellen oder Myelin) bestimmen die unterschiedlichen Leitungsprinzipien (kontinuierlich vs. saltatorisch) sowie der Faserdurchmesser die Geschwindigkeit der Signalübertragung. Diese schwankt von 0,5 m/s in dünnen unmyelinisierten Fasern bis zu 120 m/s in dicken myelinisierten Fasern.

Synaptische Potentiale. Ein weiterer Potentialtyp ist charakteristisch für den Zustand der Nervenzelle, wenn sie Informationen empfängt. Diese Potentiale werden auch als abgestufte Potentiale bezeichnet. Sie werden erzeugt, wenn eine Nervenzelle Signale von anderen Nervenzellen erhält, wobei zwischen exzitatorischen und inhibitorischen postsynaptischen Potentialen unterschieden wird (s. u.). *Rezeptorpotentiale* entstehen dagegen dann, wenn Reize aufgenommen und dadurch die Membraneigenschaften einer Sinnesrezeptorzelle verändert werden.

Synaptische Potentiale kontrollieren den Erregungszustand einer Nervenzelle. Dabei gelten folgende Gesetzmäßigkeiten: (1) Breiten sich synaptische Potentiale von ihrem Entstehungsort aus, so kommt es bei der elektrotonischen Leitung aufgrund des Membranlängswiderstandes und der Membrankapazität zu einer Reduktion

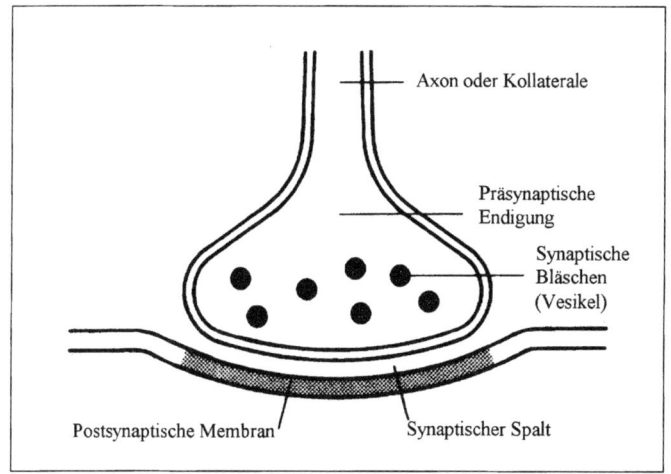

Abb. 2.3: Synapse (aus Schandry, 1989; mit freundl. Genehmigung von Psychologie Verlags Union)

der Potentialstärke. (2) Synaptische Potentiale werden am Axonhügel räumlich und zeitlich summiert. Erst wenn aufgrund des Ergebnisses solcher Summationsprozesse (z. B. Summation von erregenden und hemmenden Einflüssen) der Schwellenwert überschritten wird, kommt es zur Auslösung eines Aktionspotentials und zu dessen Weiterleitung.

2.2.2 Synaptische Übertragung

Wie bereits erwähnt, stellt die Synapse die Verbindungsstelle eines Axons mit anderen Nervenzellen oder Effektoren dar, an der die Erregung übertragen und somit eine Kommunikation zwischen Zellen hergestellt wird. Eine Synapse (s. *Abb. 2.3*) besteht aus dem Endknopf oder der *präsynaptischen Endigung* eines Axons und der gegenüberliegenden *postsynaptischen Zellmembran*. Zwischen prä- und postsynaptischer Membran besteht ein Zwischenraum, der *synaptische Spalt*, dessen Breite 10 bis 40 nm (1 nm = 10^{-9} m) beträgt. In der präsynaptischen Endigung finden sich Bläschen oder *Vesikel*, die Botenstoffe (Neurotransmitter) enthalten. In die postsynaptische Membran sind sog. *Rezeptoren* eingebettet (s. *Abb. 2.4*). Das sind große Eiweißmoleküle, von denen Teile aus der Membran herausra-

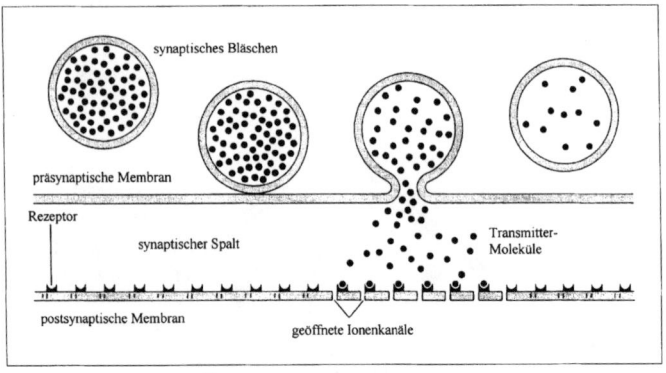

Abb. 2.4: Synaptische Übertragung (nach Stevens, 1983)

gen und mit dem Überträgerstoff eine chemische Reaktion eingehen können.

Die Vorgänge bei der synaptischen Übertragung lassen sich stark vereinfacht folgendermaßen beschreiben (s. *Abb. 2.4*): Das im präsynaptischen Axon weitergeleitete Aktionspotential depolarisiert die präsynaptische Endigung und löst einen Calcium-Einstrom aus. Dadurch wird die Überträgersubstanz freigesetzt. Diese tritt in den synaptischen Spalt und beeinflußt – abhängig von der Art des Neurotransmitters und den postsynaptischen Rezeptoren – die Durchlässigkeit der postsynaptischen Membran für bestimmte Ionen. Damit verändert sich das postsynaptische Membranpotential. Prinzipiell lassen sich dabei zwei verschiedene Fälle unterscheiden: Spezifische Neurotransmitter-Rezeptor-Kombinationen führen vor allem zu einer erhöhten Durchlässigkeit für Natrium- oder Calcium-Ionen. Dadurch wird die postsynaptische Membran depolarisiert oder mit anderen Worten, es wird ein sog. *exzitatorisches postsynaptisches Potential* (EPSP) ausgelöst. Dieses beginnt ca. 0,5 ms nach Eintreffen des Aktionspotentials an der präsynaptischen Endigung und depolarisiert die Membran um einige mV. Im zweiten Falle können andere Neurotransmitter-Rezeptor-Kombinationen die Durchlässigkeit der postsynaptischen Membran für Kalium- und/oder Chlorid-Ionen erhöhen mit der Folge, daß die postsynaptische Membran kurzfristig um wenige mV hyperpolarisiert wird. Dieses Phänomen wird als *inhibitorisches postsynaptisches Potential* (IPSP) bezeichnet.

Bevor postsynaptisch ein Aktionspotential ausgelöst und weitergeleitet werden kann, müssen *Summationsprozesse* stattfinden.

Durch die Wirkung eines einzelnen EPSPs kann es in der Regel nicht zu einer überschwelligen Depolarisation der postsynaptischen Zellmembran kommen. Dazu müssen erst entweder mehrere EPSPs gleichzeitig in benachbarten Membranabschnitten auftreten (räumliche Summation), die dann zusammen in der Lage sind, die Zelle bis zum Schwellenpotential zu depolarisieren, oder eine synaptische Endigung muß in schneller Folge mehrere EPSPs nacheinander auslösen (zeitliche Summation). Da außerdem an derselben Zelle gleichzeitig auch EPSPs gemeinsam mit IPSPs auftreten können, entscheidet darüber hinaus die Summe dieser Potentiale, ob ein Aktionspotential ausgelöst und weitergeleitet wird oder nicht.

Aus dem Gesagten lassen sich einige zentrale *Eigenschaften* von Synapsen erkennen: (1) Synapsen lassen den Informationsfluß nur in einer Richtung zu, nämlich von der präsynaptischen Endigung zur postsynaptischen Membran. Sie üben damit eine Ventilfunktion aus, ohne die eine geordnete Übertragung von Information im Nervensystem nicht möglich wäre. (2) Synapsen bzw. die postsynaptische Membran sind der Ort, an dem z. B. durch die erwähnte zeitliche Summation eine erste Integration von Information stattfindet, die durch die Aktivität anderer Nerven selektiv verändert werden kann. (3) Synapsen sind wesentliche Angriffspunkte für Pharmaka, insbesondere Psychopharmaka. Deren Wirkung kann darin bestehen, daß sie die Ausschüttung von Neurotransmittern hemmen bzw. fördern oder aber anstelle des natürlichen Transmitters mit den postsynaptischen Rezeptoren reagieren. (4) Synapsen sind in ihrer Wirkung modifizierbar. So übertragen einige die Information bei häufiger Inanspruchnahme besser als wenn sie nur selten benutzt werden. Synapsen weisen also eine gewisse Plastizität auf und sind damit für Lern- und Gedächtnisprozesse von Bedeutung.

Die Identifizierung von *Neurotransmittern* und ihren postsynaptischen Rezeptoren bildet heute einen Schwerpunkt der modernen Forschung. Von nahezu 100 Substanzen vermutet man, daß sie als Transmitter wirken können. Die Mehrzahl der bislang bekannten Überträgerstoffe gehört zu einer der vier Hauptgruppen: Monoamine (z. B. Adrenalin, Noradrenalin, Serotonin), Acetylcholin, Aminosäuren (z. B. Gamma-Aminobuttersäure, Glycin, Glutaminsäure) und Peptide (z. B. Substanz P, ß-Endorphin). Ein Transmitter wirkt entweder erregend oder hemmend. Einige können in Abhängigkeit vom Rezeptortyp aber auch an einer bestimmten Stelle des Gehirns eine erregende und an einer anderen Stelle eine hemmende Wirkung haben. Des weiteren hat sich gezeigt, daß die verschiedenen Neurotransmitter nicht wahllos im Gehirn und dem Nervensystem verteilt sind, sondern daß häufig Nervenzellen, die mit dem gleichen Transmitter arbeiten, in Gruppen zusammenliegen (z.B. dopaminhaltige Zellen in der Substantia nigra oder serotoninhaltige Zellen in den Raphekernen). Neuere Forschungsergebnisse belegen darüber hinaus, daß nicht wie früher vermutet Nervenzellen nur eine Transmitterart enthalten, sondern daß viele Neurone mehrere Transmitter synthetisieren und ausschütten können; dies wurde vor allem für verschiedene Peptide nachgewiesen. Dabei können die Anteile einzelner ausgeschütteter Transmitter beträchtlich variieren, z.B. in Abhängigkeit von der Häufigkeit vorangegangener Erregungsübertragungsvorgänge.

2.3 Zentrales Nervensystem

2.3.1 Entwicklung

Den Ursprungsort der ontogenetischen Entwicklung des Zentralnervensystems (ZNS) bildet ein spezialisierter Teil des Ektoderms, die Neuralplatte des Embryos. Diese schließt sich drei Wochen nach der Befruchtung zum *Neuralrohr*, aus dessen Vorderende sich das Gehirn entwickelt und aus dessen Hinterende das Rückenmark gebildet wird. Bei der frühen Gehirnentwicklung werden zwei Phasen unterschieden. Im 3-Bläschen-Stadium (4. Entwicklungswoche) sind das *Prosenzephalon* (Vorderhirn), das *Mesenzephalon* (Mittelhirn) und das *Rhombenzephalon* (Rautenhirn) sichtbar. Im 5-Bläschen-Stadium (5. Woche) haben sich aus dem Prosenzephalon das *Telenzephalon* (Groß- oder Endhirn) und das *Dienzephalon* (Zwischenhirn) und aus dem Rhombenzephalon das *Metenzephalon* (Hinterhirn) und das *Myelenzephalon* (Nachhirn) gebildet, wohingegen das Mesenzephalon während der gesamten pränatalen Entwicklung in einer bläschenartigen Form verbleibt. Das Gehirn entwickelt sich in der vorgeburtlichen Zeit sehr schnell. Da nach der Geburt keine Neubildung von Nervenzellen mehr stattfindet, müssen bei 10^{10} bis 10^{12} Nervenzellen des erwachsenen Gehirns während der Schwangerschaft demnach durchschnittlich zwischen 25000 und 2,5 Millionen Nervenzellen pro Minute entstehen. Mit der Geburt ist allerdings die Gehirnentwicklung noch nicht vollständig abgeschlossen. Vor allem während der ersten vier nachgeburtlichen Jahre ist beispielsweise ein kontinuierliches Dendritenwachstum zu verzeichnen; außerdem nimmt die Myelinisierung der Nervenfasern weiter zu, wobei einige erst in der Pubertät ihren endgültigen Myelinisierungszustand erreichen.

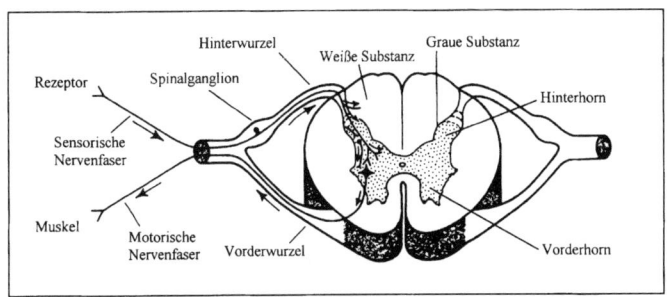

Abb. 2.5: Rückenmarksquerschnitt (aus Zeier, 1977; mit freundl. Genehmigung der Kindler & Kindler AG)

2.3.2 Rückenmark

Im segmental gegliederten Rückenmark verlaufen auf- und absteigende Nervenbahnen. In den aufsteigenden Bahnen werden Informationen zum Gehirn geleitet; in den absteigenden Bahnen werden »Befehle« des Gehirns zur Körperperipherie übermittelt. Außerdem werden im Rückenmark sensorische Reize bereits so verarbeitet, daß nach Umschaltung über eine oder mehrere Synapsen Muskel- oder Drüsenaktivität durch spinale Efferenzen ohne Einschaltung des Gehirns, also auf kurzem Weg, ausgelöst wird (Reflex).

Im Rückenmarksquerschnitt (s. *Abb. 2.5*) ist eine dunklere, schmetterlingsförmige Figur zu erkennen, die graue Substanz, die von der weißen Substanz umgeben wird. Die graue Substanz enthält die Zellkörper von Neuronen, im Vorderhorn hauptsächlich die Zellkörper der Motoneurone, die die Muskelaktivität steuern, im Seitenhorn die präsynaptischen Neurone des vegetativen Nervensystems, die die Funktion der inneren Organe steuern, und im Hinterhorn die Zellkörper der sog. Interneurone (Schaltneurone). Die Zellkörper der afferenten Neurone liegen außerhalb des Rückenmarks in den Spinalganglien. Die weiße Substanz wird vorwiegend von Nervenfasern der auf- und absteigenden Bahnen gebildet. Die sog. Spinalnerven verlassen den Wirbelkanal in Höhe eines zugeordneten Wirbels. Sie enthalten in der Hinterwurzel die zum ZNS ziehenden (afferenten) Fasern und in der Vorderwurzel die zur Peripherie ziehenden (efferenten) Fasern.

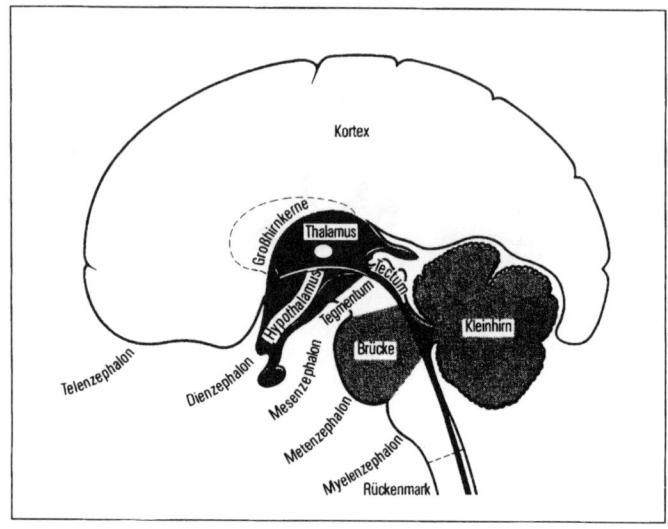

Abb. 2.6: Hauptgebiete des Gehirns (aus Bösel, 1981; mit freundl. Genehmigung Walter de Gruyter & Co.)

2.3.3 Gehirn

Korrespondierend mit den 5 Gehirnbläschen der vorgeburtlichen Entwicklung wird das Gehirn in 5 Hauptgebiete unterteilt, die in *Abb. 2.6* dargestellt sind.

2.3.3.1 Großhirn

Die wichtigsten Strukturen des Groß- oder Endhirns (Telenzephalon) sind die Hirnrinde (Neokortex), die Basalganglien sowie große Teile des limbischen Systems (Archi- und Paläokortex).

Die *Hirnrinde* bildet die oberste Schicht des Endhirns. Sie besteht aus zwei Hemisphären, die durch den Balken (*Corpus callosum*) miteinander verbunden sind. Durch Furchung ist die Hirnrinde gefaltet, so daß eine weitere Gliederung erkennbar ist. Dabei lassen sich grob Frontal- (Stirn-), Temporal- (Schläfen-), Parietal- (Scheitel-) und Okzipitallappen (Hinterhauptslappen) unterscheiden (s. *Abb. 2.7*). Teile der Frontallappen sind von Bedeutung für die Kontrolle emotionaler Zustände, motorischer Funktionen, willkürlicher Aufmerksamkeit, der Augenbewegungen und der Sprachproduktion. Die Temporallappen sind von elementarer Bedeutung für das

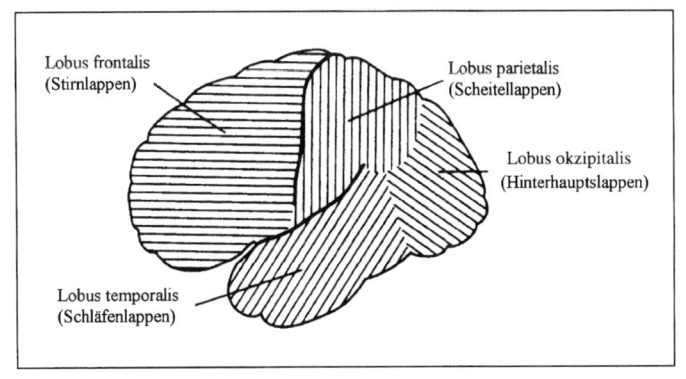

Abb. 2.7: Anatomie der Hirnrinde (aus Zeier, 1977; mit freundl. Genehmigung der Kindler & Kindler AG)

Hören, das auditive und visuelle Wiedererkennen sowie das Sprachverständnis. Die Parietallappen enthalten die somatosensorischen Projektionsfelder (kortikale Repräsentationen der Hautsinne und der Bewegungsempfindung) sowie einige Gebiete, die im Zusammenhang mit der Verarbeitung visueller Informationen stehen. Die Okzipitallappen schließlich enthalten wichtige kortikale Zentren für das Sehen.

Die *Basalganglien* sind eine Gruppe von Kernen, die unter dem Balken liegen. Zu ihnen werden das *Striatum* (Nucleus caudatus und Putamen), das *Pallidum*, der *Nucleus subthalamicus* sowie die *Substantia nigra* gerechnet. Sie sind unentbehrlich für die Bewegungssteuerung und dienen u. a. der Ausführung von gelernten automatisierten Bewegungsabläufen.

Das *limbische System* besteht aus einer Vielzahl von Teilgebieten sowie den Faserverbindungen zwischen ihnen und anderen Regionen des Gehirns. Zu den zentralen Strukturen des limbischen Systems zählen u. a. der *Hippocampus*, die *Amygdalae* (Mandelkerne), die *Septumkerne* und das *Corpus mammillare*, zu den Faserverbindungen zählt z. B. der *Fornix* (s. *Abb. 2.8*). Das limbische System ist von entscheidender Bedeutung für Motivations- und Gedächtnisprozesse sowie für Orientierungsvorgänge. Darüber hinaus sind einige Strukturen des limbischen Systems (vor allem Amygdalae und Septumkerne) am Zustandekommen der emotionalen Einfärbung des Erlebens (insbesondere an Furcht und Wut, aber auch an lustbetonten Zuständen) beteiligt.

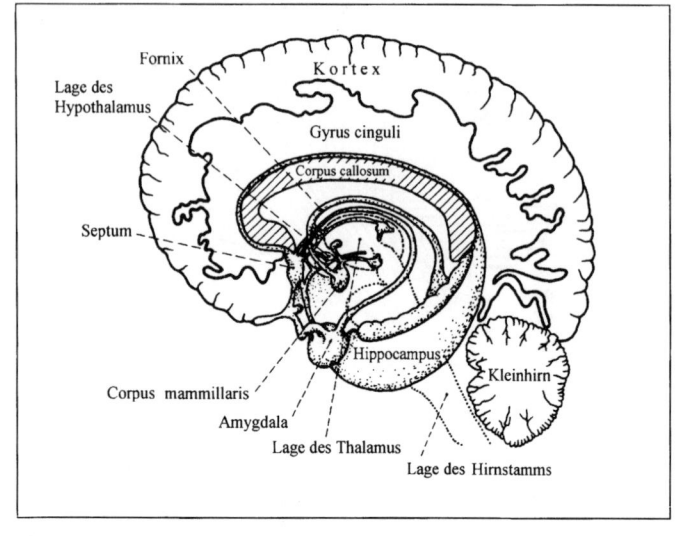

Abb. 2.8: Limbisches System (aus Schandry, 1989; mit freundl. Genehmigung der Psychologie Verlags Union)

2.3.3.2 Zwischenhirn

Die Hauptstrukturen des Zwischenhirns (Dienzephalon) sind der Thalamus und der Hypothalamus. Diese Strukturen liegen unterhalb des Balkens und sind seitlich von den Großhirnhemisphären vollständig umgeben.

Der *Thalamus* besteht aus einer Ansammlung von paarig ausgebildeten Kernen. Er kann als eine Art »Vorzimmer« der Hirnrinde angesehen werden, da fast alle sensorischen Bahnen in thalamischen Kernen umgeschaltet werden und somit die entsprechenden Informationen nur über diese Kerne Zugang zur Hirnrinde erhalten. Diese spezifischen Thalamuskerne verarbeiten modalitätsspezifische Informationen und übermitteln sie selektiv in die ihnen zugeordneten Areale der spezifischen Hirnrinde. Außerdem existieren zahlreiche Faserverbindungen zwischen unspezifischen Thalamuskernen und unspezifischen kortikalen sowie subkortikalen Strukturen (besonders zu Teilen des Vorderhirns und der Formatio reticularis), über die vermutlich emotionale und motivationale Prozesse, Wachheit sowie Bewegungsabläufe beeinflußt werden. Der Thalamus kann aufgrund seiner zahlreichen Verbindungen bereits eine Integrations- und Selektionsfunktion übernehmen.

Der unter dem Thalamus liegende *Hypothalamus* spielt eine zentrale Rolle bei der Kontrolle und Regulation (zu den Begriffen vgl. Johnson & Anderson, 1990, S. 226) autonomer Körperfunktionen, wovon die meisten speziell der Konstanthaltung und Anpassung des innerorganismischen Milieus (z. B. der Körpertemperatur und des Wasserhaushaltes) dienen. Er ist darüber hinaus über eine »innere Uhr«, den Nucleus suprachiasmaticus, an der Organisation der täglichen zirkadianen Aktivitätsrhythmen sowie über andere Kerne an motivationalen Vorgängen (z. B. Sexualität und Nahrungsaufnahme) beteiligt. Der Hypothalamus erhält afferente Informationen u. a. von der Retina, dem Frontallappen, Strukturen des limbischen Systems und des Hirnstamms (Medulla oblongata, Pons und Mittelhirn, s. u.). Außerdem finden sich im Hypothalamus selbst Osmolaritätssensoren, d. h. Neurone, die die Konzentration osmotisch wirksamer Teilchen (z. B. Salzgehalt im Blut) feststellen, so daß bei Abweichungen vom Sollwert entsprechende gegenregulatorische Aktivitäten z. B. über die Nieren eingeleitet werden können. Die hypothalamischen Efferenzen führen zu Teilen des Thalamus, zu Strukturen im Mes- und Metenzephalon sowie zur Hypophyse. Diese fungiert als hormonelles Bindeglied zwischen Gehirn und dem endokrinen System (vgl. Kap. 2.5).

2.3.3.3 Mittelhirn

Das Mittelhirn (Mesenzephalon) bildet den obersten Teil des Hirnstamms. Es kann in 2 Hauptgebiete unterteilt werden, das Tektum und das Tegmentum.

Das *Tektum* besteht aus 2 Kernpaaren (*Colliculi superiores* und *Colliculi inferiores*), die wichtige Umschaltstellen des visuellen und des auditiven Systems bilden. Das *Tegmentum* enthält zahlreiche Kerne mit unterschiedlichen Funktionen. Dazu gehört z. B. die Kontrolle von Augenbewegungen sowie die von bestimmten Bewegungsabläufen (hierfür sind der *Nucleus ruber* und die *Substantia nigra* von besonderer Bedeutung).

Im Mittelhirn finden sich auch Anteile der *Formatio reticularis*, die sich durch den gesamten Hirnstamm bis hin zum Hypothalamus erstreckt. Die Formatio reticularis weist eine netzartige Struktur auf, die durch zahlreiche Dendriten und vielfach verzweigte Axone ihrer Neuronen bedingt ist. Sie erhält über Kollateralen (abzweigende Nervenfasern) Informationen von allen auf- und absteigenden Bahnen, die durch den Hirnstamm ziehen, und damit Informationen über sensorische, motorische und viszerale Ereignisse. Vor allem durch die Aktivität aus den aufsteigenden Bahnen wird die Formatio reticularis selbst auf einem bestimmten Erregungsniveau gehalten. Die Efferenzen der Formatio reticularis lassen sich in 2 Hauptklassen einteilen: solche, die zu zahlreichen Strukturen des Vorderhirns aufsteigen (z. b. zum Thalamus und Hypothalamus, zum limbischen System und zur Hirnrinde), und solche, die zum Rückenmark absteigen. Die absteigenden Bahnen beeinflussen zum einen bestimmte motorische Funktionen (z. B. Haltungsreflexe, Muskeltonus und Bewegungskontrolle), zum anderen die Übertragung sensorischer Information im Rückenmark (z. B. modulieren sie die Aktivität von Rückenmarkszellen, die auf schmerzhafte Reizung reagieren). Die aufsteigenden Bahnen haben diverse Funktionen; klar ist, daß sie eine wichtige Rolle bei der Kontrolle von Schlaf und Wachheit sowie bei der Regulation der allgemeinen Aktiviertheit ausüben. Aus diesem Grund wird das aufsteigende System auch als ARAS (»Ascending Reticular Activating System«) bezeichnet (so lassen sich z. b. schlafende Tiere durch eine elektrische Reizung von Neuronen der Formatio reticularis in den Wachzustand versetzen). Neben den genannten Funktionen übt die Formatio reticularis auch einen bedeutsamen Einfluß auf autonome Körpervorgänge aus; so finden sich Kerne, die z. B. die Atmung, die Schweißdrüsenaktivität, den Blutdruck und die Motilität der Speiseröhre regulieren. Dies sind in die Formatio reticularis eingebettete Kerne, die durch die Formatio reticularis selbst angetrieben werden.

2.3.3.4 Hinterhirn

Das Hinterhirn (Metenzephalon) wird hauptsächlich von der Brücke (*Pons*) gebildet. Darüber hinaus wird in einigen Systematiken auch das Kleinhirn (*Cerebellum*) zum Hinterhirn gerechnet. Die Brücke enthält die Kerne einiger Hirnnerven (Nerven, die direkt vom Gehirn zur Peripherie ziehen, ohne das Rückenmark zu durchlaufen), wie z. B. die des Trigeminusnervs, Anteile der Formatio reticularis sowie Kerngebiete und Fasern, die in das Kleinhirn projizieren.

Das *Kleinhirn* besteht aus medialen alten Abschnitten und zwei Hemisphären und hat vielfältige Verbindungen zu anderen Gehirnstrukturen. Seine Funktion besteht darin, die schnelle Zielmotorik und die Körperhaltung zu kontrollieren und beide Formen der Motorik zu koordinieren. Auch geht man heute davon aus, daß im Kleinhirn Programme für die schnelle Zielmotorik gespeichert sind. Dies beinhaltet auch Anpassungsmechanismen (Plastizität) im Sinne des motorischen Lernens. Die Programme werden von dort abgerufen und erreichen über den Thalamus die motorischen Rindenfelder, von wo aus schließlich die Bewegungsausführung vorgenommen wird. Außerdem erhält das Kleinhirn Afferenzen aus dem Gleichgewichtsorgan, der Somatosensorik und dem Motorkortex, so daß Korrekturen der Motorik vorgenommen werden können.

2.3.3.5 Nachhirn

Das Nachhirn (Myelenzephalon) bildet den untersten Teil des Gehirns. Die zentrale Struktur ist die Medulla oblongata, die zu einem großen Teil aus der medullären Formatio reticularis besteht. Diese enthält zahlreiche Informationen von Interozeptoren (z.B. Chemo- und Barorezeptoren). Ihre Efferenzen projizieren überwiegend in das Rückenmark. In der *Medulla oblongata* finden sich zahlreiche Kerngebiete, die wichtige autonome Körperfunktionen, wie z.B. Atmung, Blutdruck und Herzschlagfrequenz, steuern (Atmungszentrum, Kreislaufzentrum). Außerdem haben hier die meisten der Hirnnerven ihre Ursprungs- und Endkerne (so z.B. auch der *Nervus vagus*).

2.4 Autonomes Nervensystem

Das autonome (vegetative) Nervensystem reguliert interne Körperzustände bzw. paßt die Funktionen innerer Organe an veränderte externe Bedingungen an, indem es Einfluß auf die glatte Muskulatur der Organe, das Herz und die Drüsen nimmt. Es fungiert insofern »autonom«, als es (im Unterschied zum somatischen Nervensystem) weitgehend dem willentlichen Zugriff entzogen ist. Es spielt in der Psychophysiologie eine wichtige Rolle, weil seine Aktivität in die meisten der verwendeten physiologischen Maße eingeht. Aufgrund der Tatsache, daß dieses System eng mit dem zentralen Nervensystem verbunden ist (hypothalamische und limbische Strukturen werden auch als vegetative Zentren angesehen), kann es Aufschluß über zahlreiche psychische Phänomene geben.

Das periphere vegetative (autonome) Nervensystem wird in das *sympathische* und das *parasympathische Nervensystem* sowie das Darmnervensystem unterteilt. Diese z.T. antagonistischen Zweige unterscheiden sich in funktionaler, anatomischer und chemischer Hinsicht; sie arbeiten allerdings bei den meisten Organen eng zusammen, um interne Zustände empfindlich an wechselnde Anforderungen anpassen zu können sowie um die Homöostase des Organismus (relatives kurz- und längerfristiges Fließgleichgewicht im Körperhaushalt) sicherzustellen.

Die Hauptfunktion des *sympathischen Nervensystems* ist es, den Körper für Handlungen vorzubereiten, insbesondere für Handlungen unter belastenden oder herausfordernden Bedingungen (»ergotrope« Anforderungen). Daher ist es nicht verwunderlich, daß eine Aktivierung des Sympathikus zu schnellen, breit gefächerten Veränderungen in vielen Organen führt (z. B. Erweiterung der Bronchien und Pupillen, Hemmung der Eingeweideaktivität, Erhöhung des Blutdrucks, der Schlagfrequenz und des Schlagvolumens des Herzens, Energiebereitstellung, Schwitzen). Im Gegensatz dazu hat der *Parasympathikus* die Hauptfunktion, Regenerations- und Aufbauprozesse einzuleiten (»trophotrope« Anforderungen). Eine parasympathische Aktivierung bewirkt so beispielsweise eine Senkung der Herzschlagfrequenz und des Blutdrucks und eine Zunahme der Aktivität in den Verdauungsorganen. Darüber hinaus sind die Einflüsse des Parasympathikus weniger diffus als die des Sympathikus. Die einzelnen Äste des parasympathischen Systems arbeiten eher unabhängig voneinander und lösen somit eher selektiv Veränderungen in den einzelnen Körperorganen aus.

Diese funktionellen Unterschiede zwischen den beiden Zweigen des autonomen Nervensystems werden durch eindeutig nachweisbare Unterschiede in der Anatomie der beiden Systeme unterstützt (vgl. *Abb. 2.9*). In beiden Systemen verlassen die efferenten Fasern der präganglionären Neurone das Gehirn oder das Rückenmark und treten in sog. *Ganglien* (Ansammlung von Zellkörpern außerhalb des zentralen Nervensystems) mit den postganglionären Neuronen in Verbindung. Sympathisches und parasympathisches Nervensystem unterscheiden sich nun sowohl hinsichtlich der Lage der präganglionären Neurone im zentralen Nervensystem als auch hinsichtlich der Lage der Ganglien.

Die präganglionären Neurone des Sympathikus liegen im Brust- und oberen Lendenbereich des Rückenmarks, die des Parasympathikus in den Kernen der Hirnnerven (III, VII, IX und X) sowie im Kreuzbeinbereich des Rückenmarks. Nach Austritt aus dem Rückenmark nehmen die präganglionären Fasern der sympathischen Neurone Verbindung mit den postganglionären Neuronen der Ganglien im Grenzstrang auf (s. *Abb. 2.9*). Die Axone der postganglionären Neurone innervieren die Erfolgsorgane. Einige (vorwiegend die Darmnerven) ziehen jedoch durch den Grenzstrang hindurch in Ganglien, die auf dem Weg zum Erfolgsorgan liegen. Wie *Abb. 2.9* zeigt, nehmen viele präganglionäre Neurone des Sympathikus Verbindung mit Ganglien unterhalb und oberhalb ihres Austrittsortes auf, so daß (1) ein einzelnes Ganglion Informationen aus mehreren Rückenmarkssegmenten erhalten kann. Gleichzeitig ist zu erken-

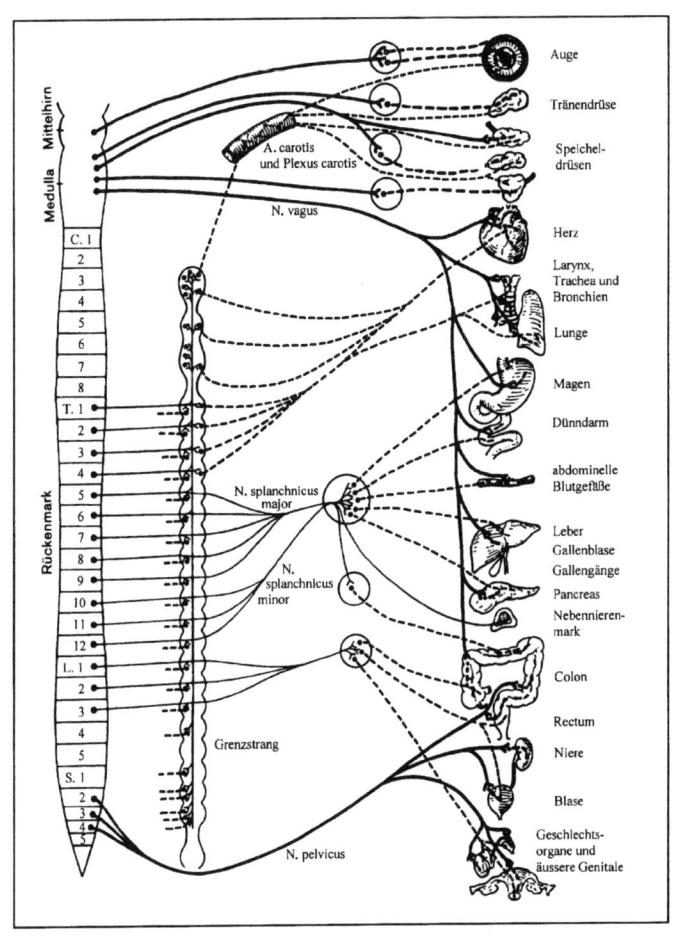

Abb. 2.9: Innervationsorgane des sympathischen (gestrichelte Linien) und parasympathischen (dicke durchgezogene Linien) Nervensystems (nach Ganong, 1974; mit freundl. Genehmigung des Springer-Verlags)

nen, daß (2) von einzelnen Ganglien zahlreiche postganglionäre Fasern ausgehen, die zu den verschiedensten Organen ziehen. Aus diesen beiden Feststellungen erklärt sich die bereits angesprochene diffuse Wirkung des Sympathikus auf viele Erfolgsorgane.

43

Die parasympathischen Fasern, die das zentrale Nervensystem entweder im Kopfbereich oder im Sakralbereich des Rückenmarks verlassen, weisen überwiegend weniger Konvergenzen und Divergenzen untereinander auf, woraus sich die selektivere Wirkung des Parasympathikus auf einzelne Organe erklärt. Ein weiterer Unterschied zum sympathischen System besteht darin, daß die Ganglien des parasympathischen Nervensystems sehr nahe bei oder in den entsprechenden Erfolgsorganen liegen. Daher sind die präganglionären Fasern relativ lang, die postganglionären Fasern hingegen recht kurz.

Neben den Unterschieden in Funktion und Anatomie unterscheiden sich sympathisches und parasympathisches Nervensystem auch in den Neurotransmittern, die bei der Erregungsübertragung freigesetzt werden. In beiden Systemen wird an den präganglionären Synapsen generell *Acetylcholin* ausgeschüttet, wobei im parasympathischen System Acetylcholin auch die Übertragersubstanz vom postganglionären Neuron auf den Effektor bildet. Im sympathischen Nervensystem hingegen wird an den postganglionären Synapsen in der Regel *Noradrenalin* ausgeschüttet. Die Tatsache, daß Noradrenalin und vor allem Adrenalin über ein Erfolgsorgan des Sympathikus, das Nebennierenmark, auch in den Blutstrom abgegeben wird und somit die Veränderungen adrenerg innervierter Organe verstärken und verlängern kann, erklärt ergänzend zu den angesprochenen anatomischen Besonderheiten auch die eher diffuse Wirkweise des Sympathikus.

Die aufgeführten Charakteristika der autonomen Innervation dürfen allerdings nicht darüber hinwegtäuschen, daß es eine Reihe von Ausnahmen gibt. So sind z. B. die Schweißdrüsen, die Haarfollikel und die glatte Muskulatur der Arteriolen dominant oder ausschließlich vom sympathischen Nervensystem innerviert, wobei an den Schweißdrüsen außerdem nicht das Noradrenalin, sondern das Acetylcholin die Übertragersubstanz an den postganglionären Synapsen bildet. Darüber hinaus darf die häufig zu beobachtende antagonistische Wirkweise der beiden Systeme nicht in dem Sinne mißverstanden werden, daß jeweils nur ein System aktiv und somit das andere vollständig inaktiv ist. Im Gegenteil, beide Systeme sind immer aktiv, so daß im Einzelfall – speziell auf der Grundlage von noninvasiven Messungen – nur schwer zu entscheiden ist, welches System für einzelne Veränderungen tatsächlich verantwortlich ist. So kann in der physiologischen Regulation z. B. eine Beschleunigung der Herzschlagfrequenz durch eine Zunahme sympathischer Aktivität, durch eine Abnahme parasympathischer Aktivität oder durch beides bedingt sein. Im Falle gleichzeitiger Aktivität in beiden Systemen liegt ein funktioneller Synergismus der an sich antagonistisch wirkenden Systeme vor.

Neben den dargestellten autonomen Efferenzen besteht das autonome Nervensystem etwa zur Hälfte aus *afferenten Neuronen* mit ihren Fasern. Diese verlaufen z. T. parallel mit den efferenten Fasern (z. B. im Nervus vagus) und liefern die Informationen über die Zustände im Vegetativum und damit für autonome Reflexe, die komplexe regulatorische Funktionen im autonomen Nervensystem ausüben. Die oberste zentrale Umschaltstelle dieser sog. viszeralen Afferenzen bildet der Hypothalamus (vgl. ausführlicher Reed et al. 1990).

2.5 Endokrines System

Neben dem Nervensystem bildet das endokrine System das zweite System des Körpers zur Übermittlung von Information. Während das Nervensystem auf eine schnelle Weiterleitung von Signalen spezialisiert ist, ist das endokrine System auf eine langsamere, z. T. länger andauernde Signalübermittlung spezialisiert. Die Botenstoffe des endokrinen Systems sind die *Hormone*, die über den Blutstrom ihre Erfolgsorgane erreichen. Dabei wird die Organspezifität dadurch erreicht, daß die anzusprechenden Organe mit spezifischen Hormon-Rezeptoren ausgestattet sind. In enger Zusammenarbeit mit dem autonomen Nervensystem kontrolliert das endokrine System u. a. die Ernährung, den Stoffwechsel, das Wachstum, die Reifung sowie die Fortpflanzung.

Die zentrale Kontrollinstanz des endokrinen Systems ist der Hypothalamus, der neurale Signale in Hormonabgaben aus der Hypophyse umsetzt. Dabei wird die Hormonfreisetzung aus dem *Hypophysenvorderlappen* durch übergeordnete Hormone aus dem Hypothalamus (Releasing- und Inhibitor-Hormone) gesteuert, die über einen eigenen Blutkreislauf (Pfortadersystem) zum Vorderlappen transportiert werden. Ein Großteil der Hormone des Hypophysenvorderlappens (die glandotropen Hormone, s. *Tab. 2.1*) hat die Aufgabe, periphere endokrine Drüsen (s. *Tab. 2.2*) zu kontrollieren, aus denen dann erst das Endhormon ausgeschüttet wird. Dagegen werden die Hormone des *Hypophysenhinterlappens* (Adiuretin oder Vasopressin und Oxytozin) im Hypothalamus selbst gebildet und gelangen über axonalen Transport in den Hypophysenhinterlappen. Die Ausschüttung dieser Hormone erfolgt unter neuraler Kontrolle.

Tab. 2.1: Hormone des Hypophysenvorderlappens

Bezeichnung	Wirkung auf
Glandotrope Hormone	Nebennierenrinde
Adrenokortikotropes Hormon (ACTH)	
Thyreoidea-stimulierendes Hormon (TSH)	Schilddrüse
Follikel-stimulierendes Hormon (FSH)	Gonaden
Luteinisierendes Hormon (LH)	Gonaden
Effektorische Hormone	
Somatotropin (STH)	Alle Körperzellen
Prolaktin (PRL)	Brustdrüsen
Melanotropin (MSH)	Pigmentierung (?)

Tab. 2.2: Endokrine Drüsen und ihre Endhormone

Drüse	Endhormon
Hoden	Testosteron
Ovar, Follikel	Östrogene, Progesteron
Schilddrüse	Thyroxin, Trijodthyronin
Nebennierenrinde	Kortikosteroide
Nebennierenmark	Adrenalin, Noradrenalin
Niere	Erythropoetin
Pankreas	Glukagon, Insulin

Teil II: Methoden

In den folgenden Kapiteln (Kap. 3 – 8) werden die zentralen psychophysiologischen Reaktionssysteme zusammen mit den Methoden zur Messung ihrer Aktivität dargestellt. Im einzelnen beschäftigen wir uns ausführlich mit der elektrodermalen Aktivität, der kardiovaskulären Aktivität und der hirnelektrischen Aktivität. Auf weitere psychophysiologische Größen wie die elektrische Muskelaktivität, Aktivitäten des Auges sowie die Atmung wird in etwas kürzeren Abschnitten eingegangen. Die einzelnen Kapitel folgen einer einheitlichen Grobgliederung, wobei jeweils drei Aspekte berührt werden: (1) Physiologische Grundlagen, (2) Messung sowie (3) Quantifizierung und Kennwertbildung. Da es den Rahmen dieses Buches sprengen würde, die einzelnen Methoden in allen Details zu behandeln, werden häufig weiterführende Literaturhinweise gegeben, die es dem Leser ermöglichen sollen, sich vertiefend mit einzelnen Aspekten zu beschäftigen. Im letzten Kapitel dieses Teils (Kap. 9) wollen wir abschließend auf einige zentrale Überlegungen zum sinnvollen Einsatz psychophysiologischer Methoden in Forschung und Praxis eingehen.

3. Elektrodermale Aktivität

Elektrodermale Aktivität bezeichnet meßbare Änderungen bioelektrischer Eigenschaften der Haut, die physikalisch unterschiedlich (z. B. als Leitfähigkeits-, Widerstands- oder Potentialänderungen) beschreibbar sind. Diese Phänomene sowie ihre relativ leichte Beeinflußbarkeit durch psychische Faktoren sind bereits seit dem Ende des 19. Jahrhunderts bekannt (vgl. Neumann & Blanton, 1970).

Vigouroux (1879) beschrieb erstmals Schwankungen des Hautwiderstandes beim Menschen, nachdem zuvor bereits Herrmann und Luchsinger (1878) bioelektrische Erscheinungen an der Katzenpfote nachgewiesen hatten. Im Rahmen einer Überprüfung der Hypnose- und Hysterietheorie von Charcot gelang Féré (1888) als erstem der Nachweis einer Abnahme des Hautwiderstandes bei Darbietung sensorischer (z. B. visueller und auditiver) Reize. Kurze Zeit später entdeckte Tarchanoff (1889, 1890) Hautpotentialreaktionen. Tarchanoff war darüber hinaus der erste Autor, der in der Schweißdrüsenaktivität den wesentlichen Kausalfaktor der elektrodermalen Aktivität sah.

Während bereits Féré auf die Bedeutung psychischer, insbesondere emotionaler Faktoren für die Auslösung elektrodermaler Reaktionen hingewiesen hatte, war es vor allem Veraguth (1909), der mit der Einführung der Bezeichnung »Psychogalvanischer Reflex« (PGR) die Hypothese einer engen Verbindung psychischer und hautelektrischer Phänomene auch begrifflich festlegte. Erst später wurde von Gildemeister (1922) die neutralere Bezeichnung »Galvanischer Hautreflex« (GHR) eingeführt, die auch unter der Bezeichnung »Galvanic Skin Reflex/Response« (GSR) Eingang in die angloamerikanische Literatur fand.

3.1 Terminologie

Die Bezeichnungen »PGR«, »GHR« bzw. »GSR« werden nach einer Reihe von Versuchen, die Nomenklatur bioelektrischer Hautphänomene zu vereinheitlichen, nicht mehr gebraucht, u. a. weil sie die entsprechenden Phänomene nur unpräzise und z. T. auch irreführend beschreiben. Es hat sich heute ein von der »Society for Psychophysiological Research« formulierter Standardisierungsvorschlag weitgehend durchgesetzt (Brown, 1967; vgl. auch Venables & Christie, 1980). Danach steht S für »skin« (Haut), P für »potential« (Potential), R für »resistance« (Widerstand), C für »conductance« (Leitfähigkeit), Y für »admittance« (Admittanz) und Z für »impedance« (Impedanz). Zusätzlich wird zwischen tonischen Aspekten L (»level«) und phasischen Aspekten R (»response«) unterschieden (vgl. Kap. 3.4), so daß sich die in *Tab. 3.1* dargestellte Nomenklatur ergibt.

Dieser Nomenklatur entsprechend werden die tonischen Anteile der elektrodermalen Aktivität (EDA) allgemein als EDL (»electrodermal level«) und die phasischen als EDR (»electrodermal response«) bezeichnet. Zur weiteren Spezifizierung der Einzelphänomene – vor allem hinsichtlich ihrer zeitlichen Merkmale – wurden von Venables und Christie (1980) weitere Vorschläge unterbreitet, auf die erst im Zusammenhang mit Auswertungsfragen (vgl. Kap. 3.4) eingegangen werden soll.

Die verschiedenen in *Tab. 3.1* dargestellten Meßmethoden lassen sich unter zwei Gesichtspunkten gliedern: (1) Endosomatische versus exosomatische Messung und (2) Messung bei angelegter Gleichspannung versus Wechselspannung.

Tab. 3.1: Nomenklatur elektrischer Hautphänomene
(nach Boucsein, 1988)

Meßmethode	Endosomatisch	Exosomatisch			
Angelegte Spannung	Keine	Gleichspannung		Wechselspannung	
Bezeichnung	Hautpotential	Hautleitfähigkeit	Hautwiderstand	Hautadmittanz	Hautimpedanz
Abkürzungen: allgemein tonisch phasisch	SP SPL SPR	SC SCL SCR	SR SRL SRR	SY SYL SYR	SZ SZL SZR

Bei einer *endosomatischen* Messung wird ein in der Haut selbst generiertes Potential erfaßt. Diese Meßtechnik, die für die Erfassung zahlreicher Biosignale typisch ist, führt im Falle der elektrodermalen Aktivität zu Hautpotentialwerten (SP). Bei den *exosomatischen* Methoden wird im Gegensatz hierzu von außen eine Fremdspannung an den Organismus angelegt. Je nach Art der angelegten Spannung lassen sich *Gleichspannungsverfahren* von *Wechselspannungsverfahren* unterscheiden. Eine Gleichspannung wird sowohl beim sog. Konstantstromverfahren als auch beim Konstantspannungsverfahren verwendet. Ersteres führt zu Hautwiderstandswerten (SR), letzteres zu Hautleitfähigkeitswerten (SC). Hingegen wird zu der Hautimpedanz- und Hautadmittanzmessung eine Wechselspannung über die Elektroden geführt. Hautwiderstand und Hautleitfähigkeit bzw. Hautimpedanz (Wechselstromwiderstand) und Hautadmittanz (Wechselstromleitfähigkeit) stehen jeweils in reziproker Beziehung zueinander.

3.2 Physiologische Grundlagen

Die aus mehreren Schichten bestehende Haut übernimmt zahlreiche Funktionen. Als Körperhülle schützt sie den Organismus vor Austrocknung und schädlichen Umwelteinflüssen; als Schnittstelle ist sie für die Aufnahme und Abgabe von Informationen verantwortlich; als kompliziertes Organ unterstützt sie in Zusammenarbeit mit anderen Körperorganen wichtige Anpassungsprozesse des Körpers, so z. B. die Regelung der Wasserabgabe und die Aufrechterhaltung einer konstanten Kerntemperatur.

Die für die EDA wesentlichen Strukturen in der Haut sind die *ekkrinen Schweißdrüsen*. Ihre primäre Funktion ist die Thermoregulation (durch die Absonderung von Schweiß). Sie reagieren darüber hinaus aber auch sensibel auf »psychische« Reize unterschiedlichster Art. Die ekkrinen Schweißdrüsen verteilen sich ungleich über den Körper; ihre höchste Dichte findet sich mit mehr als 2000 Drüsen/cm^2 an den Hand- und Fußinnenflächen. Eine einzelne Schweißdrüse besteht im wesentlichen aus einem terminalen sekretorischen Anteil und einem Schweißdrüsengang, durch den der Schweiß an die Hautoberfläche gelangen kann. Die Aktivität ekkriner Drüsen wird ausschließlich vom sympathischen Teil des autonomen Nervensystems gesteuert, wobei die Transmittersubstanz an der postganglionären Synapse nicht Noradrenalin, sondern ausnahmsweise Acetylcholin ist.

Man geht in heutigen *Modellvorstellungen* (vgl. zusammenfassend Boucsein, 1988) davon aus, daß sich die Gänge ekkriner Schweißdrüsen wie variable, parallel geschaltete Widerstände in einem Stromkreis verhalten. Abhängig vom Ausmaß der sympathischen Entladungsfrequenz steigt der Schweiß in den Ausführungsgängen einer unterschiedlichen Anzahl von Drüsen an. Dabei gilt, daß mit höherer Schweißproduktion der elektrische Widerstand abnimmt und somit jede Veränderung der Schweißmenge in den Gängen die Werte der variablen Widerstände ändert. Soll zu einem gegebenen Zeitpunkt die EDA eines umrissenen Hautareals quantifiziert werden, müßten die Werte aller aktiven, parallel geschalteten Widerstände aufsummiert werden. Entsprechend dem (physikalischen) Gesetz für die Addition parallel geschalteter Widerstände läßt sich allerdings der Gesamtwiderstand nicht einfach durch eine Addition der Einzelwiderstände bestimmen. Hingegen addieren sich die Reziprokwerte der Einzelwiderstände, also die Leitfähigkeiten, zum Reziprokwert des Gesamtwiderstandes. Die Gesamtleitfähigkeit läßt sich somit einfach als Summe der einzelnen Leitfähigkeiten berechnen. Daraus leitet sich einer der Gründe ab, weshalb zur Bestimmung der exosomatischen EDA die Hautleitfähigkeit anstelle des Hautwiderstandes zu verwenden ist (vgl. Lykken & Venables, 1971).

Obwohl die zentrale Rolle der ekkrinen Schweißdrüsen für die EDA zweifelsfrei gesichert ist, lassen sich mit deren Aktivität nicht alle elektrodermalen Phänomene (z. B. die Entstehung von Hautpotentialen) befriedigend erklären. Hierzu wurden verschiedene weitere peripher-physiologische Gegebenheiten postuliert, wie z. B. die Existenz einer elektrisch aktiven Membran, der Einfluß bestimmter Elektrolyte an der Hautoberfläche oder der Einfluß der Reabsorption von Natriumchlorid (vgl. Fowles, 1986). Es muß allerdings betont werden, daß verglichen mit der Rolle ekkriner Drüsengänge diese Einflüsse bislang weit weniger gut verstanden und erforscht worden sind. Demzufolge bestehen über ihre Bedeutung als auch über ihre Lokalisation und Innervation unterschiedliche Auffassungen, was zwangsläufig zur Konsequenz hat, daß bis heute kein vollständiges und widerspruchsfreies peripher-physiologisches Modell der gesamten EDA formuliert werden konnte (vgl. ausführlich Fowles, 1986; Muthny, 1984).

Es wurde bereits erwähnt, daß die ekkrinen Drüsen ausschließlich vom sympathischen Nervensystem innerviert sind. Dies legt nahe, die EDA als einen Indikator für dessen Aktivität zu interpretieren (allerdings unter Berücksichtigung der Besonderheit der postganglionären Transmittersubstanz). Eine solche Interpretation wird unterstützt durch Studien, in denen die EDA gleichzeitig zur sympathischen Aktivität in peripheren Nerven gemessen wurde. Diese Studien erbrachten substantielle Korrelationen zwischen der Häufigkeit sympathischer Aktionspotentiale und der Häufigkeit und Stärke elektrodermaler Veränderungen (vgl. zusammenfassend Wallin, 1981). Die höheren zentralnervösen Kontrollinstanzen dieser sympathischen Aktivität und damit auch der EDA sind jedoch noch nicht eindeutig aufgeklärt. Als gesichert gilt, daß Strukturen im Rückenmark, der Formatio reticularis, des Hypothalamus, des limbischen Systems (insbesondere der Hippocampus-Formation und der Amygdalae) sowie verschiedene Anteile des Neokortex beteiligt sind. Von Edelberg (1973) stammt die Hypothese, daß EDA-Veränderungen im Zusammenhang mit thermoregulatorischer Aktivität vom Hypothalamus, mit feinmotorischer Aktivität vom prämotorischen Kortex und mit grobmotorischer Aktivität von der Formatio reticularis primär kontrolliert werden. Venables und Christie (1973) formulieren eine vergleichbare Hypothese, betonen aber den im Normalfall dominierenden und damit übergeordneten Einfluß verschiedener kortikaler Regionen.

3.3 Messung der EDA

Von den in *Tab. 3.1* aufgeführten verschiedenen Meßmethoden der EDA haben sich im »psychophysiologischen Routinebetrieb« eindeutig die exosomatischen Gleichspannungsverfahren durchgesetzt (vgl. auch Fowles et al., 1981). Wechselspannungsmethoden wurden bisher überwiegend zur Erforschung der Systemeigenschaften der Haut eingesetzt (vgl. Boucsein, 1988); die endosomatische Methode, deren Möglichkeiten sicherlich noch nicht ausgereizt sind, birgt z. Zt. noch einige ungelöste Probleme (vor allem hinsichtlich der Quantifizierung des komplexen Signals), die einer routinemäßigen Anwendung entgegenstehen. Daher werden wir uns im folgenden auf die Messung der Hautleitfähigkeit bzw. des Hautwiderstandes beschränken.

3.3.1 Elektroden, Ableitorte, Elektrodenpaste

Es werden Silber/Silberchlorid-Elektroden (Ag/AgCl) verwendet, um Polarisationseffekte zu minimieren. Die Elektroden sollten möglichst groß sein (ca. 0,6–1 cm^2 Elektrodenfläche), um stabile und gut differenzierbare Signale zu gewährleisten. Ihre Anbringung erfolgt gewöhnlich mit doppelseitigen Kleberingen an den entsprechenden Ableitorten, wobei sich die in *Abb. 3.1* dargestellten Ableitpunkte anbieten. Normalerweise wird die Ableitung von der Handinnenfläche (volar) der nicht-dominanten Hand vorgenommen.

Die Hände sollten vor dem Anlegen der Elektroden mit handwarmem Wasser (ohne Seife) gewaschen werden; ggf. können die Ableitpunkte zur besseren Haftung der Kleberinge zusätzlich mit Äthylalkohol (70%) von Fett gereinigt werden.

Als Kontaktmedium (Elektrolyt), das in der Regel vor dem Anbringen der Elektroden in diese eingefüllt wird, sollte eine Paste verwendet werden, deren Zusammensetzung der Elektrolytkonzentration des Schweißes entspricht (aus diesem Grund verbietet sich die Verwendung handelsüblicher Pasten). Detaillierte Hinweise zur Herstellung einer solchen isotonischen Paste (mit einer Konzentration von 0,05 molar NaCl) finden sich bei Venables und Christie (1980) sowie bei Fowles et al. (1981).

Bei der Messung der Hautleitfähigkeit bzw. des Hautwiderstandes wird generell von zwei aktiven, d. h. mit Schweißdrüsen ausgestatteten Arealen abgeleitet (bipolare Ableitung), so daß es keine Rolle spielt, in welcher Richtung der Strom zwischen den beiden Elektroden fließt. Falls es in Abhängigkeit vom Gerätetyp erforderlich sein sollte, zusätzlich eine Elektrode zur Erdung des Probanden zu verwenden, kann diese auf dem Handrücken plaziert werden; ebenso kann zur Erdung auch ein anderer Ort gewählt werden, der zur Erfassung weiterer Signale ohnehin verwendet wird.

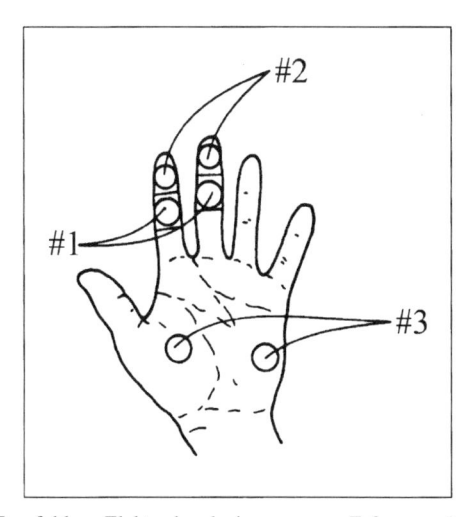

Abb. 3.1: Empfohlene Elektrodenplazierungen zur Erfassung der EDA. Plazierung 1: Mediale Phalangen (Glieder) des Zeige- und Mittelfingers; Plazierung 2: Distale Phalangen; Plazierung 3: Thenare und Hypothenare Erhebung (Daumen- und Kleinfingerballen). Es wird jeweils nur eine der drei Möglichkeiten verwendet (aus Dawson et al., 1990; mit freundl. Genehmigung von Cambridge University Press)

3.3.2 Stromversorgung

Bei den angesprochenen exosomatischen Messungen wird eine Fremdspannung an den Organismus angelegt und damit ein Stromkreis geschaffen. Das physikalische Prinzip, das es hierbei zu beachten gilt, ist das Ohmsche Gesetz. Dieses besagt, daß der Widerstand (R) gleich der Spannung (U) zwischen den beiden Elektroden dividiert durch den dann fließenden Strom (I) ist, also $R = U/I$. Hieraus ergeben sich zwei konkrete Vorgehensweisen für die Messung: Wird die Stromstärke I konstant gehalten und die Spannung U gemessen, variiert diese direkt mit dem Hautwiderstand. Wird hingegen die Spannung U konstant gehalten, dann variiert die gemessene Stromstärke I direkt mit dem Reziprokwert des Widerstandes, also der Hautleitfähigkeit.

Vornehmlich aus Standardisierungsgründen wird heute empfohlen, die Konstantspannungstechnik anzuwenden und die Ergebnisse in der Maßeinheit »Leitfähigkeit« darzustellen. Dabei wurde für die anzulegende konstante Spannung ein Wert von 0,5 V vorgeschlagen, der mittlerweile generell akzeptiert wird. Die physikalische Einheit der Leitfähigkeit ist *Siemens* (S); die Werte für die Hautleitfähigkeit liegen allerdings im Micro-Siemens Bereich (μS; die Einheit »mho« bzw. »μmho«, von dem rückwärts gelesenen »ohm«, findet immer seltener Verwendung). Falls die Konstantstromtechnik angewendet wird, sollte eine Stromstärke von 10 μA/cm^2 nicht überschritten werden. Außerdem muß bedacht werden, daß bei einer Transformation von Hautwiderstands- in Leitfähigkeitsänderungen auch der Wert des Hautwiderstands vor der Veränderung vorliegen muß (vgl. z. B. Stern et al., 1980; zum generellen Problem der nicht-linearen Reziproktransformation von Hautwiderstand in Hautleitfähigkeit und umgekehrt vgl. Velden & Vossel, 1985).

3.3.3 Registrierung

Zur Registrierung der EDA stehen verschiedene Möglichkeiten zur Verfügung, die weitgehend durch die Ausstattung einzelner psychophysiologischer Laboratorien bestimmt sind. Daher soll auf die einzelnen Registriertechniken (z. B. Registrierung auf Papier, Speicherung auf verschiedenen Datenträgern eines Computers) und deren spezielle Probleme nicht weiter eingegangen werden (vgl. dazu ausführlich Boucsein, 1988). Aufgrund eigener umfangreicher Erfahrungen mit diesem Biosignal empfehlen wir allerdings auf jeden Fall die Verwendung einer Registriermethode, die entweder eine präzise Handauswertung oder eine interaktive Computer-Analyse gestattet.

3.4 Kennwertbildung bei Hautleitfähigkeitsmessungen

Die Hautleitfähigkeitskurve besteht aus einer Grundlinie, deren Niveau sich im Verlauf einer Messung drastisch erhöhen oder verringern kann, und kurzfristigen (phasischen) reizbezogenen sowie spontanen Leitfähigkeitsveränderungen, die immer die Richtung einer Leitfähigkeitserhöhung haben (man bezeichnet sie deshalb auch als monophasische Reaktionen). Aus einer solchen Kurve lassen sich verschiedene Parameter extrahieren.

3.4.1 Parameter phasischer Veränderungen

Die *Amplitude*, d. h. die Differenz zwischen dem Fuß- und Gipfelpunkt einer SCR, stellt das gebräuchlichste Maß dar (SCR amp. nach Venables & Christie, 1980; vgl. *Abb. 3.2*). Um eine SCR als solche

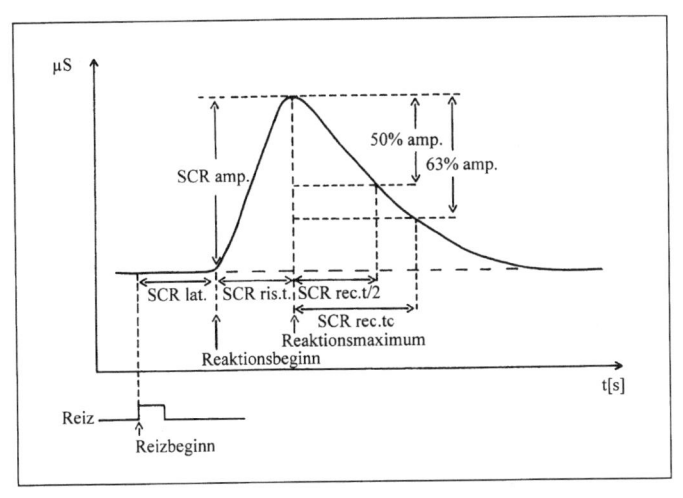

Abb. 3.2: Idealisierte SCR (aus Boucsein, 1988; mit freundl. Genehmigung des Springer-Verlags)

werten zu können, muß zunächst ein minimales Amplitudenkriterium festgelegt werden. Dabei haben sich in der Praxis Werte im Bereich von 0,02 µS bis 0,1 µS bewährt, wobei allerdings betont werden muß, daß niedrigere Werte (etwa von 0,02 µS bis 0,05 µS) eine große Stabilität und hohe Auflösung des Meßsystems erfordern, wie sie nicht unbedingt von allen Systemen erreicht werden. Zur Identifikation einer kurzfristigen Leitfähigkeitserhöhung als reizbezogen ist es außerdem erforderlich, ein Latenzfenster zu definieren. Es handelt sich hierbei um ein konstantes Zeitintervall, in dem der Fußpunkt einer SCR nach Darbietung eines Reizes eindeutig liegen muß. Auch zu dieser Frage liegen unterschiedliche Empfehlungen vor. Folgt man Autoren wie Venables und Christie (1980) oder Levinson und Edelberg (1985) ist ein Latenzfenster zwischen 1 und 3 Sekunden nach Reizbeginn für die meisten Fragestellungen angemessen.

Bei der Bestimmung der einzelnen SCR-Amplituden taucht häufig ein Problem auf, das aus der Überlappung zweier Leitfähigkeitserhöhungen resultiert. So tritt z. B. der Fall auf, daß eine SCR ausgelöst wird, bevor eine vorherige reizbezogene oder spontane Veränderung vollständig abgeklungen ist. Dabei stellt sich die Frage, von welchem Ausgangsniveau die Amplitude der zweiten SCR ausgemessen werden soll. Grundsätzlich stehen zwei Methoden zur Verfügung: Bei der ersten nimmt man den Punkt der eindeutigen Steigungsumkehr bzw. deutlichen Steigungsänderung vor dem Gipfelpunkt der zweiten SCR als Ausgangsniveau, bei der zweiten Methode sucht man in einem festgelegten Zeitintervall *vor* den beiden Leitfähigkeitserhöhungen nach einem Schätzwert für das Ausgangsniveau. Im Falle sich überlappender SCRs ist der nach der ersten Methode bestimmte Amplitudenwert zwangsläufig kleiner als der entsprechende Wert nach der alternativen Methode. Wie von Zimmer und Vossel (1993) gezeigt wurde, kann sich dieser Methodeneffekt erheblich auf EDA-Befunde auswirken. Leider kann z. Zt. aufgrund mangelnder physiologischer Kenntnisse über die Kontrolle der EDA noch keine Empfehlung für eine der beiden Methoden gegeben werden, so daß die Wahl der Vorgehensweise gegenwärtig dem einzelnen Forscher überlassen bleibt. Daraus ergibt sich die Konsequenz, daß die gewählte Vorgehensweise transparent gemacht sowie Angaben über die Frequenz spontaner Veränderungen und/oder Überlappungen mitgeteilt werden sollten, um mögliche Auswirkungen des methodischen Vorgehens abschätzen und bei der Dateninterpretation berücksichtigen zu können (für eine ausführliche Diskussion dieser Problematik insbesondere unter dem Aspekt einer potentiellen Gefährdung der Validität von Untersuchungen vgl. Zimmer & Vossel, 1993).

Im angloamerikanischen Sprachraum wird häufig anstelle des Amplitudenbegriffs die Bezeichnung »Magnitude« verwendet. Diese sollte allerdings als Kurzform für »Mittlere Magnitude« reserviert bleiben, wobei die Besonderheit bei der Magnitudenberechnung gegenüber einer einfachen Mittelung der Amplituden darin besteht, daß nicht aufgetretene bzw. unterhalb eines Amplitudenkriteriums gebliebene SCRs beim Mitteln mit dem Wert »Null« einbezogen werden. Die Magnitudenbestimmung stellt damit eine Form der Missing-Data-Behandlung dar, die insbesondere für die inferenzstatistische Analyse von SCR-Verläufen von Bedeutung ist.

Die Maxima der SCR-Amplituden liegen bei der hier dargestellten Meßmethode etwa im Bereich von 2–9 µS. Nach den Befunden von Venables und Christie (1980) ist zu erwarten, daß Verteilungen der SCR-Amplitudenwerte linksschief und steiler als die Normalverteilung ausfallen, so daß aus statistischen Gründen eine logarithmische Transformation der Amplitudenwerte nach der Formel log(Amplitudenwert + 1) empfehlenswert sein kann.

Außer durch die Amplitude sind reizbezogene Veränderungen u. a. auch anhand dreier Zeitmaße charakterisierbar: Latenz-, Anstiegs- und Erholungszeit (vgl. *Abb. 3.2*).

Die *Latenz* (»latency«, SCR lat.) beschreibt die Zeit von Reiz- bis Reaktionsbeginn. Die Werte liegen üblicherweise zwischen 1 und 3

Sekunden mit einem Mittelwert, der sich etwa im Bereich von 1,5 bis 2,2 Sekunden bewegt. Als *Anstiegszeit* (»rise time«, SCR ris. t.) wird die Zeit vom Fußpunkt einer SCR bis zum Erreichen des Gipfelpunktes bezeichnet. Typische Werte liegen im Bereich von 0,5 bis 3,5 Sekunden. Die *Erholungszeit* (»recovery time«) schließlich beschreibt die Zeit vom Gipfelpunkt bis zur Rückkehr der Veränderung auf die Grundlinie. Da dieser Punkt aufgrund des häufig asymptotischen Kurvenverlaufs nur sehr ungenau zu bestimmen ist, wird die Erholungszeit meist über die *Halbwertszeit* (SCR rec. t/2) quantifiziert, d. h. über die Zeit zwischen dem Gipfelpunkt der Reaktion und dem Erreichen der Hälfte ihres Amplitudenwertes (vgl. *Abb. 3.2*). Die Mittelwerte liegen etwa im Bereich von 3,5 bis 4,5 Sekunden; intra- und interindividuell können die Erholungszeiten einzelner Reaktionen jedoch beträchtlich schwanken. Mit hoher Varianz ist ebenfalls zu rechnen, wenn die Erholungszeit alternativ über die Zeitkonstante bestimmt wird. Damit ist das Zeitintervall vom Gipfelpunkt bis zu dem Punkt angesprochen, an dem die Amplitude um ca. 63% ihrer Stärke (auf den 1/e-ten Wert) abgeklungen ist (SCR rec. tc in *Abb. 3.2*).

Zu den Beziehungen zwischen den Zeitmaßen untereinander, wie auch zu denen zwischen Zeitmaßen und Amplitudenwerten, liegen unterschiedliche Befunde vor. Tendenziell scheint die Latenzzeit ein von anderen Maßen relativ unabhängiger Parameter zu sein, wenngleich in einzelnen Studien Beziehungen zur Anstiegszeit und Amplitude gefunden wurden. Mit Ausnahme einer substantiellen Beziehung zur Anstiegszeit erwies sich auch die Halbwertszeit als eine Größe, die relativ unabhängig von den anderen Parametern phasischer EDA-Veränderungen ist (vgl. zusammenfassend Boucsein, 1988; Venables & Christie, 1980).

3.4.2 Tonische Hautleitfähigkeitsparameter

Die tonische Hautleitfähigkeit (SCL; vgl. *Tab. 3.1*) bezeichnet das Niveau der Hautleitfähigkeitskurve, wobei in aller Regel Niveauwerte und deren Veränderung über längere Zeiträume und nicht in Abhängigkeit von isolierten Reizen betrachtet werden. So rechnet man im Falle elektrodermaler Niveauveränderungen üblicherweise mit Zeitintervallen in der Größenordnung von 10 bis 30 Sekunden. Grundsätzlich kann das SCL jedoch zu jedem Zeitpunkt als der gerade anliegende Wert der Hautleitfähigkeit bestimmt werden, solange er sich nicht im Bereich einer SCR befindet. Aus Reliabilitätsgründen wird das SCL in der Praxis allerdings meist über eine Mittelung einzelner oder aller Hautleitfähigkeitswerte aus definierten Zeitintervallen gewonnen, wobei evident ist, daß nach der zweiten Vorgehensweise das SCL beim Vorliegen einer größeren Zahl von reizbezogenen und/oder spontanen Veränderungen leicht überschätzt werden kann. Eine weitere Methode der SCL-Bestimmung besteht darin, die Fußpunkte von SCRs, die zur Quantifizierung der SCR-Amplitude benötigt werden, zu mitteln; in diesem Falle sollten allerdings die Fußpunkte von sich überlappenden SCRs möglichst nicht in die Analyse miteinbezogen werden, um eine künstliche Erhöhung der so geschätzten Niveauwerte zu vermeiden. Nach Befunden von Zimmer und Vossel (1993) korrelieren die über Fußpunkte geschätzten SCL-Werte nahezu perfekt mit verschiedenen, über andere Methoden bestimmten Niveauwerten (Minimum der Leitfähigkeit, gemittelte Leitfähigkeit über verschiedene Zeitintervalle), so daß diese Methode immer dann empfohlen werden kann, wenn die SCR-Amplitude ohnehin bestimmt werden soll; vorausgesetzt, es stehen genügend SCRs zur Verfügung, um hinreichend reliable Werte zu erhalten.

Die Werte für das SCL weisen interindividuell hohe Schwankungen auf. Sie liegen üblicherweise im Bereich von unter 2 bis über 20 µS, mit Mittelwerten in der Größenordnung von ungefähr 3 bis 15 µS. Auch bei SCL-Werten kann eine logarithmische Transformation empfehlenswert sein, um ihre Verteilung an die Normalverteilung anzunähern (Venables & Christie, 1980).

3.4.3 Spontanfluktuationen

Bei Spontanfluktuationen handelt es sich um kurzfristige Erhöhungen der Hautleitfähigkeit, die in ihrer Form den reizbezogenen Veränderungen sehr ähneln, die allerdings ohne einen erkennbaren äußeren Anlaß auftreten (z. B. in Ruhephasen oder in längeren reizfreien Phasen zwischen Stimulusdarbietungen). Sie werden deshalb häufig auch als »nonspecific responses« (NSRs) bezeichnet (Venables & Christie, 1980). Aufgrund ihres phasischen Charakters können Spontanfluktuationen in gleicher Weise wie SCRs parametrisiert werden; in der Regel interessieren an NSRs jedoch nicht die einzelnen Reaktionsparameter, sondern es interessiert ihre Häufigkeit in bestimmten Zeitintervallen, die von einigen Autoren zu den tonischen Maßen gerechnet wird.

Ebenso wie für die Ermittlung von SCRs muß zur Identifizierung von Spontanfluktuationen ein minimales Amplitudenkriterium festgelegt werden. Vossel (1990) schlägt mit einer Einschränkung (s. Kap. 3.4.1) auf der Grundlage einer umfassenden Literaturübersicht ein Kriterium von 0,02 µS vor. Danach werden alle Veränderungen der Hautleitfähigkeit, die die Verlaufsform phasischer Veränderungen aufweisen und diesen Kriteriumswert überschreiten als NSRs gewertet, sofern sie nicht nach den genannten Latenzkriterien als reizbezogen anzusehen sind. In Anbetracht der Tatsache, daß auch das Ende eines Reizes eine SCR auslösen kann, sollten Veränderungen in einem Intervall von ungefähr 5 Sekunden nach Reizende nicht als NSRs gewertet werden. Zur Erfassung reliabler Kennwerte der Spontanaktivität unter Ruhebedingungen wird ein Zeitintervall von 5 Minuten vorgeschlagen (Vossel, 1990).

Von Vossel und Zimmer (1990) wurden erstmals Normdaten für NSRs unter »Ruhebedingungen« (reiz- und aufgabenfreie Phasen) publiziert (Häufigkeit von NSRs > 0,02 µS aus 5minütigen Ruhephasen verschiedener Untersuchungen). Die Daten von 590 männlichen Studenten wiesen einen Mittelwert von 30,3 und eine Standardabweichung von 19,8 auf; die Verteilung erwies sich als linksasymmetrisch. Diese Werte gelten für Bedingungen *relativer* Ruhe. Die Anzahl der Spontanfluktuationen kann unter entspannter Ruhe deutlich niedriger ausfallen, unter aktivierenden Bedingungen hingegen noch beträchtlich ansteigen (schätzungsweise auf 20 Fluktuationen/Minute und mehr).

Spontanfluktuationen und SCL-Werte weisen einen gemeinsamen Varianzanteil von etwa 40–60% auf (vgl. Zimmer & Vossel, 1993); sie können daher nicht als austauschbare Maße tonischer Aktivität betrachtet werden.

Die Anzahl spontaner Fluktuationen wird häufig auch zur Operationalisierung der sog. »Elektrodermalen Labilität« – einem Konstrukt der differentiellen Psychophysiologie – herangezogen (vgl. Crider, 1993), wobei Personen mit zahlreichen Fluktuationen »labil«, Personen mit wenigen Fluktuationen »stabil« genannt werden (Vossel, 1990; Vossel & Zimmer, 1992). Eine solche Personeneinteilung wird durch die akzeptable zeitliche und transsituative Stabilität der Häufigkeit von Spontanfluktuationen gerechtfertigt; sie wird üblicherweise anhand eines Mediansplits von Ruhe-NSRs vorgenommen. Nach den Befunden von Vossel und Zimmer (1990) liegt der Median etwa im Bereich von 27 bis 30 NSRs in 5 Minuten. Es sollte allerdings darauf hingewiesen werden, daß von einzelnen Autoren auch deutlich hiervon abweichende Werte mitgeteilt wurden, die höchstwahrscheinlich auf unterschiedliche Methoden der EDA-Registrierung und abweichende Vorgehensweisen bei der Bestimmung der Spontanaktivität zurückzuführen sind, so daß speziell für diesen Bereich der differentiellen EDA-Forschung auf die Notwendigkeit von Standardisierungsbemühungen mit Nachdruck hingewiesen werden muß.

3.5 Einflußfaktoren

Die EDA variiert mehr oder weniger konsistent in Abhängigkeit von zahlreichen physikalischen und organismischen Variablen, wie z. B. klimatischen Bedingungen, dem Alter und Geschlecht der Probanden (vgl. zusammenfassend Boucsein, 1988). Eine systematische Berücksichtigung aller dieser potentiellen Einflußfaktoren ist in der Forschungspraxis jedoch unmöglich und bei angemessener Planung einer Untersuchung u. U. gar nicht erforderlich (vgl. Kap. 9). Dennoch sollten bei EDA-Messungen vier Einflußfaktoren durch Konstanthaltung kontrolliert werden: (1) Umgebungstemperatur (Bereich: 21 bis 23°C); (2) relative Luftfeuchtigkeit (Bereich: 55 ± 5%); (3) Jahreszeit (Einhaltung enger jahreszeitlicher Grenzen); (4) Handbewegungen (Hand sollte in natürlicher Ruhestellung auf einer weichen Unterlage liegen).

In der Literatur findet man häufig die Empfehlung, die Atmung stets zusammen mit der EDA zu registrieren, um atmungsbedingte Hautleitfähigkeitsänderungen erkennen und vor der weiteren Datenanalyse eliminieren zu können. Obwohl unbestritten ist, daß tiefe Atemzüge eine SCR auf psychologische Reize vortäuschen können, wollen wir dieser Empfehlung nicht unkritisch folgen, da (1) unklar ist, ab welcher Atemtiefe dieser Effekt auftritt und (2) in einzelnen Fällen Atmungsveränderungen und SCRs sogar kovariierende Indikatoren darstellen (z. B. einer Schreckreaktion) und somit aus inhaltlichen Überlegungen eine rein methodisch begründete Korrektur äußerst fragwürdig wäre.

3.6 Transformationen

Häufig werden Hautleitfähigkeitswerte vor ihrer statistischen Verrechnung Transformationen unterzogen. Neben den Transformationen, die Verteilungscharakteristika verbessern sollen (vgl. Kap. 3.4.1), sind vor allem solche entwickelt worden, die auf eine Reduktion interindividueller Varianz abzielen (z. B. Bereichskorrektur, Transformation in z-Werte), und solche, die unterschiedliche Ausgangswertabhängigkeiten beseitigen sollen (z. B. Berechnung von »Autonomic Lability Scores«; vgl. Boucsein, 1988). Abgesehen von den auf soliden empirischen Grundlagen basierenden Verfahren, deren Angemessenheit leicht überprüft werden kann und deren Anwendung lediglich die Verteilung der Leitfähigkeitswerte an die Normalverteilung annähern soll, ist die Verwendung anderer Transformationstechniken umstritten. Nach dem heutigen Stand der Diskussion sollten Hautleitfähigkeitsdaten auf keinen Fall routinemäßig einer dieser Transformationen unterzogen werden (vgl. Levey, 1980; Venables & Christie, 1980; Vossel, 1990). Dies spricht nicht dagegen, daß im Einzelfall die eine oder andere Transformationstechnik angemessen sein kann; eine solche Entscheidung muß jedoch stets wohlüberlegt erfolgen, und es muß auch das verwendete Verfahren transparent und nachvollziehbar dargestellt und begründet werden (vgl. ausführlich Fahrenberg et al., 1979).

3.7 Schwitzaktivität

Neben den dargestellten Verfahren zur Erfassung der bioelektrischen Hautaktivität existieren zahlreiche weitere Verfahren nichtelektrischer Natur vor allem zur Bestimmung der Hautfeuchte, d. h. der an die Hautoberfläche gelangenden Schweißmenge (vgl. Überblick bei Muthny, 1984). Von diesen Verfahren zur Messung der Schwitzaktivität soll besonders die Bestimmung des »palmar sweat index« (PSI) mittels der Fingerprint-Methode hervorgehoben werden. Der PSI gibt die Anzahl aktiver Schweißdrüsen in einem bestimmten Fingerareal für einen definierten Zeitraum (in der Größenordnung von ungefähr 2 Minuten) an. Wie Köhler und Troester (1991) zeigten, bestehen bei intraindividuellen Analysen zwischen dem PSI und der Anzahl der Spontanfluktuationen oder der Höhe des SCLs substantielle Beziehungen. Die Verwendung des PSI empfiehlt sich somit insbesondere in psychophysiologischen Felduntersuchungen, wenn ohne apparativen Aufwand ein objektives und reliables (tonisches) Aktivationsmaß bestimmt werden soll (vgl. Köhler et al., 1992; Köhler et al., 1989).

3.8 Anwendungsbeispiele

Die EDA wurde und wird in zahlreichen psychophysiologischen Untersuchungen gemessen. Besonders weitverbreitete Anwendungsbereiche sind experimentelle Paradigmen, in denen singuläre Reize dargeboten und die EDRs darauf erfaßt werden. Dabei zeigt sich, daß Reize, die z. B. aufgrund ihrer Neuheit, Intensität, Bedeutung oder ihres emotionalen Gehalts Aufmerksamkeit auf sich ziehen, bei der Mehrzahl der Personen zuverlässig eine EDR auslösen. Solche Befunde werden in aller Regel im Kontext von Fragen zur Orientierungsreaktion (vgl. Kap. 11) diskutiert. Man geht heute davon aus (vgl. Barry, 1984), daß diese EDR unter entsprechenden

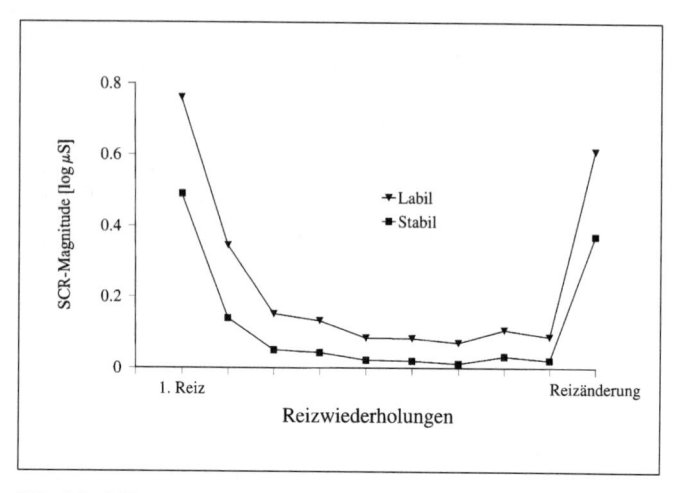

Abb. 3.3: SCR-Magnituden labiler und stabiler Personen in einer Habituationsphase (1. Reizdarbietung und 8 Blöcke zu je 4 Darbietungen) und auf eine Reizänderung (nach Vossel & Zimmer, 1992); Erläuterungen s. Text

Kontextbedingungen der zuverlässigste und valideste autonome Indikator einer zentralnervösen Orientierungsreaktion ist. Am Beispiel einer Untersuchung von Vossel und Zimmer (1992) sollen nun kurz einige typische Ergebnisse solcher Anwendungen veranschaulicht werden.

In dieser Untersuchung war die Größe der SCR in ihrer Abhängigkeit von der elektrodermalen Labilität, Reizwiederholungen und der Veränderung eines physikalischen Reizmerkmals Gegenstand der Betrachtung. Zunächst wurden anhand von Ruhemessungen die spontanen Fluktuationen der Hautleitfähigkeit ausgezählt, um anschließend Gruppen labiler und stabiler Personen bilden zu können. Im darauffolgenden Teil der Untersuchung wurde den Versuchspersonen (Vpn) in kürzeren Abständen (20–30 Sekunden) wiederholt ein Ton (1000 Hz, 65 dB, 1100 ms Dauer) dargeboten, der im 34. Durchgang in seiner Frequenz leicht, aber deutlich erkennbar verändert war. Erfaßt wurden u.a. die SCR-Amplituden (>.02 μS) in einem Latenzfenster von 1 bis 3 Sekunden nach Reizbeginn. Ein Teil der Ergebnisse ist in *Abb. 3.3* dargestellt.

Betrachtet man die Abbildung, so zeigt sich zunächst, daß (1) die SCR-Magnituden auf die erste Reizdarbietung am stärksten ausfallen; (2) die SCR-Magnituden über die wiederholten Reizdarbietun-

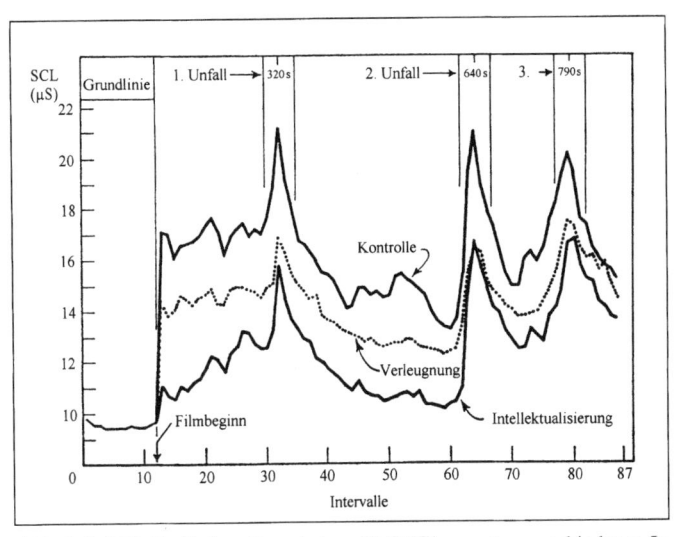

Abb. 3.4: SCL-Verläufe während eines Unfallfilms unter verschiedenen Instruktionsbedingungen (nach Lazarus et al., 1965)

gen exponentiell abnehmen und (3) die Reizänderung zu einer erneuten Zunahme der SCR-Magnituden führt. Schließlich zeigt sich auch, daß labile Personen durchgängig stärker reagieren als stabile, langsamer habituieren und auch mit einer stärkeren SCR-Magnitude auf die Reizänderung antworten. Insgesamt betrachtet zeigen die Befunde 1 bis 3, daß die SCR die zentralen Anforderungen, die an einen Indikator der Orientierungsreaktion zu stellen sind, erfüllt (vgl. Kap. 11.4). Die Ergebnisse gestatten es deshalb auch, die beobachteten Unterschiede zwischen labilen und stabilen Personen unter Rückgriff auf das Konzept der Orientierungsreaktion zu interpretieren (vgl. ausführlich Vossel & Zimmer, 1992).

Tonische Hautleitfähigkeitsmaße werden bevorzugt im Rahmen von Untersuchungen zum Aktivationsniveau (vgl. Kap. 10) ermittelt. So kann z.B. das Hautleitfähigkeitsniveau kontinuierlich über eine längere Zeit registriert werden, um Veränderungen in der Aktivation aufzuzeigen. Mit anderen Worten, die kontinuierliche Registrierung des SCLs bietet u.a. die Möglichkeit Prozeßverläufe abzubilden, wie es z.B. in der Schlafforschung und in der Belastungs- oder Streßforschung unabdingbar ist. Als ein konkretes Beispiel für einen solchen Einsatz des SCLs soll eine Untersuchung aus dem Bereich der Streßforschung vorgestellt werden. Lazarus et al. (1965) zeigten ihren Vpn einen Film, in dem drei schwerwiegende Unfälle bei Arbeiten in einem Sägewerk zu beobachten waren. Während der Betrachtung des Films wurde u. a. ihr Hautleitfähigkeitsniveau kontinuierlich erfaßt. Die Personen sahen den Film, nachdem sie eine von drei Instruktionen gehört hatten: (1) Kontrollinstruktion (Zusammenfassung des Filminhalts); (2) Verleugnungsinstruktion (es wurde betont, daß die Filmszenen gestellt seien); (3) Intellektualisierungsinstruktion (die Vpn sollten den Film mit einer analytischen Einstellung betrachten, wie sie ein Wissenschaftler einnehmen würde). In *Abb. 3.4* sind die Befunde für das SCL (basierend auf den nachträglich gebildeten Mittelwerten über jeweils 10 Sekunden) dargestellt. Man erkennt, daß unabhängig von den Instruktionsbedingungen die drei Unfallszenen jeweils zu einem deutlichen Anstieg des SCLs führen. Darüber hinaus zeigt sich die Wirksamkeit der Instruktionen sehr klar in der Höhe des SCLs während des gesamten Films. Während die Vpn der Kontrollbedingung durchgängig die höchsten Werte aufwiesen, hatten die Vpn der Intellektualisierungsbedingung durchgängig die niedrigsten Werte. Unter der Verleugnungsbedingung lag das SCL zwischen dem der beiden anderen Bedingungen.

Dieses Beispiel aus der Streßforschung verdeutlicht damit zum einen die Sensitivität des SCLs gegenüber erregungssteigernden Momenten als auch die Sensitivität gegenüber bestimmten durch Instruktionen erzeugten Einstellungen. Die semikontinuierliche Darstellung des SCLs über den gesamten Film hinweg verdeutlicht darüber hinaus die Möglichkeit einer prozeßorientierten Betrachtungsweise und Analyse des Aktivationsverlaufs über eine längere Zeitstrecke.

4. Kardiovaskuläre Aktivität

Kardiovaskuläre Aktivität bezeichnet die zahlreichen Vorgänge im Herz-Kreislauf-System. Die Bedeutung dieser Vorgänge für psychophysiologische Fragestellungen ist schon seit der Antike ansatzweise bekannt (vgl. das Beispiel von Erasistratos in Kap. 1). Wie z. T. auch in einigen anderen Bereichen der Psychophysiologie waren es zunächst primär aus der Medizin stammende meßmethodische Entwicklungen zur non-invasiven Erfassung kardiovaskulärer Variablen, die erst psychophysiologische Forschung ermöglichten. Beispiele sind die Messung des Blutdrucks mittels Manschettendruck-Verfahren (Sphygmomanometrie), das von Riva-Rocci 1896 entwickelt wurde, sowie die Methoden zur non-invasiven Erfassung der elektrischen Herzaktivität beim Menschen, die erstmals von Waller (1887, zit. nach Stern et al., 1980) vorgestellt und zwischen 1930 und 1940 durch den holländischen Nobelpreisträger Einthoven zur modernen Elektrokardiographie weiterentwickelt wurden. Das heute zur Verfügung stehende non-invasive Methodeninventar ist äußerst reichhaltig (vgl. den Überblick bei Fahrenberg & Foerster, 1989) und gestattet es, zahlreiche kardiovaskuläre Größen zu bestimmen, die vorwiegend für die medizinische Diagnostik von Bedeutung sind. Wir werden uns bei der folgenden Darstellung deshalb auf die für die Psychophysiologie wesentlichen Variablen des kardiovaskulären Systems konzentrieren, nämlich auf *Herzschlagfrequenz*, *Blutdruck* und *periphere Durchblutung*.

4.1 Physiologische Grundlagen

Wichtigste Aufgabe des kardiovaskulären Systems ist es, das Blut durch den Körper zu transportieren. Damit erfüllt dieses System wesentliche lebenserhaltende Funktionen. Sie betreffen vornehmlich (1) die Versorgung des Körpergewebes u.a. mit Sauerstoff und Nährstoffen und (2) den Abtransport von Stoffwechselabbauprodukten, wie z.B. CO_2. Außerdem ist das System beteiligt an der Temperaturregulation, insbesondere durch Durchblutungsänderungen in der Körperperipherie, an der Immunabwehr und auch an der Informationsübertragung durch Hormone. Das System selbst besteht aus dem Herzen, den vom Herzen wegführenden Arterien, den Arteriolen, den Kapillargebieten, wo der Stoffaustausch zwischen Blut und Gewebe stattfindet, und schließlich dem zum Herzen hinführenden Venensystem.

Das Herz pumpt das Blut durch die Gefäße. Es wird aus zwei Komponenten (»rechtes und linkes Herz«) gebildet, die beide aus je einem Vorhof (Atrium) und einer Kammer (Ventrikel) bestehen. Das rechte Herz betreibt den Lungenkreislauf, das linke Herz den Körperkreislauf.

Sauerstoffarmes (»venöses«) Blut erreicht den rechten Vorhof und anschließend die rechte Herzkammer. Von dort wird es über die Lungenarterien in die Lunge befördert, wo es mit Sauerstoff angereichert und von CO_2 befreit wird; es gelangt anschließend über den linken Vorhof in die linke Herzkammer. Die Kontraktion dieser Kammer schließlich befördert das nun sauerstoffreiche Blut in die Aorta, Arterien, Arteriolen und Kapillargebiete.

Unter Ruhebedingungen werden ungefähr 5 l Blut pro Minute in die Aorta gepumpt. Dieses *Herzminutenvolumen* kann unter Belastung beträchtlich ansteigen; so können z. B. unter körperlicher Anstrengung Werte von über 25 l pro Minute erreicht werden. Das Herzminutenvolumen ist eine multiplikative Funktion von Herzschlagfrequenz und Schlagvolumen, d. h. der Menge an Blut, die pro Herzschlag ausgeworfen wird. Das Schlagvolumen selbst hängt vor allem vom enddiastolischen Volumen in den Herzkammern und der Kontraktionskraft des Herzmuskels ab.

Ein *Herzzyklus* umfaßt alle mit einem Herzschlag zusammenhängenden Ereignisse und setzt sich aus zwei Phasen zusammen. Während der Kontraktionsphase, der *Systole*, wird das Blut in das Arteriensystem ausgeworfen. Die Systole wird gefolgt von einer Erschlaffungsphase, der *Diastole*, während der die linke Herzkammer erneut mit Blut gefüllt wird. Bei einer Herzschlagfrequenz von 75 Schlägen pro Minute (»beats per minute«, bpm) dauert ein Herzzyklus ungefähr 800 ms. Davon entfallen nahezu 75% der Zeit auf die Diastole. Mit steigender Herzschlagfrequenz verkürzt sich dann allerdings die Dauer der Diastole unproportional zur Systolendauer.

Ein zentrales Merkmal der Herztätigkeit ist ihre *Autorhythmie*. Darunter versteht man die Tatsache, daß die zur Kontraktion des Herzmuskels führenden Aktionspotentiale am Herzen selbst erzeugt werden. Verantwortlich sind dafür sog. Schrittmacherzellen, die auch ohne externe Beeinflussung den zur Auslösung von Aktionspotentialen erforderlichen Depolarisationszustand der Zellmembran erreichen. Am Herzen finden sich mehrere Schrittmacherstrukturen, die ein hierarchisches System bilden, wobei nach dem Ausfall einer Struktur die jeweils nachgeschaltete die Herzinnervation übernimmt. Beim gesunden Herzen ist die primäre Schrittmacherstruktur stets der sog. Sinusknoten, der die höchste Entladungsfrequenz aller Schrittmacherstrukturen (ungefähr 70 Potentiale pro Minute in Körperruhe) aufweist. Die Autorhythmie des Herzens impliziert auch, daß die *sympathischen* und *parasympathischen Herznerven* (sowie im Blut zirkulierende Hormone) nur modulierenden und keinen generierenden Einfluß auf die Herztätigkeit ausüben können. Dabei gilt, daß die parasympathische Innervation über den Vagusnerv die Herzaktivität verlangsamt, die sympathische Innervation (über Nn. cardiaci und Nn. accelerantes) diese beschleunigt. Allerdings kann über eine Reduktion der Aktivität im Vagusnerv, der in Ruhe und bei schwacher Belastung eine relativ hohe Dauerentladung aufweist, ebenfalls eine Beschleunigung der Herztätigkeit erzielt werden. Hierbei ist von Bedeutung, daß aufgrund der Verschiedenheit der beiden Teilsysteme des autonomen Nervensystems in Freisetzung, Diffusion und Abbau der Transmitter an den Schrittmacherstrukturen des Herzens sich die Auswirkungen von Sympathikus und Parasympathikus zeitlich unterscheiden. Während die Wirkung des Sympathikus frühestens nach 2–3 Sekunden am Herzen feststellbar ist, ist der Einfluß des Parasympathikus früher als nach einer Sekunde nachweisbar, so daß schnelle Herzschlagfrequenzänderungen (s. u.) nur durch das parasympathische System bewirkt werden können. Die übergeordneten Kontrollzentren für die Herzaktivität finden sich überwiegend im Myelenzephalon (vgl. Kap. 2), wie z. B. dem Vaguskern in der Medulla oblongata. In diese Zentren projizieren auch afferente Bahnen, die Informationen aus dem Herzen und den Gefäßen (z. B. über den Druckzustand) zurückmelden, um ggf. entsprechende gegenregulatorische Aktivitäten einzuleiten.

Im Unterschied zur Modulation der Herzaktivität durch beide Zweige des autonomen Nervensystems erfolgt die Steuerung der Motorik herzferner peripherer Gefäße in der Haut (Vasomotorik) ausschließlich über den Sympathikus; vasokonstriktorische Nervenfasern, d. h. Fasern, deren neurale Aktivität den Spannungszustand der mittleren muskulären Schicht der Gefäßwände (Tunica media) erhöhen, regulieren so die Gewebedurchblutung (es gibt auch vasodilatatorische sympathische Fasern z. B. in Körpergebieten mit viel Muskulatur, deren Aktivität im Rahmen psychophysiologischer Messungen allerdings nur von untergeordnetem Interesse ist). Das Kontrollzentrum der konstriktorischen Nervenfasern befindet sich in der Medulla oblongata (Vasomotorenzentrum). Da durch die vasokonstriktorische Aktivität die Stärke der *Durchblutung* in den beteiligten Gefäßen reguliert wird, beschreiben Messungen der peripheren Durchblutung (z. B. über plethysmographische Messungen, s. u.) primär die sympathisch innervierte Gefäßmotorik.

4.2 Herzschlagfrequenz

Als Herzschlagfrequenz (»heart rate«, HR) bezeichnet man die Anzahl der Herzschläge in einem definierten Zeitintervall (üblicherweise in einer Minute). Sie kann über verschiedene Methoden (u. a. Pulsfühlen und plethysmographische Messungen) erfaßt werden. In der psychophysiologischen Forschung wird die Herzschlagfrequenz in aller Regel aber auf der Grundlage des Elektrokardiogramms bestimmt, da nur so Veränderungen von einem Herzschlag zum nächsten feststellbar sind.

Das *Elektrokardiogramm* (EKG) stellt die vom Herzen ausgehenden elektrischen Potentialschwankungen dar, die von der Körperoberfläche ableitbar sind. Ihnen liegen die summierten Aktionspo-

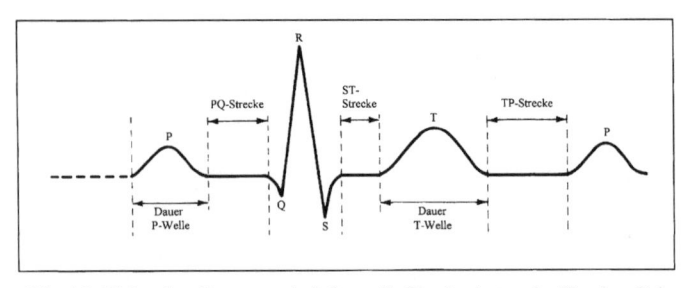

Abb. 4.1: Elektrokardiogramm (mit freundl. Genehmigung der Hewlett-Packard Company)

tentiale der Herzmuskelzellen zugrunde. Ein idealisiertes EKG ist in *Abb. 4.1* zu sehen.

Es besteht aus charakteristischen Zacken und Wellen, die mit Buchstaben bezeichnet werden und die sich ziemlich exakt den einzelnen Innervationsvorgängen im Herzmuskel zuordnen lassen (so spiegelt z. B. die P-Welle die Erregung der Vorhöfe wider, und die R-Zacke entsteht mit dem Beginn der Innervation der Herzkammern). Das EKG wird mittels zwei Meßelektroden und einer Masseelektrode erfaßt, wobei verschiedene Ableitorte verwendet werden können (z. B. rechter Oberarm und linker Unterschenkel, Masseelektrode am rechten Unterschenkel). In der Psychophysiologie werden häufig auch Brustwandableitungen eingesetzt, da die Vpn so nicht durch die Kabelzuleitungen in ihrer Bewegungsfreiheit eingeengt sind (Meßelektroden diagonal zum Herzen, um große R-Zacken zu erhalten, z. B. knapp unterhalb des rechten Schlüsselbeins und seitlich leicht oberhalb der linken untersten Rippe; Masseelektrode seitlich oberhalb der rechten untersten Rippe). Für EKG-Messungen werden bei Brustwandableitungen Ag/AgCl-Napfelektroden verwendet, die mit einer handelsüblichen Elektrodenpaste zu füllen sind, bei Extremitätenableitungen Silberplattenelektroden, unter die entweder ebenfalls Elektrodenpaste gegeben oder ein in Kochsalzlösung getränktes Läppchen gelegt wird. Das EKG ist ein relativ starkes bioelektrisches Signal (die Stärke des QRS-Komplexes beträgt etwa 1 mV), dessen Erfassung keine hohen Anforderungen an Verstärker stellt; eine Verstärkung um den Faktor 1000 ist ausreichend, um die üblichen Aufzeichnungsgeräte (Polygraph, A/D-Wandler eines Computers) zu betreiben.

4.2.1 Auswertung

Die R-Zacke ist die markanteste Potentialschwankung im EKG. Der Zeitpunkt ihres Maximums ist präzise bestimmbar und eignet sich deshalb besonders gut zur Bestimmung der Herzschlagfrequenz.

Tonische Herzschlagfrequenz. Die tonische Herzschlagfrequenz bezieht sich auf die Frequenz, mit der das Herz über einen längeren Zeitraum (z. B. eine Minute) schlägt. Ihre Bestimmung erfolgt in der Psychophysiologie meist über eine Auszählung der Anzahl der R-Zacken innerhalb des interessierenden Zeitintervalls.

Phasische Herzschlagfrequenz. Der Ausdruck phasische Herzschlagfrequenz bezeichnet Veränderungen gegenüber einem Bezugswert, die unmittelbar nach äußeren Reizen auftreten. Es handelt sich um kurzfristige Verlangsamungen (Dezelerationen) oder Beschleunigungen (Akzelerationen) der Schlagfrequenz, die an der Länge einzelner Schlagabstände festgemacht werden und sich in aller Regel nicht angemessen in tonischen Maßen zeigen. Bei ihrer Analyse interessiert primär der *Verlauf* über Zeitintervalle von wenigen Sekunden. Ausgangsgröße für die Bestimmung solcher kurzfristiger Veränderungen sind die gemessenen Zeitabstände zwischen den R-Zacken (in ms). Diese R-R-Abstände werden auch als Herzperiode (»heart period«, HP) bezeichnet. Zwischen Herzperiode und Herzschlagfrequenz besteht eine reziproke Beziehung. Da auch die phasische Herzschlagfrequenz üblicherweise in Schlägen pro Minute (»beats per minute«, bpm) angegeben wird, müssen Herzperiodenwerte zunächst in Werte der Herzschlagfrequenz transformiert werden. Dies erfolgt über die Beziehung

$$HR \text{ (bpm)} = 60000 \text{ (ms)}/HP \text{ (ms)}.$$

Jedem einzelnen Herzperiodenwert entspricht somit eine bestimmte (auf die Minute hochgerechnete) Herzschlagfrequenz.

Um nun den Verlauf der Herzschlagfrequenz über ein Intervall von einigen Sekunden nach einem Reiz abzubilden, könnte man für die einzelnen Herzperioden in dem fraglichen Intervall jeweils die Herzschlagfrequenz nach der genannten Formel bestimmen und die entsprechenden Werte in ihrem zeitlichen Verlauf abtragen. Hierbei treten allerdings zwei Probleme auf, die diese Vorgehensweise nicht als adäquat erscheinen lassen: (1) Falls der Reizbeginn nicht exakt mit dem Zeitpunkt einer R-Zacke zusammenfällt (was die Regel ist), kann die Bestimmung der Herzschlagfrequenz frühestens mit der ersten nach Reizbeginn vollständig registrierten Herzperiode beginnen, womit ein gewisser Informationsverlust verbunden sein kann

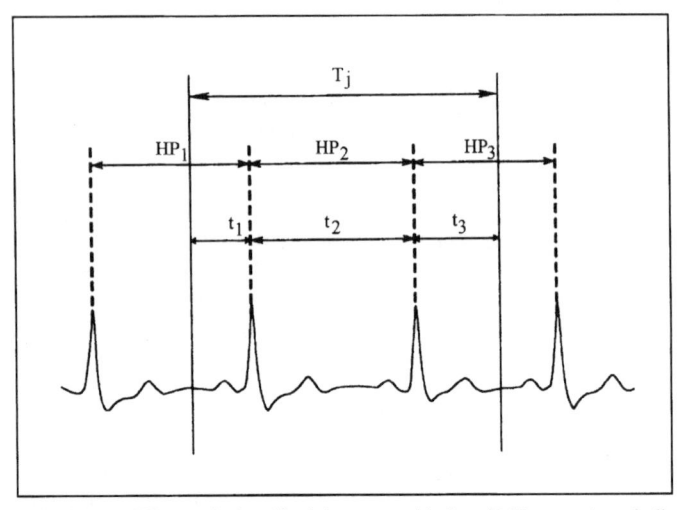

Abb. 4.2: Drei Herzperioden, die sich um verschiedene Zeitbeträge innerhalb eines Echtzeitintervalls erstrecken (aus Velden, 1994; mit freundl. Genehmigung der Psychologie Verlags Union); Erläuterungen s. Text

(z. B. wenn bereits die erste R-Zacke dieser Herzperiode reizabhängig früher oder später auftritt); (2) Falls sich Personen in ihrer Herzschlagfrequenz unterscheiden (was sie in der Regel tun), fällt in Abhängigkeit von der Höhe der Schlagfrequenz in dem interessierenden Intervall zu verschiedenen Zeitpunkten eine unterschiedliche Anzahl von Herzperioden und damit Herzschlagfrequenzwerten an, wodurch eine Mittelung über Personen – das ist in der psychophysiologischen Forschung ebenfalls ein Regelfall – unmöglich wird.

Nach dem Gesagten ist also eine Auswertungsmethode gesucht, die eine Analyse der Herzschlagfrequenz von Reizbeginn an gestattet und die vor allem eine identische Zeitachse für Personen mit unterschiedlichen Herzschlagfrequenzen herstellt. Eine Methode, die dies leistet, wurde erstmals von Graham (1978) aufgezeigt und insbesondere in den Arbeiten von Velden (vgl. Velden & Graham, 1988; Velden & Wölk, 1987) theoretisch begründet und formalisiert. Das Grundprinzip besteht darin, daß (1) die Herzschlagfrequenz auf einer Echtzeitskala dargestellt wird, deren Nullpunkt durch den Reizbeginn markiert wird, und (2) die einzelnen Werte der Schlagfrequenz als gewichtete Mittelwerte für die Intervalle der Echtzeitskala berechnet werden.

In *Abb. 4.2* ist ein EKG mit vier R-Zacken dargestellt. Daraus können drei Herzperioden (HP_1, HP_2, HP_3) bestimmt werden, die sich um die Beträge t_1, t_2 und t_3 innerhalb des Echtzeitintervalls T_j erstreken. Um zu einem gewichteten Mittelwert zu gelangen, werden die drei Herzperiodenwerte zunächst in Herzschlagfrequenzwerte umgewandelt, dann mit den jeweiligen Zeiten, die das Ausmaß ihrer Beteiligung am Echtzeitintervall repräsentieren, multipliziert, ihre Produkte aufsummiert und schließlich durch die Länge des Echtzeitintervalls dividiert. Dieses Vorgehen soll an einem zu *Abb. 4.2* passenden Zahlenbeispiel demonstriert werden, wobei T_j = 1000 ms, HP_1 = 510 ms = 117,65 bmp, HP_2 = 550 ms = 109,09 bmp, HP_3 = 445 ms = 134,83 bpm, t_1 = 150 ms, t_2 = 550ms, t_3 = 300 ms. Die gewichtete Herzschlagfrequenz für T_j ist demnach: HR_{Tj} = (117,65 x 150 + 109,09 x 550 + 134,83 x 300)/1000 = 118.09 bpm.

In allgemeiner Schreibweise (vgl. Velden & Wölk, 1987) kann die gewichtete Herzschlagfrequenz für jedes Echtzeitintervall T_j nach folgender Formel bestimmt werden

$$HR_{Tj} = \sum t_i\, HR_i/T_j,$$

wobei die übliche Länge des Echtzeitintervalls eine Sekunde, seltener eine halbe Sekunde beträgt.

Nach dieser Methode kann also von Reizbeginn an die Herzschlagfrequenz bestimmt werden (vorausgesetzt, die Herzperiode, in die der Reiz fällt, wurde vollständig aufgezeichnet). Da durch die Darstellung auf der Echtzeitskala eine identische Zeitachse für alle Personen unabhängig von der Höhe ihrer Schlagfrequenz vorliegt und für jedes Echtzeitintervall *ein* Wert bestimmt wird, ist somit auch eine Mittelung über Personen möglich. Es sei noch darauf hingewiesen, daß in der Regel keine absoluten Werte der Schlagfrequenz für die einzelnen Echtzeitintervalle, sondern Differenzwerte zu einer Grundlinie (z. B. zum Mittelwert über einige Sekunden vor Reizbeginn) dargestellt werden, um die reizbedingte Richtung der Veränderung (Beschleunigung oder Verlangsamung) direkt beurteilen zu können. Außerdem sei noch erwähnt, daß die dargestellte Methode den Vorteil aufweist, daß die nach ihr bestimmte Herzschlagfrequenz annähernd linear die neuralen Einflüsse auf die Herzaktivität abbildet (de Boer et al., 1985) und damit auch aus diesem Grund anderen Methoden vorzuziehen ist (für eine ausführliche Diskussion der Gesamtproblematik vgl. Graham, 1980; Papillo & Shapiro, 1990).

4.3 Blutdruck

Der Blutdruck (»blood pressure«, BP) ist die vom Blut ausgeübte Kraft auf die Gefäßwände. Im Kontext psychophysiologischer Fragestellungen interessiert nahezu ausschließlich der Druck im Arteriensystem, da im Venensystem kein bzw. nur noch ein sehr geringer Druck vorhanden ist. Der Druck im arteriellen System selbst ändert sich vom Herzen bis zu den Arteriolen (in den Kapillargefäßen sind die typischen Blutdruckschwankungen nicht mehr beobachtbar). Aus diesem Grund wird der Blutdruck im allgemeinen an einem bestimmten Referenzort, der Oberarmarterie auf Herzhöhe, gemessen. Der Blutdruck schwankt bei jedem Herzschlag zwischen einem maximalen und minimalen Wert. Das während der Kontraktionsphase erreichte Maximum wird als *systolischer Blutdruck* (»systolic blood pressure«, SBP), das während der Erschlaffungsphase erreichte Minimum als *diastolischer Blutdruck* (»diastolic blood pressure«, DBP) bezeichnet. In der psychophysiologischen Literatur werden häufig zwei weitere Größen zur Beschreibung des Blutdrucks herangezogen: (a) die Differenz zwischen systolischem und diastolischem Wert (Pulsdruck oder »blood pressure amplitude«, BPA) und (b) der sog. Mittlere Arterielle Druck (»mean arterial pressure«, MAP), wobei gilt:

$$MAP = 1/3 \, (SBP - DPB) + DPB.$$

Der Blutdruck im Arteriensystem ist das Produkt aus dem Herzminutenvolumen (Herzschlagfrequenz x Schlagvolumen bezogen auf eine Minute) und dem totalen peripheren Widerstand. Dieser hängt von der Weite der Gefäße und ihrer Elastizität ab und ist je höher um so kleiner der Gefäßdurchmesser und um so unelastischer die Gefäßwände sind. Dies impliziert, daß jede Veränderung dieser Größen, die selbst wiederum von zahlreichen Variablen beeinflußt sind (z. B. Einflüsse des ANS oder der im Blut zirkulierenden Hormone), den Blutdruck verändern, wenn sonst keine kompensatorischen Aktivitäten stattfinden. In Anbetracht der zahlreichen, den Blutdruck regulierenden Faktoren ist es daher unangemessen, Blutdruckwerte bzw. deren Veränderungen als Maße spezifischer physiologischer oder gar psychologischer Prozesse zu betrachten; sie können lediglich als relativ allgemeine, summative Indikatoren kardiovaskulärer Aktivität angesehen und nur so einer sinnvollen psychophysiologischen Betrachtung zugeführt werden (vgl. Johnson & Anderson, 1990; Papillo & Shapiro, 1990).

Im allgemeinen wird der Blutdruck durch die Aktivität zahlreicher Regelkreise in relativ engen Grenzen gehalten. Einer der wichtigsten Regelkreise zur kurzfristigen Regulation des Blutdrucks, insbesondere des Blutdrucks im Gehirn, ist der *Barorezeptorenreflex*. Barorezeptoren sind Druckrezeptoren im arteriellen System, die sich in hoher Konzentration in einem bestimmten Bereich der Halsschlagader, dem Carotissinus, befinden. Ihre Aktivierung durch einen Blutdruckanstieg bewirkt reflektorisch sehr rasch eine Verringerung des Blutdrucks oder eine Kompensation, die durch eine Abnahme der Herzschlagfrequenz erreicht wird. Umgekehrt bewirkt ein Abfall des Blutdrucks Veränderungen, die eine Erhöhung des Blutdrucks auf das ursprüngliche Niveau zum Ziel haben. Die Kontrollzentren des Barorezeptorenreflexes befinden sich in der Medulla oblongata, die darüber hinaus Informationen von zahlreichen anderen Rezeptoren (z. B. Mechano- und Chemorezeptoren) des zentralen und peripheren Nervensystems erhalten. Dadurch sind weitere Regelkreise zur Kontrolle des kardiovaskulären Systems geschaffen, damit schädliche Einflüsse abgewendet und schnelle Anpassungsleistungen erbracht werden können.

4.3.1 Messung und Auswertung

Zur Blutdruckmessung steht heute eine Reihe von unterschiedlichen Verfahren zur Verfügung, von denen auf das aus der ärztlichen Praxis bekannte Manschettendruck-Verfahren und die Methode zur kontinuierlichen Blutdruckmessung nach Peñaz (1973) ausführlicher eingegangen werden soll.

Beim *Manschettendruck-Verfahren* (auch als Riva-Rocci-Methode oder Sphygmomanometrie bezeichnet) wird um den linken Oberarm in Herzhöhe eine Gummimanschette angelegt. Durch Aufpumpen dieser Manschette über den zu erwartenden maximalen Blutdruck wird die Oberarmarterie verschlossen, so daß kein Blut mehr durch sie hindurchströmen kann (erkennbar z. B. am Verschwinden des Pulses am Handgelenk). Anschließend senkt man den Manschettendruck langsam ab, bis der Moment erreicht wird, ab dem das Blut erstmals wieder durch die noch stark deformierte Arterie hindurch kann. Das dabei kurzzeitig durch die Arterie gepreßte Blut erzeugt ein typisches Geräusch (Korotkow-Geräusch), das mittels eines an der Innenseite der Armbeuge aufgesetzten Stethoskops hörbar ist. Das erste Auftreten dieses Geräuschs entspricht dem höchsten Druck in der Arterie; der gleichzeitig vom Manometer abgelesene Wert ist der Kennwert für den *systolischen* Blutdruck. Läßt man den Druck in der Manschette nun langsam weiter abfallen, werden immer größere Mengen an Blut mit jedem Herzschlag durch die Arterie gedrückt, wobei jedesmal ein Korotkow-Geräusch zu hören ist. Erst wenn der Manschettendruck während des gesamten Herzzyklus niedriger ist als der in der Arterie herrschende Blutdruck verschwinden die Korotkow-Geräusche, da das Blut jetzt ungehindert fließen kann. Der zu diesem Zeitpunkt festgestellte Wert entspricht damit dem minimalen Druckwert und wird als *diastolischer Blutdruckwert* bezeichnet. Beim jüngeren gesunden Erwachsenen liegt der diastolische Blutdruck in Ruhe und emotional entspannter Verfassung bei ungefähr 80 Millimeter Quecksilbersäule (mmHg), der systolische bei ungefähr 120 mmHg.

Das Manschettendruck-Verfahren ist ein preiswertes und einfach anzuwendendes Verfahren; es weist jedoch eine Reihe von Nachteilen auf, die seinen Einsatz im Rahmen psychophysiologischer Fragestellungen stark einschränken. Neben einer gewissen Ungenauigkeit hat das Verfahren vor allem den Nachteil, daß eine einzige Messung relativ lange dauert und zudem nicht beliebig schnell und oft wiederholt werden kann. So wird empfohlen, bei Meßwiederholungen am selben Arm mindestens Pausen von 10 Minuten einzulegen, um die Vp nicht zu stark zu belasten und um keine verfälschten Werte durch den vorangegangenen Meßvorgang zu erhalten. Dadurch ist aber die Erfassung des Blutdruckverlaufs über kürzere Zeitperioden nicht möglich, und es kann somit auch nicht die Abhängigkeit des Blutdrucks von einzelnen Reizen (phasische Verläufe) bestimmt werden. Mit dem Manschettendruck-Verfahren können lediglich punktuelle Ausschnitte aus dem Blutdruckgeschehen und deren Veränderungen über relativ lange Zeiträume ermittelt werden.

Trotz dieser Einschränkungen des klassischen Manschettendruck-Verfahrens mangelte es nicht an Versuchen, es zur quasikontinuierlichen Messung des Blutdrucks weiterzuentwickeln (vgl. zusammenfassend Papillo & Shapiro, 1990, auch zur Problematik anderer Verfahren). Eine tatsächlich kontinuierliche und außerdem non-invasive Blutdruckmessung, die Vpn nur wenig belastet, ist erst mit der auf den Vorarbeiten von Peñaz (1973) beruhenden *Fin. A. Pres-Methode* möglich geworden (vgl. ausführlich Rüddel & Curio, 1991; Settels & Wesseling, 1985). Dabei wird einem Finger eine aufblasbare Mini-Manschette übergestülpt, die gleichzeitig eine photoelektrische Registrierung von Blutvolumenänderungen (s. u.) gestattet. Ein Rechner steuert das Öffnen und Schließen eines schnellen Luftdruckventils, welches bei jedem Pulsschlag die Manschette so weit aufbläst, daß gerade keine Blutvolumenänderungen im Finger mehr auftreten. In diesem Falle entspricht der arterielle Blutdruck im Finger (Innendruck) dann sehr genau dem regulierten Gegendruck in der Manschette (Außendruck), dessen Messung den

Kennwert für den arteriellen Innendruck liefert. Mit der Methode ist eine echte kontinuierliche Blutdruckmessung möglich, die auch zur Bestimmung der auf einzelne Herzschläge folgenden Druckmaxima (systolischer Wert) und -minima (diastolischer Wert) verwendet werden kann. In Anbetracht der hohen Übereinstimmung zwischen dem Blutdruckverlauf in der Fingerarterie und dem Verlauf in den Arterien des Oberarms ist eine kontinuierliche Blutdruckmessung mit der Fin. A. Pres-Methode zur Beantwortung zahlreicher psychophysiologischer Fragestellungen ausreichend. Um allerdings mit dieser Methode auf den tatsächlichen Blutdruck am Oberarm schließen zu können, ist es erforderlich, eine Konstante zu addieren, die durch eine gleichzeitige Messung am Finger und am Oberarm (z. B. mittels Sphygmomanometrie) erhalten wird.

Bei der Analyse des mittleren Veränderungsverlaufs der einzelnen diastolischen und systolischen Werte über die Zeit stellen sich vergleichbare Probleme wie bei der Analyse der phasischen Herzfrequenz (vgl. Kap. 4.2.1). Auch zur Quantifizierung von mittleren Blutdruckverläufen wurde deshalb vorgeschlagen, gewichtete Mittelwerte für Echtzeitintervalle zu bestimmen (für die Begründung und Darstellung dieser Vorgehensweise vgl. Velden, 1994; Velden & Wölk, 1990).

4.4 Periphere Durchblutung

Das Ausmaß der Hautdurchblutung in peripheren Körperbereichen (z. B. am Kopf oder am Finger) ist nahezu ausschließlich durch die Weite der herzfernen Blutgefäße bestimmt, die, wie bereits erwähnt, über sympathische konstriktorische Nervenfasern reguliert wird und den peripheren Widerstand und somit auch den Blutdruck mitbeeinflußt. Veränderungen in der peripheren Durchblutung, also Veränderungen im *Blutvolumen* (BV), werden mittels *plethysmographischer Methoden* (griechisch plethysmos: Vergrößerung) erfaßt, die in aller Regel allerdings keine Aussagen über Veränderungen in Absolutwerten, sondern nur Aussagen über das relative Ausmaß von Durchblutungsänderungen gestatten. Von den verschiedenen plethysmographischen Verfahren (volumetrisch, photoelektrisch oder über Impedanzmessungen) wird in der Psychophysiologie das photoelektrische Verfahren bei weitem am häufigsten verwendet. Wir beschränken uns daher auf die Darstellung dieses Verfahrens (für einen Überblick über das Gesamtspektrum plethysmographischer Methoden vgl. Jennings et al., 1980).

4.4.1 Photoplethysmographie – Messung und Auswertung

Die physikalische Grundlage der Photoplethysmographie bilden die unterschiedlichen lichtabsorbierenden Eigenschaften von Gewebe und Blut, insbesondere für Licht im infraroten Bereich. Während nicht- bzw. schwachdurchblutetes Gewebe eine relativ hohe Lichtdurchlässigkeit aufweist, wird infrarotes Licht vom Blut stark absorbiert. Für photoplethysmographische Messungen benötigt man demnach eine Lichtquelle und einen Photodetektor, der das nichtabsorbierte Licht auffängt. Als Lichtquelle verwendet man heute Leuchtdioden, die nicht zu einer die Messung verfälschenden Erwärmung des entsprechenden Hautareals führen; als Photodetektoren können Photowiderstände, Photozellen oder Phototransistoren benutzt werden, die das aufgefangene Licht zur Weiterverarbeitung in elektrische Signale umwandeln.

Zwei Meßprinzipien lassen sich bei der Photoplethysmographie unterscheiden: (a) Messung des durchtretenden Lichts und (b) Messung des reflektierten Lichts. Beim ersten Meßprinzip sind Lichtquelle und Photodetektor getrennt (z. B. an der Unter- und Oberseite eines Fingerglieds), und es wird die Lichtmenge gemessen, die durch das entsprechende Körperteil hindurchtritt. Eine solche Messung ist nur an wenigen Stellen des Körpers (z. B. am Finger oder am Ohrläppchen) möglich. Das zweite Meßprinzip zeichnet sich dadurch aus, daß Lichtquelle und Photodetektor nebeneinander angeordnet sind und die Menge des reflektierten Lichts gemessen wird. Diese Art von Messung ist an fast jeder Stelle des Körpers möglich. Bei beiden Meßprinzipien besteht eine umgekehrt proportionale Beziehung zwischen erfaßter Lichtmenge und der Menge an Blut im Gewebe und damit auch der Gefäßweite.

Bei der Durchführung photoplethysmographischer Messungen sollten folgende Punkte beachtet werden: (a) die Temperatur von Untersuchungsraum und Meßwertaufnehmer muß innerhalb enger Grenzen gehalten werden. Insbesondere in der kalten Jahreszeit ist außerdem auf eine genügend lange Aufwärmzeit für die Versuchsteilnehmer zu achten; (b) die Lage des Körperteils, an dem gemessen wird, muß bei allen Versuchsteilnehmern die gleiche sein, und es müssen Bewegungen dieses Körperteils vermieden werden; (c) bei Meßwiederholungen an denselben Personen muß zudem auf eine exakte, gleichbleibende Positionierung des Aufnehmers geachtet werden; (d) der Photodetektor darf keine externen Lichteinstreuungen aufnehmen.

In Blutvolumenkurven (vgl. *Abb. 4.3*, unterer Teil) sind mehr oder weniger stark ausgeprägte rhythmische Schwankungen zu er-

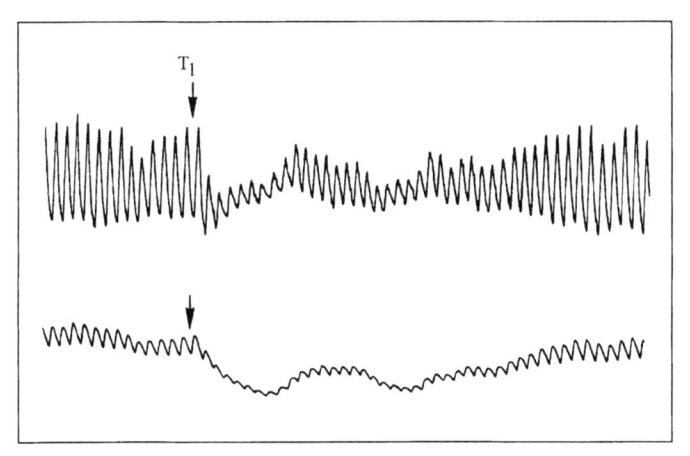

Abb. 4.3: Pulsvolumen (oben; Zeitkonstante: 1 s) und Blutvolumen (unten; Zeitkonstante: unendlich). T_1 kennzeichnet den Beginn der Vasokonstriktion (aus Papillo & Shapiro, 1990; mit freundl. Genehmigung)

kennen. Hierbei handelt es sich um die von Herzschlag zu Herzschlag auftretenden Veränderungen des Blutvolumens (Pulsvolumen, *Abb. 4.3*, oberer Teil). Die Differenz zwischen minimalem und maximalem Wert pro Herzschlag wird als *Pulsvolumenamplitude* (PVA) bezeichnet. Demnach werden über die PVA das relative Blutvolumen und dessen Veränderung von Herzschlag zu Herzschlag bestimmt, während über das BV die relative Gesamtblutmenge und deren Veränderung über Herzschläge hinweg in dem entsprechenden Körperareal erfaßt werden. Es ist wichtig zu betonen, daß BV und PVA aus dem gleichen photoplethysmographischen Signal gewonnen werden. Für eine Analyse der PVA wird dieses Signal mit einer hohen Verstärkung und einer kurzen Zeitkonstante* (maximal 1 s) aufgezeichnet, für eine Analyse des BVs wird mit schwächerer Verstärkung und einer Zeitkonstante gleich unendlich gearbeitet.

---

* Die Zeitkonstante τ (in Sekunden) gibt an, nach welcher Zeit eine am Eingang eines Verstärkers angelegte Gleichspannung am Verstärkerausgang auf den 1/e-ten Wert ($1/2.718 \approx 37\%$) abgeklungen ist. Ist die Zeitkonstante gleich unendlich, werden Gleichspannungen verzerrungsfrei übertragen; man spricht in diesem Fall von DC-Verstärkung oder DC-Kopplung (»direct current«). Im Falle einer endlichen Zeitkonstanten wird die Bezeichnung AC-Verstärkung oder AC-Kopplung (»alternating current«) verwendet.

Standards für die Quantifizierung von BV- und PVA-Änderungen liegen nicht vor. Beide Größen können sowohl unter tonischen (z. B. Vergleich einer Entspannungsphase mit einer Belastungsphase) als auch unter phasischen Aspekten (Veränderung in BV und/oder PVA nach der Darbietung eines Reizes) analysiert werden. Grundsätzlich wird dabei so vorgegangen, daß Prä- und Poststimuluswerte bzw. Werte aus verschiedenen experimentellen Phasen miteinander in Beziehung gesetzt werden (z. B. durch Quotienten- oder Differenzbildung). Bei phasischen Analysen dürften die meisten interessierenden Veränderungen im Bereich von 1,5 – 10 s nach Reizbeginn zu erwarten sein (für konkrete Vorschläge zur Auswertung vgl. Hare, 1972; Lidberg et al., 1972; Siddle & Heron, 1976).

4.5 Weitere kardiovaskuläre Variablen

Mit der Behandlung von Herzschlagfrequenz, Blutdruck und peripherer Durchblutung ist die Darstellung von kardiovaskulären Variablen und Methoden zu deren Bestimmung, wie sie im Kontext psychophysiologischer Fragestellungen Verwendung finden, bei weitem nicht erschöpft. Es würde allerdings den Rahmen dieses Textes sprengen, auf alle Größen sowie auf deren Erfassung und Bedeutung näher einzugehen. Aus diesem Grund sollen lediglich stichwortartig einige weitere Variablen und Methoden mit entsprechenden Literaturverweisen aufgeführt werden, so daß der interessierte Leser Anhaltspunkte für die selbständige Beschäftigung mit diesen Themen findet: Methodik der Phono- und Impedanzkardiographie (Fahrenberg & Foerster, 1989); T-Welle des EKGs und sympathische Aktivität (Furedy, 1985); Systolische Zeitintervalle (Larsen et al., 1986); Variabilität der HR und respiratorische Sinusarrhythmie (RSA; Porges, 1986; Porges & Byrne, 1992); Plethysmographische Methoden zur Erfassung sexueller Erregung (Geer & Head, 1990).

4.6 Anwendungsbeispiel

Die phasische Herzschlagfrequenz wird in psychophysiologischen Untersuchungen häufig zur Analyse von Prozessen der Aufmerksamkeitsregulation eingesetzt. Eine etablierte Versuchsanordnung in der Aufmerksamkeitsforschung ist das sog. $S_1 - S_2$-Paradigma, bei dem ein Signal (S_1) einen imperativen Reiz (S_2) ankündigt, auf den eine Reaktion (meist eine schnelle Tastenreaktion oder eine Diskri-

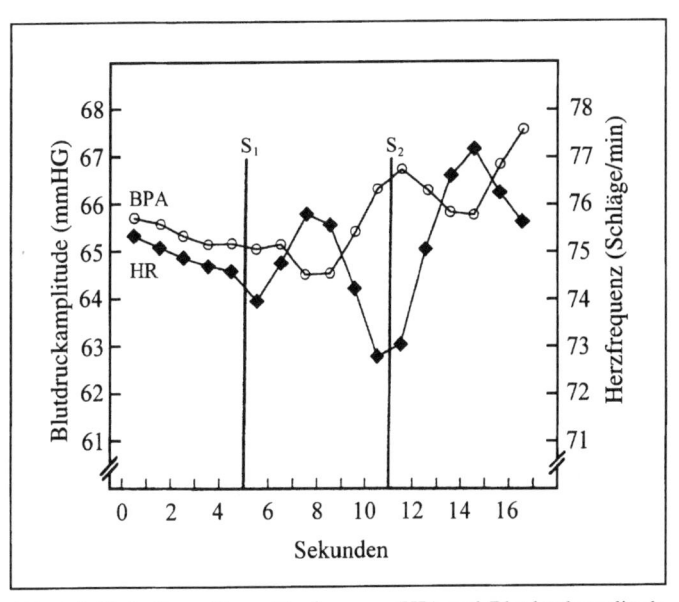

Abb. 4.4: Verlauf von Herzschlagfrequenz (HR) und Blutdruckamplitude (BPA) im S_1-S_2-Paradigma (nach Wölk et al., 1989, aus Velden, 1994; mit freundlicher Genehmigung der Psychologie Verlags Union)

mination) erfolgen muß. In dieser Versuchsanordnung tritt bei konstanten Intervallen in der Größenordnung von 4–8 Sekunden relativ konsistent ein dreiphasiger Verlauf der phasischen Herzschlagfrequenz auf, der mit einer kurzen Dezeleration auf den S_1 beginnt und nach einer Akzeleration in einer zweiten (sog. antizipatorischen) Dezeleration endet, die ihr Maximum meist zu Beginn der motorischen Reaktion erreicht (vgl. ausführlich Bohlin & Kjellberg, 1979). Eine Arbeit von Wölk et al. (1989), in der neben der Herzschlagfrequenz auch phasische Veränderungen des Blutdrucks (erfaßt mittels der Fin. A. Pres-Methode) analysiert wurden, illustriert diesen Verlauf. In dieser Untersuchung folgte nach 6 s einem Signal ein imperativer Reiz, der mit einer schnellen motorischen Reaktion beantwortet werden mußte. Insgesamt wurden die Daten von 20 Versuchsdurchgängen zusammengefaßt. In *Abb. 4.4* sind die phasische Herzschlagfrequenz und die phasische Blutdruckamplitude (Differenz zwischen systolischem und diastolischem Wert) dargestellt. Man erkennt deutlich den triphasigen Verlauf der Herzschlagfrequenz (HR). Der Verlauf der Blutdruckamplitude (BPA) im S_1-S_2-Intervall ist dem der

Herzschlagfrequenz entgegengesetzt: Die Akzeleration der Herzschlagfrequenz geht mit einem Abfall und die Dezeleration mit einem Anstieg der Blutdruckamplitude einher. Dieser gegensätzliche Verlauf verdeutlicht u. a. die Wirksamkeit des Barorezeptorenreflexes, der – wie bereits erwähnt – für eine negative Beziehung zwischen Blutdruck- und Herzschlagfrequenzänderungen sorgt.

5. Hirnelektrische Aktivität

Die aufgezeichnete elektrische Aktivität des Gehirns bezeichnet man als Elektroenzephalogramm (EEG), das entsprechende Verfahren zur Registrierung dieser Aktivität als Elektroenzephalographie. Das EEG wird non-invasiv über Elektroden erfaßt, die an der Schädeloberfläche angebracht werden (Aufzeichnungen direkt von der Hirnoberfläche bei geöffnetem Schädel werden als Elektrokortikogramm bezeichnet). Das menschliche EEG wurde erstmals von Berger (1929) abgeleitet, nachdem es zuvor mehrfach gelungen war (erstmals Caton, 1875), das EEG bei Tieren zu messen. Bereits in seiner Pionierarbeit gelangte Berger zu der Schlußfolgerung, daß das EEG tatsächlich auf die elektrische Aktivität des Gehirns zurückzuführen ist und für seine Entstehung keine anderen Körpervorgänge (z. B. kardiovaskuläre Änderungen oder Muskelbewegungen) kausal verantwortlich sind. Berger erkannte darüber hinaus, daß im EEG typische Frequenzbänder existieren, und er beschäftigte sich bereits mit der Unterscheidung zwischen spontanen und ereignisbezogenen Veränderungen.

Seit etwa Mitte der 70er Jahre ist vor allem bedingt durch Fortschritte im technologischen Bereich (u. a. bei der Entwicklung leistungsfähiger Rechenanlagen) eine drastische Zunahme in der Häufigkeit von Anwendungen der Elektroenzephalographie zu verzeichnen. Dies gilt sowohl für die Psychophysiologie als auch für die Medizin. In der Psychophysiologie wird – ausgehend von der Beschreibung des »Aufsteigenden Retikulären Aktivierungssystems« (vgl. Kap. 2) und der Formulierung eines eindimensionalen Aktivationskonzepts (vgl. Kap. 10) – das Spontan-EEG vorwiegend verwendet, um die Aktivation der Großhirnrinde zu bestimmen; ereignisbezogene Potentiale werden dagegen eingesetzt, um die hirnelektrische Aktivität bei der Aufnahme und Verarbeitung von Reizen zu analysieren. In der klinischen Praxis dient das EEG hauptsächlich als diagnostisches Hilfsmittel, das bei einigen Erkrankungen, z. B. bei Epilepsien, zerebrovaskulären Störungen, einigen

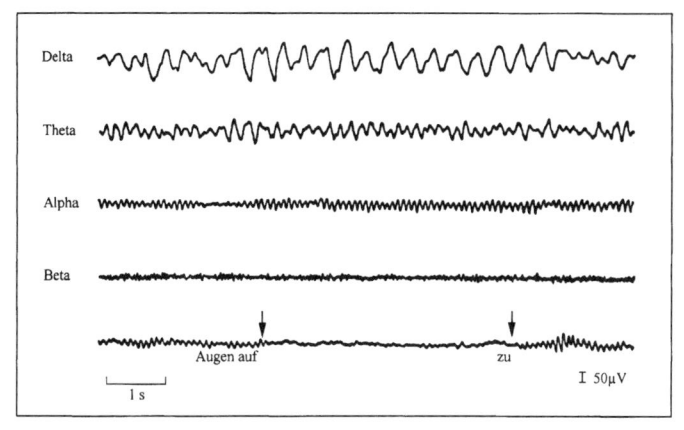

Abb. 5.1: Frequenzbänder des Spontan-EEGs und Alpha-Blockade (nach Cooper et al., 1980; mit freundl. Genehmigung vom Gustav Fischer Verlag)

Formen der multiplen Sklerose und bei Beeinträchtigungen in der sensorischen Reizleitung, eine recht sichere Diagnose gestattet.

5.1 Beschreibung des EEGs

5.1.1 Spontan-EEG

Bei der Aufzeichnung des EEGs (s.u.) beobachtet man ständige Spannungsschwankungen, die z.T. einen ausgeprägten Rhythmus aufweisen. Diese Spannungsschwankungen können nach ihrer Amplitude und Frequenz beschrieben werden, wobei im Falle des Spontan-EEGs der Frequenz die entscheidende Bedeutung zukommt. Einige dieser Rhythmen treten so zuverlässig auf, daß sie in bestimmte *Frequenzbänder* eingeteilt werden. Von ihnen ist bekannt, daß sie periodisch im gesunden Gehirn auftreten und mit bestimmten psychischen Zuständen kovariieren. Die wichtigsten Frequenzbänder des Spontan-EEGs sind das Alpha-, Beta-, Theta- und Delta-Band (vgl. *Abb. 5.1*).

Alpha-Wellen haben eine Frequenz von 8–13 Hz mit Amplituden im Bereich von 5–100 µV*; sie sind vor allem im entspannten

---

* Die Zahlenangaben zu den Amplitudenbereichen orientieren sich an

Wachzustand (besonders okzipital bei geschlossenen Augen) zu beobachten. Wird der entspannte Wachzustand z. B. durch eine Reizdarbietung oder durch die Instruktion, die Augen zu öffnen, unterbrochen, ist die Alpha-Aktivität vorübergehend kaum noch zu erkennen (auch Alpha-Blockade genannt), und es können *Beta-Wellen* auftreten. Diese liegen im Frequenzbereich von 14–30 Hz mit Amplituden von 2–20 µV. Sie sind charakteristisch für emotional bewegte sowie kognitiv aktive Zustände einer Person. Phasen mit herabgesetzter Alpha-Aktivität werden auch als »desynchronisiertes EEG« bezeichnet im Unterschied zu Phasen mit hoher Alpha-Aktivität, die als »synchronisiert« beschrieben werden. *Theta-Wellen* weisen eine Frequenz von 5–7 Hz und Amplituden von 5–100 µV auf. Sie sind vor allem für den dösenden Wachzustand (z. B. im Übergang vom Wachen zum Schlafen) typisch. Der vierte Wellentyp, die *Delta-Wellen*, liegt im Frequenzbereich von 0,5–4 Hz mit Amplituden zwischen 20 und 200 µV. Delta-Wellen sind bei gesunden erwachsenen Personen nicht im wachen Zustand zu beobachten, sondern treten nur in tieferen Schlafphasen auf. Als weitere zusätzliche Wellentypen wurden u. a. *Gamma-*, *Kappa-* und *Lambda-Wellen* unterschieden; ihre Auftretensbedingungen sind allerdings weitgehend ungeklärt, zumal sie nicht bei allen Personen nachzuweisen sind. Daher soll auf diese Wellentypen nicht weiter eingegangen werden.

5.1.2 Ereignisbezogene Potentiale

Von den verschiedenen Wellentypen des Spontan-EEGs und deren Veränderungen (vgl. Alpha-Blockade) unterscheidet man elektrische Potentiale, die eindeutig in zeitlichem Zusammenhang mit Ereignissen, d. h. mit experimentell kontrollierten Reizen oder Situationen, stehen. Diese *ereignisbezogenen Potentiale* (»event-related potentials«, ERPs) werden als Ausdruck von Gehirnaktivitäten betrachtet, die als Reaktion oder in Vorbereitung auf einzelne, engumschriebene Ereignisse auftreten, seien diese externer (wie die Darbietung eines Tons) oder interner Natur (wie plötzliche Vorstellungsbilder oder geplante Willkürhandlungen). Bei ERPs handelt es sich meist um eine komplexe Wellenform von begrenzter Dauer, die eine unterschiedliche Anzahl von positiven und negativen Extrema aufweist. Diese Extrema werden im allgemeinen nach ihrer Polarität (N = Negativierung; P = Positivierung) und Latenz benannt (vgl.

Lindsley & Wicke (1974); in der neueren Literatur (z. B. Ray, 1990) finden sich z. T. abweichende Angaben.

Abb. 5.2). Die Amplituden der EPRs sind verglichen mit den Amplituden der großen Wellen des Spontan-EEGs relativ klein, so daß in aller Regel ein spezifisches Verfahren (Mittelungsverfahren, »averaging«, s. u.) angewendet werden muß, um ERPs in ihrem Verlauf und ihrer typischen Latenz deutlich sichtbar machen und analysieren zu können.

Eine aus psychophysiologischer Sicht sinnvoll erscheinende Klassifikation unterscheidet zwischen exogenen und endogenen Komponenten von ERPs (vgl. Donchin et al., 1978). Die *exogenen* Komponenten sind weitgehend von den physikalischen Eigenschaften des externen auslösenden Reizes abhängig, d. h., sie sind für einen gegebenen Reiz in ihrer Amplitude, Latenz und räumlichen Verteilung auf der Schädeloberfläche konstant. Ihre Dauer beträgt nicht länger als 200 ms (vgl. *Abb. 5.2*). Ihre Hauptcharakteristika sind zum einen, daß die Verteilung auf der Schädeloberfläche systematisch in Abhängigkeit von der Reizmodalität variiert, und zum anderen, daß ihr Auftreten unabhängig vom Zustand der Person (z. B. dösig oder hellwach) beobachtet werden kann. Im Unterschied dazu sind Amplitude, Latenz und Verteilung *endogener* Komponenten weit weniger abhängig von physikalischen Reizmerkmalen. So können z. B. Reize aus verschiedenen Sinnesmodalitäten die gleiche Komponente auslösen, wenn sie vergleichbare Anforderungen beinhalten. Darüber hinaus kann eine Komponente auch durch die Abwesenheit eines externen Reizes ausgelöst werden, wenn diese von Bedeutung für die Aufgabe einer Person ist. Endogene Komponenten hängen damit in starkem Maße von Aufgabenanforderungen sowie z. B. von Erwartungen, Absichten und Einstellungen ab.

Es sollte allerdings betont werden, daß dieser Klassifikationsvorschlag eher heuristischer Natur ist. Zwar lassen sich leicht eindeutige Beispiele für exogene und endogene Komponenten finden, gleichzeitig existiert jedoch eine Grauzone, in der eine eindeutige Zuordnung nicht möglich ist. Dies gilt z. B. für die N100 und die P200, bei denen umstritten ist, ob sie als rein exogene Komponenten angesehen werden können (vgl. z. B. Näätänen & Picton, 1987, für eine Diskussion der N100). Als Faustregel kann daher nur gelten, daß immer dann, wenn die Varianz von ERPs eindeutig *nicht* auf die Varianz physikalischer Merkmale zurückzuführen ist, eine *endogene* Komponente vorliegt; geht hingegen die Varianz auf physikalische Reizmerkmale zurück, handelt es sich um eine *exogene* Komponente.

Im folgenden sollen die wichtigsten endogenen Komponenten kurz beschrieben werden. Auf exogene Komponenten wird nicht weiter eingegangen, da sie vornehmlich für medizinische und weni-

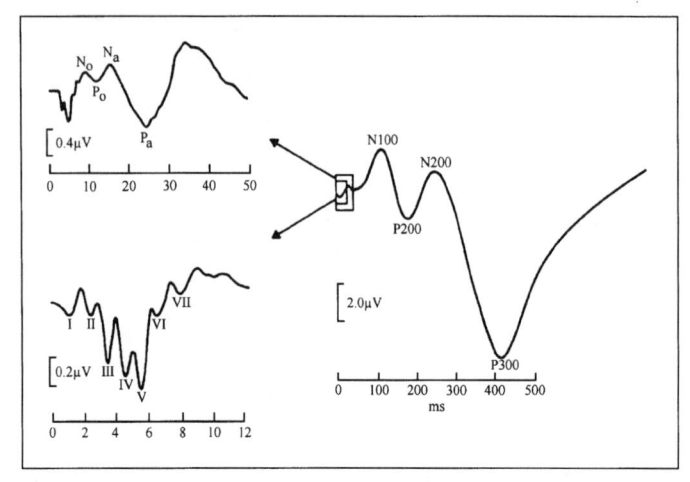

Abb. 5.2: Schematische Darstellung von ERP-Komponenten ausgelöst durch einen selten auftretenden Ton. Man beachte die unterschiedlichen Zeitskalen und Amplitudenmaßstäbe in den drei Darstellungen ebenso wie die unterschiedlichen Bezeichnungen der Extrema. Links unten: Sehr frühe exogene Komponenten (sog. Hirnstammpotentiale). Links oben: Exogene Komponenten in den ersten 50 ms, die möglicherweise Aktivität des Thalamus repräsentieren. Rechts: Übergang von exogenen Komponenten (N100 und P200) zu endogenen Komponenten (beginnend mit N200) (aus Coles et al., 1990; mit freundl. Genehmigung von Plenum Press)

ger für psychophysiologische Fragestellungen von Bedeutung sind (vgl. z. B. Hillyard et al., 1978). Der Beschreibung endogener Komponenten muß vorausgeschickt werden, daß die Erforschung dieser Komponenten noch lange nicht abgeschlossen ist und die psychophysiologischen Interpretationen daher z. T. noch uneinheitlich sind (vgl. u. a. Coles et al., 1990; Rugg & Coles, 1995).

N200. Diese Komponente wird von seltenen Ereignissen ausgelöst. Sie ist immer dann zu beobachten, wenn Ereignisse mit einer niedrigen Wahrscheinlichkeit auftreten, die in einem oder mehreren Merkmalen von den hochwahrscheinlichen Ereignissen abweichen. Ihr Auftreten ist weitgehend unabhängig von der Aufmerksamkeit der Person. Für eine Abgrenzung und ausführliche Besprechung weiterer Negativierungen siehe Näätänen (1992).

P300. Diese endogene Komponente tritt dann zuverlässig auf, wenn aufgabenrelevante Ereignisse dargeboten werden. Auch seltene oder unerwartete Ereignisse können sie hervorrufen. Als P300

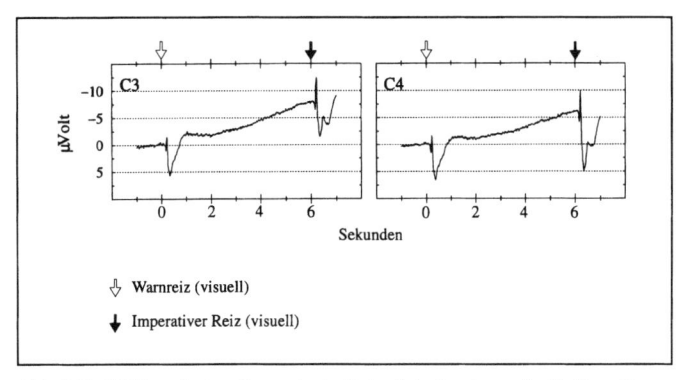

Abb. 5.3: CNV und visuell evozierte Potentiale in einem S_1-S_2-Paradigma mit motorischer Reaktion der rechten Hand (Ableitorte: C_3 und C_4)

bezeichnet man eine positive Potentialänderung, die in einem Zeitintervall zwischen 250 und 600 ms nach Reizbeginn zu beobachten ist. Gelegentlich werden die Intervallgrenzen nach unten noch etwas und nach oben auf 800 bis 900 ms erweitert. Sie hat eine charakteristische Verteilung auf dem Schädel mit maximaler Amplitude an parietalen Ableitorten (s. u.).

CNV. Als CNV (»contingent negative variation«) bezeichnet man eine langsame negative Potentialverschiebung, die erstmals von Walter et al. (1964) im sog. S_1-S_2-Paradigma entdeckt wurde und die in verschiedene Subkomponenten zerlegt werden kann (Rohrbaugh et al., 1976; vgl. auch *Abb. 5.3*). In diesem Paradigma kündigt ein Warnreiz (S_1) einen in einem konstanten zeitlichen Abstand (üblicherweise zwischen 4 und 6 s) folgenden imperativen Reiz (S_2) an, der mit einer Reaktion zu beantworten ist. Dabei kann es sich z. B. um eine motorische Reaktion, das Unterlassen einer solchen Reaktion oder um eine Entscheidung bzw. ein Urteil handeln. Nach mehrmaliger Darbietung dieser Reize beobachtet man eine langsame Negativierung, die zwischen 300–400 ms nach dem Warnreiz allmählich ansteigt und erst dann wieder verschwindet, wenn der imperative Reiz erscheint.

RP. Das Bereitschaftspotential (»readiness potential«, RP) wurde von Kornhuber und Deecke (1965) entdeckt und beschreibt ebenfalls eine oberflächennegative Potentialverschiebung, die Ereignissen vorausgeht. Fordert man Personen zu willkürlichen Bewegungen (z. B. raschen Fingerbewegungen) auf, so beobachtet man die Entwicklung eines negativen Potentials, das ungefähr 1 s vor der

Ausführung der Bewegung beginnt. Bei einfachen Willkürbewegungen erreicht das RP etwa 90 ms vor Bewegungsbeginn sein Maximum, wenn immer die gleiche Bewegung ausgeführt wird; danach nimmt die oberflächennegative Gleichspannung wieder ab, und es beginnt die prämotorische Positivierung. Das RP scheint nicht maximal über den entsprechenden kontralateralen präzentralen motorischen Kortexarealen zu sein, sondern in der Mittellinie des Kopfes über der sog. supplementär-motorischen Area (vgl. Kornhuber, 1987).

5.2 Physiologische Grundlagen

Die physiologischen Grundlagen des Spontan-EEGs und insbesondere der einzelnen Komponenten ereignisbezogener Potentiale sind bis heute nicht eindeutig geklärt. Die erste Vorstellung, wonach das EEG die summierte Aktivität von Aktionspotentialen kortikaler Neuronen reflektiert, mußte schon bald wieder aufgegeben werden. Aktionspotentiale sind sehr schnelle, hochfrequente elektrische Ereignisse von kurzer Dauer (vgl. Kap. 2.2.1), auf deren Grundlage man nicht das Zustandekommen der wesentlich langsameren Wellen des EEGs erklären kann. Daher geht man heute davon aus, daß das EEG auf die summierte Aktivität von unterschwelligen postsynaptischen Potentialen (EPSPs, IPSPs vgl. Kap. 2.2.2) zurückzuführen ist, die einen deutlich langsameren Zeitverlauf als Aktionspotentiale aufweisen. Damit die postsynaptischen Potentiale die bekannten EEG-Phänomene erklären können, müssen sie *synchron* in einer großen Anzahl von Neuronen aktiviert oder gehemmt werden. Dieser Vorstellung trägt das Konzept der »funktionalen synaptischen Einheiten« (Elul, 1972) Rechnung. Funktionale synaptische Einheiten bestehen aus einer großen Anzahl von Synapsen, die über den gleichen präsynaptischen Input verfügen. Sie können damit durch die Aktivität in afferenten Fasern in ihrer Gesamtheit synchron de- oder hyperpolarisiert werden. Die Aktivität in einer synaptischen Einheit kann aber nicht den Zeitverlauf des EEGs erklären. Deshalb muß weiterhin angenommen werden, daß verschiedene funktionale Einheiten mehrmals pro Sekunde zu unterschiedlichen Zeitpunkten aktiviert oder gehemmt sind.

Unter neuroanatomischen Gesichtspunkten geht man heute davon aus, daß diese postsynaptischen Potentiale an den Dendriten – insbesondere an den vom Zellkörper in Richtung Rindenoberfläche abzweigenden Apikaldendriten – der Pyramidenzellen in der obersten Schicht des Kortex auftreten. Diese machen 70–80% der kortikalen Neurone aus und sind groß genug, um bei synchroner Aktivierung oder Hemmung ein Potential in der Stärke des EEGs zu erzeugen (vgl. Lutzenberger et al., 1985).

Weitgehende Einigkeit besteht zudem darüber, daß subkortikale Strukturen (wie Thalamus und Formatio reticularis) maßgeblich an der Entstehung der spontanen rhythmischen Aktivität beteiligt sind. Eine Schlüsselstellung unter ihnen nimmt der Thalamus ein. Ihm wird eine Schrittmacherfunktion für den Alpha-Rhythmus zugeschrieben (Andersen & Andersson, 1968). Obwohl das Modell eines thalamischen Schrittmachers allgemein anerkannt wird, ist es nicht ohne Kritik geblieben. Lopes da Silva und Storm van Leeuwen (1978) nehmen beispielsweise an, daß die Alpha-Aktivität direkt von bestimmten kortikalen Neuronen generiert wird und sich von dort in verschiedene Richtungen ausbreitet. Sie vermuten in den großen Pyramidenzellen des visuellen Kortex ein solches Zentrum.

5.3 Aufzeichnung des EEGs

Für die Aufzeichnung und Analyse des EEGs müssen elektrische Veränderungen von wenigen μV am Schädel entdeckt und um den Faktor $10^4 - 10^6$ verstärkt werden, um eine nachgeschaltete Registriereinheit (Polygraph, Rechner) betreiben zu können. Eine solch hohe Verstärkung setzt neben entsprechend empfindlichen (kommerziell verfügbaren) Verstärkern eine sorgfältige Hautvorbereitung, Elektrodenauswahl und -befestigung voraus, um einen geringen elektrischen Übergangswiderstand zu erzielen (dieser sollte deutlich unter 5 kOhm liegen). Darüber hinaus muß auf bestimmte elektrische Schutzmaßnahmen geachtet werden (wie Abschirmung des Untersuchungsraums und der Leitungen sowie Erdung der Meßgeräte), um eine gute Signalqualität zu erzielen, die frei von artifiziellen Einflüssen ist.

Im Rahmen psychophysiologischer Untersuchungen werden zur EEG-Aufzeichnung bevorzugt nicht-polarisierende Ag/AgCl-Elektroden verwendet, die wegen ihrer Form auch Napfelektroden genannt werden. Sie können je nach Befestigungsart vorher oder nachher mit Elektrodenpaste gefüllt werden. Die Elektroden werden nach Reinigung des Ableitortes mit Äthylalkohol (70%) und leichtem Aufrauhen der Kopfhaut am besten mit Kollodium oder einer adhäsiven Elektrodenpaste befestigt.

Die Standardmethode zur Plazierung der Elektroden ist das internationale *10–20-System* (Jasper, 1958). Nach diesem System wer-

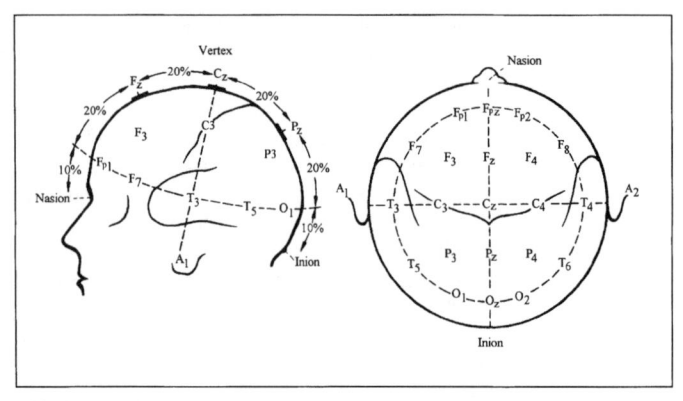

Abb. 5.4: Das internationale 10–20-System (nach Jasper, 1958)

den die einzelnen Ableitorte als Abstände zu vier anatomischen Bezugspunkten bestimmt (ausgedrückt in Schritten zu je 10% oder 20% der jeweiligen Strecke). Diese sind das Nasion (Vertiefung zwischen Nasenrücken und Stirn), das Inion (unterer Knochenhökker in der Mittellinie des Hinterkopfs am Ansatz der Nackenmuskeln) und die beiden präaurikulären Punkte (Vertiefung vor dem äußeren Gehörgang, direkt unterhalb des Jochbeins und oberhalb des Unterkiefergelenks). Die Elektrodenpositionen werden zum einen nach ihrer anterior-posterioren Lage (F = Frontal, C = Central, T = Temporal, P = Parietal, O = Okzipital) und zum anderen nach ihrer Lage links oder rechts von der Mittellinie (ungerade Zahlen = linke Hemisphäre, gerade Zahlen = rechte Hemisphäre) benannt. So bezieht sich die Bezeichnung P_3 auf eine Elektrode, die über dem Parietallappen auf der linken Seite des Kopfes befestigt ist. Das vollständige 10–20-System ist in *Abb. 5.4* dargestellt; eine ausführliche Beschreibung der Vorgehensweise bei der Plazierung der Elektroden nach dem 10–20-System findet sich bei Cooper et al. (1980).

Auch bei EEG-Ableitungen unterscheidet man zwischen uni- und bipolaren Messungen. Bei einer *bipolaren* Messung wird das EEG-Signal von zwei Elektroden an aktiven Ableitorten (z.B. F_3 versus P_3) verglichen und diejenige Aktivität verstärkt und aufgezeichnet, die beiden Ableitorten nicht gemeinsam ist. Diese Form der Messung findet überwiegend in der medizinischen Praxis Anwendung, z.B. um atypische Wellenformen im EEG zu entdecken. In der Psychophysiologie werden bevorzugt *unipolare* Ableitungen verwendet, d.h. Ableitungen, bei denen die Differenz zwischen einem aktiven und einem inaktiven Punkt (Referenz) verstärkt wird. Als Referenz kann u. a. das Ohrläppchen, das Nasion oder der Knochen hinter dem Ohr (Mastoid) dienen. Häufig werden auch die Elektroden an beiden Ohrläppchen zu einer gemeinsamen Referenz zusammengeschaltet (»linked earlobes«). Eindeutige Empfehlungen für die Wahl der Referenz gibt es nicht, wenngleich von einigen Autoren die Methode der »linked earlobes« (in *Abb. 5.4* als A_1 und A_2 dargestellt) als Methode der Wahl favorisiert wird (für eine ausführliche Diskussion vgl. Cooper et al., 1980).

Bei der Messung des EEGs ist neben einer hohen Verstärkerempfindlichkeit der Frequenzbereich von Bedeutung, der ohne Verzerrung übertragen werden kann. Neuere EEG-Verstärker sind in der Lage, Frequenzen von 0 Hz (DC-Kopplung) bis 100 Hz zu übertragen. Eine DC-Messung ist z. B. erforderlich, um langsame Potentialveränderungen (etwa die CNV) zu untersuchen. Außerdem verfügen aktuelle EEG-Verstärker in aller Regel über Hochpaß-, Tiefpaß-, Bandsperr- oder Bandpaßfilter. Hochpaßfilter lassen hohe Frequenzen ungehindert passieren und dämpfen niedrigfrequente Signalanteile. Tiefpaßfilter begrenzen den Frequenzbereich nach oben; sie können z. B. eingesetzt werden, um den Netzbrumm (50 Hz) aus dem EEG-Signal herauszufiltern. Hierzu kann auch ein Bandsperrfilter verwendet werden, das bestimmte Frequenzen selektiv herausfiltert. Bandpaßfilter schließlich gestatten die Übertragung bestimmter ausgewählter Frequenzbereiche; sie werden z. B. eingesetzt, um die Frequenzbänder des Spontan-EEGs selektiv zu verstärken.

Das verstärkte EEG-Signal wird entweder auf Papier aufgezeichnet oder – und dies ist heute der Regelfall – über einen Analog-Digital-Wandler an einen Computer weitergeleitet. Dabei spielt die sog. *Abtastrate* eine wichtige Rolle, d. h. die Häufigkeit, mit der die analoge Spannung innerhalb einer Sekunde in einen numerischen Amplitudenwert umgewandelt wird. In der EEG-Forschung werden Abtastraten verwendet, die um das Drei- bis Fünffache höher sind als die interessierenden Frequenzen; übliche Abtastraten liegen demnach im Bereich von 100 Hz und höher. Eine Abtastrate von 100 Hz bedeutet, daß alle 10 ms ein Zahlenwert anfällt. Unter Berücksichtigung der erforderlichen Genauigkeit und der zeitlichen Auflösung des Signals sowie der anfallenden Datenmengen muß somit eine Entscheidung über die Höhe der Abtastrate immer im Einzelfall erfolgen.

Artefakte. Aufgrund der hohen Verstärkung können EEG-Messungen leicht durch elektrische Störsignale verfälscht werden. Diese können *externen* Ursprungs sein (z. B. Netzbrumm, Elektrogeräte im Untersuchungsraum) und lassen sich durch die bereits angesprochenen elektrischen Schutzmaßnahmen vermindern bzw. durch den Einsatz geeigneter Filter korrigieren. Schwieriger ist es mit Störsignalen *internen* Ursprungs umzugehen, d. h. mit Störsignalen aus dem Organismus, deren Ursache normale elektrophysiologische Prozesse nicht-kortikaler Natur sind. Solche Signale, die möglicherweise von EEG-Elektroden aufgefangen werden und das EEG verfälschen, resultieren z. B. von muskulärer Aktivität, Lidschlägen und Augenbewegungen, der Aktivität des Herzens oder Hautpotentialänderungen. Sie lassen sich teilweise nicht eindeutig von den interessierenden Potentialverläufen unterscheiden, weshalb eine simultane Registrierung der entsprechenden Körperprozesse empfehlenswert ist (z. B. die zusätzliche, gleichzeitige Erfassung des Elektrokardiogramms und des Elektrookulogramms). Nur so können einzelne, eindeutig artifizielle Versuchsdurchgänge oder Zeitabschnitte entdeckt und von der Analyse des EEGs ausgeschlossen oder einem mathematischen Verfahren zur Korrektur des EEGs unterzogen werden (vgl. ausführlich Barlow, 1986; Lutzenberger et al., 1985).

5.4 Analyse des EEGs

5.4.1 Spontan-EEG

Zu Beginn der EEG-Forschung dominierten visuelle Analysemethoden des analog aufgezeichneten Spontan-EEGs. Mit der Entwicklung entsprechender Bandsperr- und Bandpaßfilter (s. v.) wurde eine präzisere Quantifizierung möglich. So kann das am Filterausgang vorliegende interessierende Frequenzband, nachdem es gleichgerichtet und ggf. geglättet worden ist, einen Zeitmesser ansteuern, der festhält, wie lange ein bestimmter Frequenzbereich mit einer festgelegten Mindestamplitude in einem definierten Analyseintervall im EEG aufgetreten ist. Auf dieser Grundlage können Indizes für die Frequenzbänder des EEGs (Alpha-Index, Beta-Index usw.) berechnet werden, die den prozentualen Zeitanteil angeben, mit dem ein Frequenzband im Analyseintervall vorhanden war. Somit lassen sich Häufigkeitsverteilungen von Frequenzbändern (sog. Frequenzhistogramme) darstellen, die z. B. in Abhängigkeit von verschiedenen experimentellen Bedingungen oder Ableitorten verglichen werden können.

Wie bereits erwähnt, setzen sich in der EEG-Forschung zunehmend digitale Verfahren durch. Auf der Grundlage solcher Verfah-

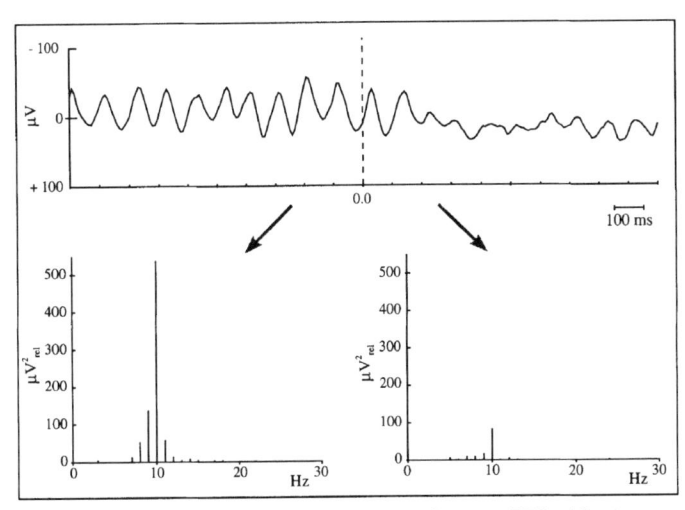

Abb. 5.5: Leistungsdichtespektrum (unten) des Spontan-EEGs (oben)

ren sind aufwendigere und informationshaltigere Analysen des Spontan-EEGs möglich. Das bekannteste und heute am häufigsten angewandte Verfahren ist die *Fourier-Analyse*. Dies ist eine zeitreihenanalytische Technik, die ein Signal wie das Spontan-EEG als eine Überlagerung von Sinusfrequenzen behandelt. Mit der Fourieranalyse (auch Spektralanalyse genannt) wird somit das EEG-Signal für einen bestimmten Zeitausschnitt (1–10s) von der Zeit- in die Frequenzdomäne transformiert und die Frequenzen des Signals gegenüber der Leistungsdichte (»power density«) dieser Frequenzen dargestellt (vgl. *Abb. 5.5*). Diese Darstellung wird deshalb auch als Power- oder Leistungsdichtespektrum bezeichnet. Die Leistungsdichte reflektiert dabei das Gewicht, das einer Frequenz oder einem Frequenzband gegenüber anderen ebenfalls im Signal des Zeitintervalls enthaltenen Frequenzen oder Frequenzbändern zukommt, weshalb die spektrale Leistungsdichte auch in relativen Werten (μV^2_{rel}) angegeben wird (vgl. Bendat & Piersol, 1986).

Neben der Fourier-Analyse existieren noch andere Analysemethoden des Spontan-EEGs auf der Basis von digitalen Verfahren. Dazu zählen vor allem kohärenzanalytische und korrelative Techniken, über die Cooper et al. (1980) ausführlich informieren.

5.4.2 Analyse von ERPs

Grundlage der Analyse von ereignisbezogenen Potentialen ist das sog. *Mittelungsverfahren* (»averaging«). Dieses spezifische Verfahren muß in aller Regel vor einer Quantifizierung von ERPs angewendet werden, da die Amplituden einzelner ERP-Komponenten bezogen auf die des Spontan-EEGs, in das sie eingebettet sind, relativ klein sein können. Ziel des Mittelungsverfahrens ist es daher, das Verhältnis von Signal (ERP) zu Rauschen (Spontan-EEG) zu verbessern.

Das Prinzip des Verfahrens besteht darin, Ausschnitte des EEGs, von denen jeder einzelne an das interessierende Ereignis (z. B. einen Reiz) zeitlich gebunden ist, einer Mittelungsprozedur zu unterziehen. Diese EEG-Epochen werden von zwei Quellen gespeist: dem zeitlich gebundenen ERP und dem Spontan-EEG, welches in keinem Zusammenhang mit dem Ereignis stehen soll. Da das spontane EEG damit definitionsgemäß vor und nach dem Ereignis zufällig fluktuiert, soll es sich über eine bestimmte Anzahl von Epochen bzw. zu jedem Zeitpunkt vor und nach Reizdarbietung über zahlreiche Reizwiederholungen letztendlich zu Null aufsummieren und das ERP deutlich sichtbar werden lassen. Diesem Verfahren liegen folgende Voraussetzungen zugrunde: (1) Das ERP ist in seiner Latenz und Amplitude über die aufsummierten Durchgänge konstant; (2) das Spontan-EEG variiert zufällig über die Durchgänge; (3) das ERP ist unabhängig vom Spontan-EEG. Diese Voraussetzungen können allerdings in aller Regel nicht ohne weiteres überprüft werden und sind vermutlich nicht einmal in gut geplanten und durchgeführten Experimenten immer erfüllt (z. B. aufgrund von Adaptationseffekten). Mittlere Amplituden- und Latenzdaten gestatten deshalb nur in Grenzen ein klares Bild von den tatsächlichen Verhältnissen. Aus diesem Grunde zielen neuere Bemühungen verstärkt darauf ab, Methoden zur Analyse von ERPs aus einzelnen Durchgängen zu entwickeln; diese Methoden sind allerdings bis heute noch nicht so weit fortgeschritten, daß sie routinemäßig einem größeren Anwenderkreis zur Verfügung stünden (vgl. Coles et al., 1990).

Bei ERPs handelt es sich um komplexe Wellenformen, die im allgemeinen hinsichtlich ihrer Polarität und Latenz beschrieben werden (vgl. Kap. 5.1.2). Dies bedeutet, daß entweder die Amplitude des Gipfelpunktes einer Welle in µV und/oder seine Latenz in ms bestimmt werden. Im Unterschied zu vielen anderen Biosignalen wird in der ERP-Forschung in aller Regel nicht die Anfangslatenz, sondern die Latenz des Gipfelpunktes einer ERP-Welle gemessen

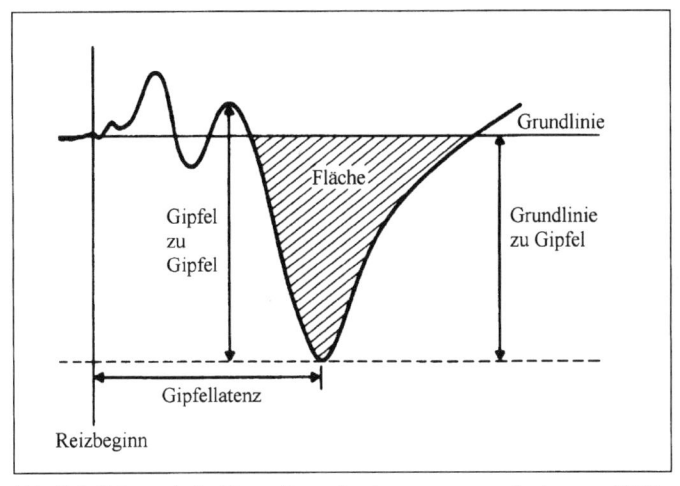

Abb. 5.6: Schematische Darstellung der Auswertungsmethoden von ERPs (aus Coles et al., 1990; mit freundl. Genehmigung)

(vgl. *Abb. 5.6*). Zur Amplitudenbestimmung stehen verschiedene Methoden zur Verfügung; sie sind in *Abb. 5.6* schematisch dargestellt. Zum einen kann der Abstand zwischen benachbarten, entgegengesetzten Extrema gemessen werden, also z. B. der Abstand vom Gipfelpunkt einer positiven zu dem einer negativen Welle und umgekehrt; zum anderen kann der Abstand von einer Grundlinie zu einem Gipfelpunkt bestimmt werden. Dabei wird die Grundlinie in aller Regel ebenfalls über ein Mittelungsverfahren erhalten und zwar dadurch, daß die Daten eines gewissen Intervalls vor Reizdarbietung (z. B. 500 ms) aufgezeichnet und dem gleichen Mittelungsverfahren wie die nachfolgenden EEG-Epochen unterzogen werden. In Fällen, in denen der Gipfelpunkt einer ERP-Welle nicht eindeutig bestimmbar ist, kann auch die Fläche unter der Welle zur Quantifizierung herangezogen werden (vgl. *Abb. 5.6*).

Eine weitere Möglichkeit zur Analyse von ERPs besteht darin, Komponenten über Segmente zu bestimmen, die über Personen, experimentelle Bedingungen und Elektrodenpositionen kovariieren. Das am häufigsten verwendete Verfahren hierzu ist die Hauptkomponenten-Analyse (»Principal Component Analysis«, PCA), bei der die ERP-Struktur aus dem Kovariationsmuster der Amplitudenwerte zu jedem einzelnen Abtastpunkt des EEGs erschlossen wird. Eine ausführliche Darstellung dieser Methode findet sich bei Donchin und Heffley (1978); Rösler und Manzey (1981) setzen sich kritisch mit diesem Analyseverfahren auseinander.

5.5 Weitere Verfahren

Als Folge der enormen technologischen Fortschritte in den letzten Jahren steht heute eine Reihe weiterer Verfahren zur Erfassung der zerebralen Aktivität zur Verfügung, von denen zu erwarten ist, daß sie verstärkt Eingang in die naturwissenschaftlich, interdisziplinär orientierte Forschung innerhalb der Psychologie finden werden (vgl. für einen guten Überblick: Pfurtscheller & Lopes da Silva, 1988; Herholz & Heindel, 1996; Holder, 1987). Dazu gehören vor allem verschiedene *bildgebende Verfahren* (»imaging methods«). Die Bildgebung kann hierbei prinzipiell durch elektrophysiologische (Elektroenzephalographie, EEG), elektromagnetische (Magnetfeldenzephalographie, MEG), nuklearmedizinische (^{133}Xenon-Clearance-Blutflußmessungen; Single-Photon-Emissions-Computer-Tomographie, SPECT; Positronen-Emissions-Tomographie, PET) oder neuroradiologische Verfahren, wie die Kernspintomographie (»Magnetic Resonance Imaging«, MRI), erfolgen. Eine herausragende Stellung nimmt darunter die *PET-Methode* ein. Herausragend deshalb, weil sie sehr vielseitig ist und über geeignete Tracer (radioaktiv markierte Substanzen) direkt die regionale zerebrale Aktivität abbilden kann. Mit ihr ist es u. a. möglich, den regionalen zerebralen Blutfluß (rCBF), das regionale zerebrale Blutvolumen (rCBV), den regionalen zerebralen Sauerstoffmetabolismus (rCMRO$_2$) oder den regionalen Glukosestoffwechsel (rCMRgl) zu bestimmen. Der *regionale zerebrale Blutfluß* (»regional cerebral blood flow«, rCBF), die z. Zt. für Psychologen vielleicht interessanteste Größe, kann unter Anwendung der PET-Methode in absoluten Werten berechnet werden (ein geeigneter Tracer hierfür ist H$_2$^{15}O, das per Infusion verabreicht wird). Ein Anstieg des rCBF weist in weiten Bereichen eine monotone Beziehung zur Zunahme der Aktionspotentialfrequenz und der exzitatorischen postsynaptischen Potentiale bei regionaler zerebraler Aktivität auf (Roland, 1993). Dies konnte für motorische Aufgaben, somatosensorische, auditorische und visuelle Stimulationen gezeigt werden. Der rCBF erlaubt damit in Grenzen eine direkte Messung der regionalen neuronalen Aktivität. Darüber hinaus bestehen ausgeprägte lineare Beziehungen zum rCBV und rCMRgl. In jüngster Zeit erfreut sich speziell unter Psychophysiologen ein neues Verfahren der MRI, die *funktionelle MRI* (fMRI) mit BOLD-Technik (von engl. »blood oxygenation level dependent«-

Kontrast; Ogawa et al., 1990) zunehmend größerer Beliebtheit. Die Methode bietet gegenüber nuklearmedizinischen Verfahren wesentliche Vorteile: Sie ist nur mit wenigen Unannehmlichkeiten verbunden, belastet die Probanden nicht mit ionisierender Strahlung, hat eine ausgezeichnete räumliche sowie zeitliche Auflösung und ermöglicht eine genaue anatomische Lokalisation der Aktivierung. Erste Untersuchungen mit der fMRI sind vielversprechend ausgefallen. Mehrere Arbeiten konnten mittlerweile zeigen, daß sie u. a. sensomotorische Funktionen einwandfrei abbilden kann (vgl. z. B. Kim et al., 1993). Der breiten Anwendung des Verfahrens stehen derzeit aber noch einige Probleme u. a. bei der Datenaufbereitung und -interpretation gegenüber, von deren Überwindung die Zukunft der fMRI maßgeblich abhängen wird (vgl. z. B. Moonen, 1995). Nichtsdestoweniger stellt sie z. Zt. neben der noch unausgereiften MEG die einzige Methode dar, Gehirnaktivitäten ohne die Verwendung ionisierender Strahlen in allen drei Dimensionen abzubilden.

5.6 Anwendungsbeispiele

In Kapitel 5.1.2 wurde bereits angesprochen, daß die endogene Komponente P300 des ereignisbezogenen Potentials dann zuverlässig auftritt, wenn seltene oder unerwartete Ereignisse dargeboten werden oder wenn Ereignisse für die Aufgabe einer Person relevant sind. Eine experimentelle Arbeit von Duncan-Johnson und Donchin (1977) soll diese Aspekte verdeutlichen. In dieser Untersuchung wurden 10 Vpn kurze, relativ leise Töne vor einem Hintergrund von Rauschen vergleichbarer Lautstärke in einem Zeitabstand von 1,5 s dargeboten. Die Töne konnten entweder »hoch« (1500 Hz) oder »niedrig« (1000 Hz) sein. Die Auftretenswahrscheinlichkeit des hohen Tons wurde systematisch variiert, und zwar im Bereich von .10 – .90, in Schritten zu .10. Die Auftretenswahrscheinlichkeit des niedrigen Tons war immer komplementär zu der des hohen Tons. Die Aufgabe der Vpn bestand darin, entweder die hohen Töne still mitzuzählen und das Resultat nach dem Ende einer Versuchsphase mitzuteilen oder beide Töne zu ignorieren und sich mit einer anderen Aufgabe (Wortidentifikation) zu beschäftigen. Das EEG wurde von verschiedenen Ableitorten auf der Mittellinie des Schädels erfaßt und dem im Kapitel 5.4.2 dargestellten »Averaging«-Verfahren unterzogen, wobei zuvor EEG-Epochen mit EOG-Artefakten (vgl. Kap. 7.2) eliminiert worden waren. *Abb. 5.7* zeigt einen Teil der Ergebnisse dieses Experiments.

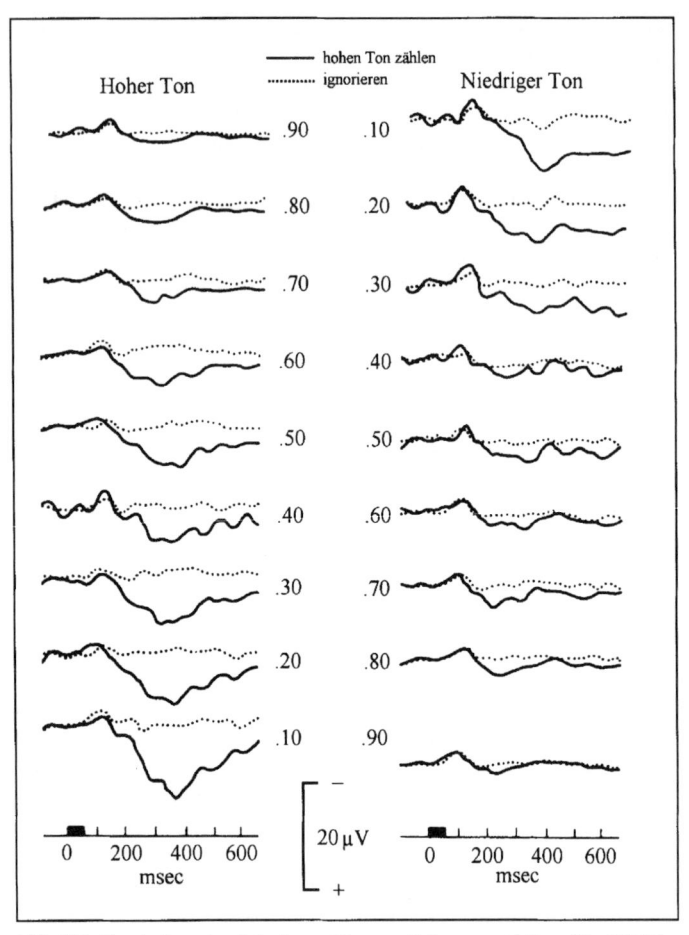

Abb. 5.7: Ergebnisse der Arbeit von Duncan-Johnson und Donchin (1977); Erläuterungen s. Text (mit freundl. Genehmigung von Cambridge University Press)

In *Abb. 5.7* sind die ereignisbezogenen Potentiale (Ableitort P_z) für einen Zeitraum von 800 ms dargestellt. Der schwarze Balken auf der Zeitskala markiert den Zeitpunkt und die Dauer der Reizdarbietung. Die Abbildung zeigt gemittelte EEG-Verläufe. Sie sind getrennt für den hohen und niedrigen Ton sowie für die Bedingungen »Zählen« versus »Ignorieren« dargestellt.

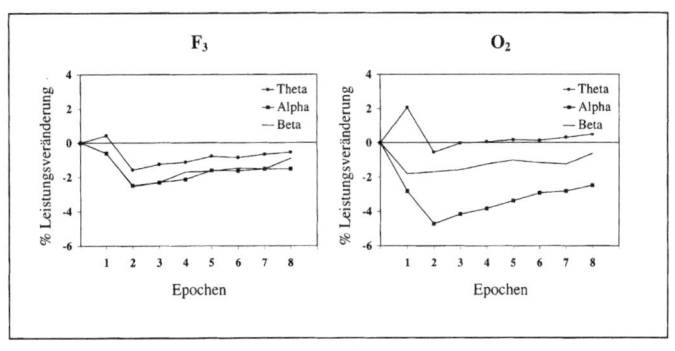

Abb. 5.8: Reizbedingte Veränderungen im Leistungsspektrum dreier EEG-Bänder (nach Barceló et al., 1995); Erläuterungen s. Text

Wenn die Töne *nicht* beachtet werden sollen, wird unter allen Wahrscheinlichkeitsbedingungen von beiden Tönen lediglich eine N100 und P200 ausgelöst. Besteht die Aufgabe darin, die hohen Töne zu zählen, lösen sowohl der hohe als auch der niedrige Ton zusätzlich noch eine P300 aus, deren Amplitude von der Wahrscheinlichkeit des Tons abhängt. Je seltener der Ton, desto ausgeprägter ist die P300. Dieser Trend besteht für beide Töne, obwohl die Vpn nur die hohen Töne zählen sollten. Die P300-Amplitude ist auf die zu zählenden hohen Töne jedoch etwas stärker als auf die nicht zu zählenden niedrigen Töne.

Die Ergebnisse unterstützen weitgehend die vorgeschlagene Interpretation der P300-Amplitude. Sie zeigen zum einen, daß eine P300 auftritt, wenn mit den in Frage stehenden Reizereignissen eine Aufgabe für die Vpn verbunden ist. Die Tatsache, daß eine P300 sowohl auf die hohen als auch auf die niedrigen Töne zu beobachten ist, wenn diese nur selten auftreten, zeigt darüber hinaus, daß unter den im Experiment realisierten Bedingungen die Wahrscheinlichkeit der Ereignisse einen massiven Einfluß auf die Stärke der P300 hat, auch wenn nur ein Ereignis eine explizite Aufgabenrelevanz besitzt.

Eine zweite Arbeit (Barceló et al., 1995) soll den Einsatz des Spontan-EEGs mit spektralanalytischer Auswertung verdeutlichen. Diese Untersuchung steht im Zusammenhang mit dem Konzept der Orientierungsreaktion (vgl. Kap. 11) und befaßt sich u. a. mit EEG-Veränderungen in Abhängigkeit von visuellem Reizmaterial. Das

Spontan-EEG wurde an verschiedenen Ableitorten erfaßt und für verschiedene EEG-Bänder einer Fourier-Analyse unterzogen (vgl. Kap. 5.4.1). Ein Ausschnitt der Ergebnisse ist in *Abb. 5.8* dargestellt.

Die Abbildung zeigt reizbedingte Veränderungen im Leistungsspektrum dreier EEG-Bänder (Alpha, Beta, Theta) in Abhängigkeit von der Elektrodenposition (F_3 versus O_2) und der Zeit (8 Epochen zu je 3 Sekunden). Sie verdeutlicht die ausgeprägten Unterschiede zwischen frontalen und okzipitalen Veränderungen des EEGs. Auffällig ist besonders die initiale Zunahme der Theta-Aktivität bei okzipitaler Ableitung, die mit einer deutlichen Abnahme der Alpha-Aktivität und einer schwächeren Reduktion der Beta-Aktivität einhergeht. Diese starke Differenzierung der EEG-Bänder geht in der frontalen Ableitung verloren. Die Ergebnisse werden von den Autoren im Hinblick auf unterschiedliche Gehirnareale diskutiert, die für die komplexen Vorgänge bei der Orientierung auf visuelle Reize von Bedeutung sein könnten (vgl. ausführlich Barceló et al., 1995).

6. Elektrische Muskelaktivität

Mit Hilfe der Elektromyographie läßt sich die elektrische Aktivität der quergestreiften Muskulatur (Skelettmuskulatur) erfassen. Die resultierende Aufzeichnung wird als Elektromyogramm (EMG) bezeichnet.

Die *physiologische Grundlage* des EMGs bilden die Muskelaktionspotentiale, die sich nach einer vom somatischen Nervensystem stammenden Stimulation über den Skelettmuskel ausbreiten und zu seiner Kontraktion führen. Ein Skelettmuskel besteht aus vielen Muskelfasern, von denen jede von einer Axonabzweigung, die von einem motorischen Neuron stammt, über eine synaptische Verbindung, die neuromuskuläre Endplatte, innerviert wird. Wichtig ist, daß von einem Motoneuron immer mehrere Muskelfasern innerviert werden; dieses System aus einem Motoneuron und den zugehörigen Muskelfasern wird als *motorische Einheit* bezeichnet.

Das bei einer bipolaren Ableitung – wie sie in der EMG-Forschung üblich ist – auftretende einzelne biphasische EMG-Signal kommt dadurch zustande, daß sich das Muskelaktionspotential von der Endplatte ausgehend entlang der Muskelfaser fortpflanzt. Dadurch verändern sich die Spannungsverhältnisse zwischen den beiden Elektroden. Zunächst tritt eine Oberflächennegativität nur unter einer Elektrode auf, die damit im Vergleich zur anderen Elektrode eine negative Spannung anzeigt; später ist sie von beiden Elektroden gleich entfernt, so daß das registrierte Potential gleich Null ist; zu einem noch späteren Zeitpunkt ist die Oberflächennegativität näher der zweiten Elektrode und die Spannungsverhältnisse zwischen beiden Elektroden kehren sich um.

Es muß allerdings betont werden, daß die Spannungsveränderungen, die das Oberflächen-EMG abbildet, nicht von einem einzelnen Muskelaktionspotential herrühren, sondern von einer Reihe von Aktionspotentialen, die an allen Fasern einer motorischen Einheit entlangwandern und sogar von Aktionspotentialen, die von der Erregung mehrerer motorischer Einheiten stammen. Das Oberflächen-EMG repräsentiert somit immer eine zeitliche und räumliche Aggregation derjenigen elektrischen Signale von Skelettmuskeln, die sich bis zur Körperoberfläche ausbreiten.

Zur *Ableitung* des Oberflächen-EMGs werden im allgemeinen Ag/AgCl-Napfelektroden verwendet, die mit einer handelsüblichen Paste gefüllt werden. Je nach Ableitort sollten Elektroden mit unterschiedlich großen Durchmessern benutzt werden (z.B. Miniaturelektroden mit einem Innendurchmesser von 0,25 cm für Ableitungen von der Gesichtsmuskulatur, Elektroden mit einem Innendurchmesser von 0,5 cm für Ableitungen vom Rumpf und von Gliedmaßen). Um eine gute Signalqualität zu erzielen, sollte die Ableitstelle sorgfältig gereinigt und ggf. zur Reduktion des Übergangswiderstandes leicht mit Sandpapier angerauht werden.

Für die Wahl der Ableitorte wurden einige Standardisierungsvorschläge formuliert. Es sollte allerdings klar sein, daß aufgrund anatomischer Unterschiede zwischen Personen eine Standardisierung nur in Grenzen möglich ist. In *Abb. 6.1* sind diese Vorschläge für Gesicht, Nacken, Rumpf und Gliedmaßen zusammengefaßt; ausführliche Beschreibungen für das Auffinden dieser Orte finden sich bei Tassinary et al. (1989) sowie bei Fridlund und Cacioppo (1986). Zur Reduzierung externer elektrischer Einstreuungen wird außerdem die Verwendung einer Erdelektrode empfohlen (die z.B. auf der Stirn befestigt werden kann), wobei alle Signaleingänge diese Erde benutzen sollten.

Das EMG-Signal erstreckt sich über einen Frequenzbereich von wenigen Hz bis über 1000 Hz, wobei die dominanten Frequenzen zwischen 10 und 200 Hz liegen dürften (vgl. Fridlund & Cacioppo, 1986). Die Amplitude des EMG-Signals schwankt je nach Kontraktionszustand des Muskels zwischen wenigen Mikrovolt und einem Millivolt. Für EMG-Messungen sind daher Verstärker erforderlich,

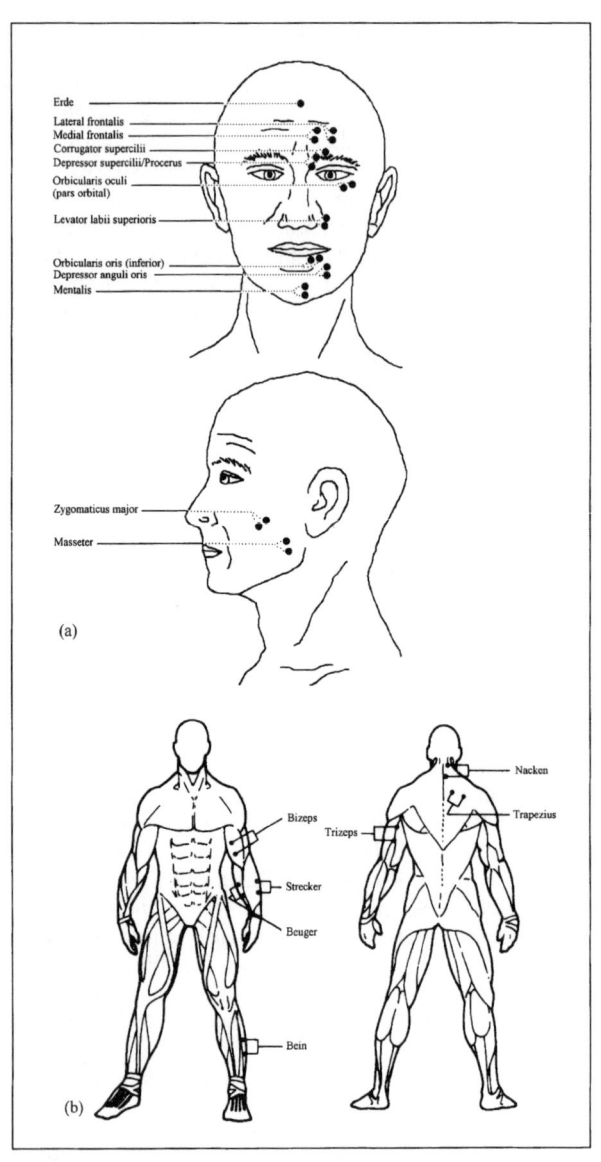

Abb. 6.1: Standardisierungsvorschläge zur Plazierung von EMG-Elektroden für Gesicht, Nacken, Rumpf und Gliedmaßen (aus Cacioppo et al., 1990; mit freundl. Genehmigung)

die über das gesamte Amplituden- und Frequenzspektrum linear verstärken und die vergleichbare Empfindlichkeiten wie EEG-Verstärker besitzen, um auch kleine Amplituden angemessen auswerten zu können. Erschwerend kommt bei EMG-Messungen hinzu, daß aufgrund der Signalcharakteristika der Einsatz von Filtern (z. B. von einem Bandsperrfilter zur Ausschaltung der 50 Hz Netzfrequenz) nur sehr begrenzt möglich ist und aus diesem Grund besondere Aufmerksamkeit auf die Qualität der Verstärker und auf adäquate elektrische Abschirmungsmaßnahmen gelegt werden muß. Bei EMG-Messungen wird mit AC-Kopplung gearbeitet, um niederfrequente Signalanteile, wie z. B. Gleichspannungsveränderungen bedingt durch Hautpotentialverschiebungen, auszufiltern (s. u.).

Zur *Auswertung* des EMGs können bei einer entsprechend hohen zeitlichen Auflösung (wie sie bei einer Papieraufzeichnung allerdings nicht möglich ist) die einzelnen Gipfelpunkte ausgezählt oder deren Amplituden gemittelt werden. Diese Auswertungsmethoden werden allerdings relativ selten gewählt, da die so bestimmten Parameter nicht linear mit dem Ausmaß der Muskelkontraktion variieren und bei höheren Muskelspannungen nicht zuverlässig bestimmt werden können. Üblicher ist zur EMG-Auswertung die Anwendung des sog. *Integrationsverfahrens*. Es geht vor allem auf Lippold (1967) zurück, der die Auffassung vertritt, daß das integrierte EMG die gesamte Spannung eines Muskels genauer repräsentiert als die Anzahl oder durchschnittliche Amplitude der Gipfelpunkte. Nachfolgende Arbeiten konnten bestätigen, daß diese Auffassung für den Bereich isometrischer Muskelspannung (Muskellänge bleibt dabei konstant) und nicht zu extremen Kontraktionen weitgehend zutrifft.

Das Prinzip des Integrationsverfahrens besteht darin, daß einem Integrator elektrische Energie zugeführt wird, die sich in diesem bis zu einem bestimmten Kriterium akkumuliert und dann abgefragt wird. Da – wie erwähnt – das EMG-Signal biphasisch ist, muß das Signal vor einer Integration gleichgerichtet werden (vgl. *Abb. 6.2*). Die Integration selbst kann auf unterschiedliche Weise erfolgen. Zum einen kann der Integrator nach einem festgelegten Zeitintervall (etwa im Bereich von 1–10s) ausgelesen und auf Null zurückgesetzt werden (»time-resetting«); in diesem Fall ist die erreichte Amplitudenhöhe pro Rücksetzungsintervall die relevante Größe. Zum anderen kann der Integrator bei Erreichen eines festgelegten Spannungswertes zurückgesetzt werden (»voltage-resetting«); bei dieser Vorgehensweise ist die Häufigkeit des Zurücksetzens pro Zeiteinheit die zu bestimmende Größe. Beide Integrationsverfahren sind schematisch in *Abb. 6.2* dargestellt.

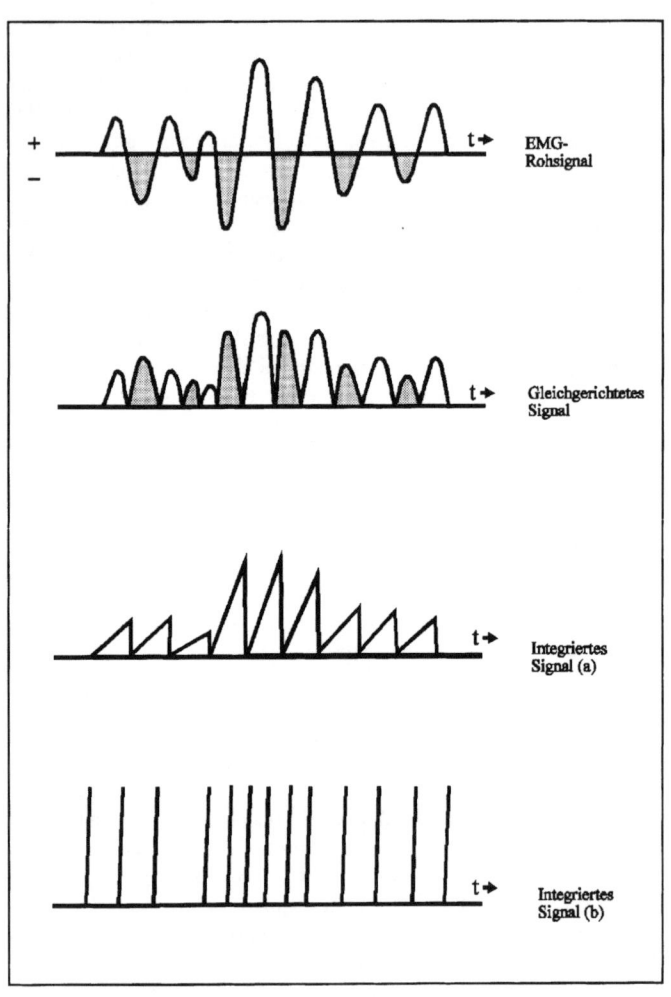

Abb. 6.2: Gleichrichtung und Integration eines EMG-Signals. Fall a: Zurücksetzen nach konstantem Zeitintervall; Fall b: Zurücksetzen nach Erreichen eines bestimmten Spannungswertes (aus Schandry, 1989; mit freundl. Genehmigung der Psychologie Verlags Union)

In das integrierte EMG gehen somit sowohl Informationen über die Frequenz als auch über die Amplitude ein. Je höher die Frequenz der Muskelaktionspotentiale und je höher deren Amplituden, desto größer ist die Fläche der akkumulierten Kurve (Fall a in *Abb. 6.2*) bzw. desto kürzer sind die Abstände zwischen den Zacken (Fall b in *Abb. 6.2*). Bei der weiteren Verarbeitung dieser Werte können z. B. Mittelwerte über Integrationsintervalle gebildet werden, um die durchschnittliche Muskelaktivität zu beschreiben, oder es kann die Variabilität dieser Werte bestimmt werden.

Eine weitere Möglichkeit der EMG-Analyse, die zunehmend häufiger im Kontext psychophysiologischer Fragestellungen Verwendung findet, ist die Glättung des EMG-Rohsignals durch den Einsatz eines Präzisionsgleichrichters in Verbindung mit einer variablen Filtereinheit. Es wird hierzu ein gleitender Mittelwert der gleichgerichteten kontinuierlichen EMG-Aktivität bestimmt, indem proportional zur Kontur des EMG-Signals ein Spannungsverlauf ermittelt wird (»contour following«; vgl. Fridlund & Cacioppo, 1986). Bei dieser Vorgehensweise kommt der Zeitkonstanten eine entscheidende Bedeutung zu. Je kürzer die Zeitkonstante, desto genauer können kurzfristige Veränderungen im EMG entdeckt und quantifiziert werden. Allerdings sollte die Zeitkonstante auch nicht zu klein gewählt werden, da sonst der ökonomische Vorteil dieses Verfahrens (Glättung durch Bildung eines gleitenden Mittelwerts) wieder verloren geht. Nach Fridlund (1979) liegen kurze Zeitkonstanten im Bereich von 0,025 s, lange Zeitkonstanten zwischen 0,50–2,50 s. Dieses Analyseverfahren eignet sich besonders zur Quantifizierung der von einzelnen Ereignissen abhängigen Aktivität eines Muskels (vgl. z. B. Blumenthal & Berg, 1986). Die ereignisbezogene Aktivitätsänderung wird dabei üblicherweise über die Differenz zwischen dem maximalen und einem vorausgehenden minimalen oder durchschnittlichen Wert des Spannungsverlaufs ermittelt, und zwar in einem eng umschriebenen und für die Reaktionslatenz des Muskels charakteristischen Zeitintervall. Ebenso einfach kann die Latenz der Reaktion und nach Reizwiederholungen die Reaktionswahrscheinlichkeit bestimmt werden.

In wenigen Fällen wurde das EMG-Rohsignal auch Fourier-Analysen unterzogen (vgl. Kap. 5.4.1), um zu überprüfen, inwieweit Veränderungen des EMG-Frequenzspektrums z. B. in Abhängigkeit vom Ermüdungszustand des Organismus nachzuweisen sind (vgl. z. B. Mulder & Hulstijn, 1984). Der Stellenwert dieser Auswertungsmethode ist in der EMG-Forschung allerdings auch heute noch umstritten (vgl. Cacioppo et al., 1990).

7. Augenaktivität

Das Auge liefert uns nicht nur Information über die Umwelt, sondern es stellt selbst auch eine wesentliche Informationsquelle über mentale und emotionale Vorgänge beim sehenden Subjekt dar (»Das Auge als Spiegel der Seele«). In diesem Kapitel sollen jene zentralen, zur visuellen Informationsaufnahme veränderbaren Größen vorgestellt werden, welche im Rahmen psychophysiologischer Untersuchungen bevorzugt erhoben werden, nämlich Pupillendurchmesser, Augenbewegungen und Bewegungen der Augenlider (Lidschläge).

7.1 Pupillendurchmesser

Die Pupille ist die Öffnung der Regenbogenhaut (Iris) vor der Augenlinse. Die Hauptfunktion der Iris besteht darin, die auf die Netzhaut fallende Lichtmenge zu regulieren. Dies geschieht über eine Veränderung des Pupillendurchmessers. Dieser kann zwischen 2 und 8 mm variieren; die durchschnittliche Latenz der Pupillenreaktion auf Lichtreize liegt im Bereich von 0,2 s.

Die Veränderung des Pupillendurchmessers wird von zwei Muskeln bewirkt, dem Sphincter pupillae und dem Dilatator pupillae. Der Sphincter besteht aus glatten, ringförmigen Muskelfasern; seine Kontraktion führt über eine Vergrößerung der Iris zu einer Verengung der Pupille. Die Aktivität des Sphincters wird vom parasympathischen Nervensystem kontrolliert. Die Kontraktion des Dilatator pupillae führt zu einer Verkleinerung der Iris und damit zu einer Erweiterung der Pupille. Dieser Muskel wird zum größten Teil vom sympathischen Nervensystem innerviert. Die Ursprungsgebiete dieser sympathischen Nervenfasern liegen im Rückenmark und in Teilen des Zwischenhirns, die der parasympathischen Nervenfasern finden sich in Teilgebieten des Mittelhirns. Als übergeordnetes Zentrum für die Kontrolle von Pupillenveränderungen wird von Luria (1973) und Beatty (1982) übereinstimmend die Formatio reticularis genannt, die bei bestimmten Anforderungen (z. B. komplexen Informationsverarbeitungsprozessen) in Wechselwirkung mit der Hirnrinde die Pupillengröße regulieren soll.

Die Pupillengröße wird von zahlreichen externen und internen Faktoren beeinflußt, die bei ihrer Messung und ggf. bei der Interpretation von Pupillendaten zu berücksichtigen sind (vgl. Tyron, 1975). Zu den externen Faktoren zählen u. a. die Lichtintensität, die das Auge erreicht (erhöhte Intensität führt zu einer Pupillenkonstriktion), sowie der Abstand eines fokussierten Gegenstandes (Vergrößerung des Abstandes führt zu einer Dilatation). Diese Variablen können durch Konstanthaltung weitgehend kontrolliert werden. Zu den internen Faktoren oder Zuständen gehören u. a. das Alter der Probanden (kleinerer Pupillendurchmesser und erhöhte Variabilität mit steigendem Alter), Ermüdung (abnehmender Pupillendurchmesser mit erhöhter Ermüdung) und Alkohol (Erweiterung der Pupille durch Alkoholeinnahme). Diese Einflußfaktoren lassen sich nur durch eine sorgfältige Auswahl der Probanden bzw. durch geeignete methodische Vorgehensweisen (z.B. Vermeidung von langen Versuchsdurchgängen) ausschalten.

Zur *Pupillenmessung* selbst stehen verschiedene Verfahren zur Verfügung. Das heute am häufigsten eingesetzte Verfahren besteht darin, das Auge mit infrarotem Licht zu beleuchten und die Pupille über eine Videokamera aufzuzeichnen. Der Pupillendurchmesser kann dann mit verschiedenen Methoden – heute meist rechnerunterstützt – anhand des Videobildes bestimmt werden. Moderne Verfahren gestatten es den Probanden, bei der Pupillenmessung den Kopf relativ frei zu bewegen, etwa dadurch, daß die Kameralinse über ein Nachführsystem die Pupille ständig im Fokus hält, oder dadurch, daß Minivideokameras in brillenähnliche Aufsätze eingebaut sind. Es sei noch darauf hingewiesen, daß es bei der Pupillenmessung genügt, nur ein Auge aufzuzeichnen, da sich die Pupillen beider Augen im Normalfall immer gleichzeitig und gleichsinnig verändern (konsensueller Reflex).

Aus der Pupillenaufzeichnung lassen sich verschiedene *Kennwerte*, wie z.B. der Durchmesser, die Fläche oder die Latenz bis zur maximalen Veränderung, bestimmen. Während in älteren Arbeiten überwiegend die Fläche zur Charakterisierung des Pupillenverhaltens herangezogen wurde, bevorzugt man heute den vertikalen Pupillendurchmesser, da dieser einfacher zu quantifizieren ist. Beatty (1982) favorisiert die aufgabenbezogene Pupillenreaktion (TEPR, »task-evoked pupillary response«) als Indikator der Aktivität des zentralen Nervensystems bei kognitiven Anforderungen. Hierbei handelt es sich um phasische Pupillendilatationen, die mit einer Latenz von 100 bis 200 ms nach Darbietung eines kritischen Reizes auftreten und nach dessen Verarbeitung rasch abklingen. Da diese TEPRs verglichen mit anderen Veränderungen (z.B. bedingt durch Akkommodation oder geringfügige Helligkeitsänderungen) relativ klein sind, bedient man sich zu deren Bestimmung der gleichen Vorgehensweise wie bei der Ermittlung ereignisbezogener Potentiale, d.h., die zeitlich an Ereignisse gebundenen Reaktionen werden über eine Anzahl von identischen Ereignissen gemittelt, um das Signal-Rausch-Verhältnis zu verbessern.

7.2 Augenbewegungen

Für eine optimale Aufnahme visueller Information müssen die Augen zu jedem Zeitpunkt richtig positioniert sein. Dies ist die primäre Aufgabe der Augenbewegungen. Sie werden daher im Rahmen psychophysiologischer Untersuchungen aufgezeichnet, um z.B. die Steuerung der Augenbewegungen bei der Aufnahme von Information (z.B. beim Lesen) erfaßbar zu machen (vgl. Oster & Stern, 1980). Ein weiteres wichtiges Anwendungsfeld ist die Schlafforschung, in der eine besondere Form von Augenbewegungen (»Rapid Eye Movements«, REM) zusammen mit anderen psychophysiologischen Variablen zur Bestimmung eines Schlafstadiums (REM-Stadium, vgl. Kap. 14.1) herangezogen wird. Des weiteren werden Augenbewegungen u.a. bei EEG-Messungen – insbesondere der Messung von ereignisbezogenen Potentialen – mitaufgezeichnet, um ihren Einfluß auf das interessierende Phänomen korrigieren zu können (vgl. Kap. 5.3).

Im wachen Zustand lassen sich verschiedene Arten von Augenbewegungen unterscheiden. Als *Sakkaden* bezeichnet man schnelle, sprunghafte Bewegungen (gewöhnlich konjugiert, d.h., beide Augen bewegen sich in gleicher Richtung) von einem Gegenstand zu einem anderen. Sie dienen dazu, einen Gegenstand in der Fovea centralis der Retina (Punkt des schärfsten Sehens) abzubilden. Beim Verfolgen eines bewegten Objekts werden sog. *glatte* oder *gleitende Augenbewegungen* ausgeführt, durch die das sich bewegende Objekt auf der Netzhaut stabilisiert wird. Werden Gegenstände abwechselnd in der Nähe und in der Ferne fixiert, treten *Vergenzbewegungen* auf, und zwar Konvergenzbewegungen bei der Fixation von Gegenständen in der Nähe und Divergenzbewegungen bei der Fixation von fernen Gegenständen. *Vestibuläre Augenbewegungen* treten bei Kopfbewegungen auf. Schließlich unterscheidet man noch eine Reihe von ruckhaften, zitternden Augenbewegungen, die als *Nystagmus* bezeichnet werden (vgl. Stern et al., 1980).

Die Bewegungen der Augen werden von den sechs äußeren Augenmuskeln gesteuert. Sie sind von drei Hirnnerven innerviert, deren Ursprungsgebiete im Hirnstamm – insbesondere in der Medulla oblongata – liegen.

Die Messung von Augenbewegungen kann über zahlreiche Verfahren erfolgen. Diese reichen von speziellen Kontaktlinsen über photometrische und elektrookulographische Verfahren bis hin zu Videomethoden, wie sie bereits bei der Pupillenmessung besprochen wurden (einen ausführlichen Methodenüberblick geben Stern & Dunham, 1990). In der psychophysiologischen Forschung wird

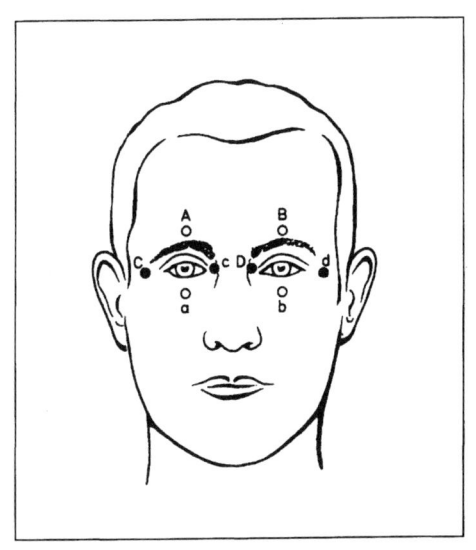

Abb. 7.1: Plazierung von EOG-Elektroden. Die Elektroden A und a, B und b dienen der Aufzeichnung vertikaler Bewegungen. Die Positionen C und c, D und d sowie C und d werden für horizontale Ableitungen verwendet. Die häufigsten horizontalen Positionen sind C und d (binokular). Vertikale Aufzeichnungen werden gewöhnlich monokular gemacht (aus Schandry, 1989; mit freundl. Genehmigung der Psychologie Verlags Union)

überwiegend das Elektrookulogramm (EOG) erfaßt. Dabei werden kleine Ag/AgCl-Elektroden so nah wie möglich um die Augen herum angebracht (vgl. *Abb. 7.1*). Sie erfassen neben Lidschlägen (starke Positivierungen) die Lage und Bewegung eines Dipols, der von Retina$^{(-)}$ und Cornea$^{(+)}$ gebildet wird. Die Verstärkung sollte so gewählt werden, daß Spannungsänderungen mit einer Empfindlichkeit von 5 µV aufgezeichnet und ausgewertet werden können. Üblicherweise wird mit einer großen Zeitkonstanten ($> 30\,s$) bzw. mit Gleichspannungskoppelung gearbeitet, um auch die niederfrequenten Anteile der Augenbewegungen erfassen zu können. Soll allerdings lediglich die Anwesenheit bzw. die Anzahl von Bewegungen bestimmt werden, kann auch eine deutlich kleinere Zeitkonstante gewählt werden.

Die Auswertung von Augenbewegungen richtet sich stark nach dem Untersuchungszweck. Dienen sie lediglich als Kontrollvariable, genügt es meist, ihr Auftreten festzustellen, um z. B. simultan aufgezeichnete EEG-Epochen aus der Analyse von ereignisbezogenen Potentialen herauszunehmen. Für eine genauere Analyse können die Latenz, Amplitude, Beschleunigung, Richtung sowie Fixationspausen bestimmt werden. Soll aus dem EOG auch die Blickrichtung exakt erfaßt werden, ist eine vorangehende individuelle Eichung erforderlich, bei der die Vp vorgegebene Blickbewegungen ausführt (Fixation von Objekten mit bekanntem Blickwinkel), deren Spannungsveränderungen im EOG festgehalten und mit späteren verglichen werden.

7.3 Lidschlag

Lidschläge werden ebenfalls häufig lediglich zu Kontrollzwecken erfaßt, da sie wie Augenbewegungen zu Verfälschungen des EEGs führen können. Darüber hinaus interessiert der Lidschlag in der Psychophysiologie unter inhaltlichen Aspekten vor allem als Komponente der Schreckreaktion. Der Lidschlag stellt eine der sensibelsten und reliabelsten Größen dieses Reaktionskomplexes dar; er bietet außerdem den Vorteil, daß er speziell im Humanversuch relativ einfach zu erheben und zu quantifizieren ist. Neben dem Lidschlag als Bestandteil der Schreckreaktion lassen sich zwei weitere Arten unterscheiden, und zwar willkürliche und periodisch auftretende spontane Lidschläge. Die Identifizierung und Abgrenzung dieser drei Arten erfolgt über eine Kenntnis der auslösenden Bedingungen sowie über eine Analyse der Form einzelner Lidschläge (insbesondere der Amplitude und Dauer; vgl. Stern & Dunham, 1990).

Das Heben und Senken des Lides wird von einer komplexen Gruppe von Muskeln bewirkt. Hauptverantwortlich für den Lidschluß ist der *Musculus orbicularis oculi*, der unterhalb des Auges liegt und vom siebten Hirnnerv innerviert wird.

Lidschläge können über elektrookulographische, elektromyographische, photoelektrische und potentiometrische Verfahren bestimmt werden. Bei der Bestimmung mittels des EOGs werden die Elektroden wie bei der Erfassung vertikaler Augenbewegungen angebracht (vgl. *Abb. 7.1*). Anhand bestimmter Amplituden- und Verlaufskriterien (vgl. Clarkson & Berg, 1984) lassen sich dann einzelne Lidschläge identifizieren und quantifizieren. Beim Einsatz des EMGs werden zwei Elektroden unterhalb des Auges auf dem Orbicularis oculi angebracht. Das EMG wird dann entsprechend den in Kapitel 6 genannten Kriterien verstärkt und ausgewertet, wobei meist das »Contour Following«-Verfahren angewendet wird (vgl. z.B. Blumenthal & Goode, 1991). Das Prinzip des photoelektrischen Verfahrens besteht darin, daß das Auge mit infrarotem Licht beleuchtet und das reflektierte Licht über eine Photozelle erfaßt wird. Dabei wird am geschlossenen Lid eine größere Menge an Licht reflektiert, die von der Photozelle in eine stärkere Spannung umgewandelt wird (vgl. Flaten, 1993). Beim potentiometrischen Verfahren schließlich wird ein dünner Faden auf das obere Augenlid geklebt, der mit einem Mikropotentiometer verbunden ist. Bewegungen des Lides verändern die potentiometrische Aktivität, die entsprechend verstärkt und registriert werden kann. Zwei Studien beschäftigten sich bisher mit den Beziehungen zwischen verschiedenen Meßverfahren. Clarkson und Berg (1984) fanden hohe Korrelationen zwischen der Bestimmung von Lidschlägen mittels EOG und der potentiometrischen Methode; Flaten (1993) zeigte, daß die photoelektrische und die elektromyographische Methode ebenfalls eine hohe Übereinstimmung aufweisen, wobei sich die Bestimmung der Lidschläge mittels EMG als etwas sensitiver erwies.

Der von einem typischen Schreckreiz, wie er in laborexperimentellen Untersuchungen verwendet wird (z. B. ein plötzlich einsetzender Ton im Bereich von 90 bis 100 dB), ausgelöste Lidschlag tritt mit einer Latenz zwischen 20 und 100 ms nach Reizbeginn auf und dauert maximal 300 ms an (wobei Stern & Dunham, 1990, Lidschläge zwischen 200 und 300 ms Dauer als ungewöhnlich lange Lidschläge klassifizieren). Üblicherweise wird beim Lidschlag neben der Latenz die Amplitude (Differenz zwischen Grundlinie und Gipfel) quantifiziert; von einigen Autoren (z. B. Blumenthal & Goode, 1991) wird zusätzlich die Wahrscheinlichkeit des Auftretens von Lidschlägen bestimmt.

8. Atmungsaktivität

Die Atmung hat die Funktion, den Körper mit Sauerstoff zu versorgen sowie Kohlendioxid und andere Stoffwechselabfallprodukte aus dem Körper zu entfernen. Es ist zudem seit langem bekannt, daß die Atemtätigkeit nicht nur von metabolischen Größen bestimmt, sondern auch von zahlreichen psychologischen Variablen beeinflußt wird. Allerdings ist die Anzahl dieser Variablen so groß, daß es bis heute nicht gelungen ist, eindeutige Beziehungen zwischen einzelnen Parametern der Atemtätigkeit (wie z. B. Atemfrequenz oder -tiefe) und psychologischen Variablen zu etablieren (vgl. Lorig &

Schwartz, 1990). Hinzu kommt, daß einzelne Aspekte der Atemtätigkeit – im Unterschied zu anderen psychophysiologischen Variablen – leicht willkürlich verändert werden können. Aus diesen Gründen besteht z. Zt. nur ein geringes Interesse, sich systematisch mit Beziehungen zwischen der Atmung und psychologischen Faktoren zu beschäftigen. Die Aufzeichnung der Atmung im Rahmen psychophysiologischer Untersuchungen hat heute überwiegend die Funktion, deren Einfluß auf andere psychophysiologische Messungen (z. B. EEG, EDA, EKG, PVA) zu kontrollieren und diese ggf. aufgrund von atmungsbedingten, möglicherweise sogar willkürlichen Veränderungen zu korrigieren. Weitgehend unverzichtbar ist die Registrierung der Atmung beispielsweise zur Bestimmung der respiratorischen Sinusarrhythmie, d. h. der Beschleunigung der Herzschlagfrequenz beim Einatmen und der Verlangsamung beim Ausatmen (vgl. Kap. 4.5).

Die Kontrolle der Atmung erfolgt über ein komplexes Wechselspiel zwischen zentralnervösen und autonomen (insbesondere parasympathischen) Strukturen sowie peripheren Feedbackmechanismen. Für die Atmung verantwortliche Zellkerne befinden sich vor allem in der Medulla oblongata und in der Brücke. Diese erhalten Informationen von zahlreichen Rezeptoren (z. B. Dehnungsrezeptoren in der Lunge, Chemorezeptoren in der Zerebrospinalflüssigkeit) sowie von höher gelegenen Hirnregionen, wobei hier vor allem der (frontale) Kortex und der Hypothalamus zu nennen sind. Der entscheidende, wenngleich nicht allein verantwortliche Faktor für die normale unwillkürliche Atemtätigkeit ist die Konzentration von Kohlendioxid, die von zahlreichen Rezeptoren innerhalb und außerhalb des zentralen Nervensystems erfaßt und an die verantwortlichen Zellkerne in der Medulla oblongata und der Brücke zurückgemeldet wird.

Die wichtigsten *Methoden* zur Erfassung der Atemtätigkeit sind die Spirometrie, die Verwendung eines Atemgürtels oder eines Temperaturfühlers. Weitere Methoden, die nur vereinzelt eingesetzt werden und auf die nicht weiter eingegangen werden soll, sind die Ganzkörper-Plethysmographie, die Impedanzpneumographie sowie der Einsatz von EMG-Messungen (vgl. ausführlich Lorig & Schwartz, 1990).

Bei der *Spirometrie* atmet die Vp über ein Mundstück oder eine Atemmaske in ein Gerät, welches variierende Volumina bei konstant gehaltenem Druck aufnehmen kann (Spirometer). Volumenänderungen beim Aus- und Einatmen können so sensibel registriert werden. Außerdem erlaubt die Spirometrie z. B. durch Auszählen der Atemzüge die Bestimmung der Atemfrequenz sowie durch

Speicherung der ausgeatmeten Luft die chemische Analyse ihres Inhalts, die z.B. Aufschluß über das Ausmaß der Sauerstoffaufnahme geben kann. Trotz ihrer klaren Vorzüge wird diese Methode zur Erfassung und Analyse der Atemtätigkeit aufgrund ihrer Einschränkungen (die Vp kann z.B. nicht sprechen) in psychophysiologischen Untersuchungen nur selten angewandt; häufiger findet sich der Einsatz eines Atemgürtels oder eines Temperaturfühlers.

Atemgürtel erfassen die Änderungen des Brustumfangs beim Ein- und Ausatmen und liefern ein elektrisches Signal dieser Änderungen. Vor der Messung ist festzulegen, ob eher die Brust- oder eher die Bauchatmung (oder beides) erfaßt werden soll. Je nach Zielsetzung sollte ein entsprechender Ableitungsort gewählt werden (über dem Brustraum bei Brustatmung, zwischen Schwertfortsatz und Bauchnabel bei Bauchatmung, vgl. Walschburger, 1976; Zusammenschaltung zweier Atemgürtel, vgl. Fahrenberg et al., 1979). Mit Hilfe dieses Verfahrens läßt sich die Atemfrequenz bestimmen; es kann außerdem die Dauer des Ein- und Ausatmens festgehalten und ein entsprechender Quotient aus diesen Maßen berechnet werden (I/E-Quotient: Dauer des Einatmens dividiert durch Dauer des Ausatmens; I-Quotient: Dauer des Einatmens dividiert durch Dauer des Atemzyklus; vgl. Hassett, 1978). Da bei dieser Technik der Atemgürtel personenabhängig unterschiedlich stark gedehnt wird, sind allerdings nur relative Aussagen über die Atemtiefe möglich (z.B. intraindividuelle Analysen, aber keine interindividuellen Vergleiche). Für die Analyse des Einflusses der Atmung auf andere physiologische Variablen ist es auch möglich, in Analogie zur Bestimmung ereignisbezogener Potentiale, durch Mittelung einen sog. »Average Repetitive Cycle« (ARC) zu gewinnen, der dann bezüglich seiner zeitlichen Charakteristika mit anderen, ebenfalls gemittelten physiologischen Variablen verglichen werden kann (vgl. Schwartz et al., 1986).

Bei der Erfassung der Atemtätigkeit über einen *Temperaturfühler* (Thermokoppler oder Thermistor) wird dieser unter einem Nasenloch angebracht und die Temperatur der ein- und ausgeatmeten Luft gemessen. Da die Ausatemluft gegenüber der Einatemluft erwärmt ist, läßt sich somit ebenfalls die Atemfrequenz bestimmen, während Aussagen über die Atemtiefe kaum möglich sind. Dieses Verfahren weist allerdings eine Reihe von Nachteilen gegenüber dem Atemgürtel auf: (1) es muß der Einfluß der Umgebungstemperatur kontrolliert werden; (2) es muß beachtet werden, daß das Signal bei Mundatmung oder beim Sprechen verloren gehen oder verfälscht werden kann; (3) es muß berücksichtigt werden, daß das Signal relativ träge ist, da die Erwärmung bzw. Abkühlung des Fühlers einige Zeit benötigt und somit den tatsächlichen Veränderungen nachläuft. Diese Eigenschaften des Meßfühlers sind insbesondere dann von Nachteil, wenn der Einfluß der Atmung auf andere simultan registrierte psychophysiologische Variablen untersucht werden soll.

Mit der Beschreibung der Atemtätigkeit soll der Methodenüberblick über die »klassischen« psychophysiologischen Variablen, ihre physiologischen Grundlagen sowie ihre Messung und Quantifizierung abgeschlossen werden. Dies bedeutet nicht, daß damit dieses Thema erschöpfend behandelt worden wäre. Weitere Körperveränderungen, die im Rahmen psychophysiologischer Fragestellungen von Interesse und einer non-invasiven Messung auch zugänglich sind, sind z. B. die Magenmotilität (vgl. Stern et al., 1990), sexuelle Reaktionen (vgl. Geer & Head, 1990) oder Körpertemperaturschwankungen (vgl. Aschoff, 1971; Aschoff et al., 1982). Außerdem läßt sich in neuerer Zeit verstärkt die Tendenz beobachten, biochemische Maße miteinzubeziehen. Dies gilt insbesondere für die Streßforschung (vgl. Kap. 12), in der neben den klassischen autonomen Variablen in vermehrtem Ausmaß endokrinologische und immunologische Größen erhoben werden (vgl. z. B. Asterita, 1985). Mit der Ausweitung psychophysiologischer Fragestellungen auf solche Variablen wird allerdings der Anspruch auf eine non-invasive Vorgehensweise teilweise aufgegeben, da endokrinologische und immunologische Veränderungen in aller Regel nur über invasive Messungen (z. B. Blutentnahme) erfaßbar sind. Damit wird auch deutlich, daß die zukünftige Psychophysiologie in zunehmendem Maße interdisziplinär orientiert sein wird und zahlreiche Fragestellungen nur in Kooperation mit anderen Wissenschaften einer Lösung zugeführt werden können.

9. Psychophysiologie »unter der Lupe«

Zum Abschluß des Methodenteils sollen nun einige zentrale Überlegungen zum sinnvollen Einsatz der Psychophysiologie in Forschung und Praxis angestellt werden.

9.1 Der Wunsch nach objektiven Kriterien subjektiver Phänomene: »Die Kunst, Daten eine Bedeutung abzuringen« (Zugang 1)

Möchte man Körperreaktionen auf etwas übergeordnetes, systematisch Konzipiertes beziehen, also die in den Daten verborgene Realität für das Verstehen aufbereiten, gilt es, einige Regeln, Warnungen und Probleme zu beachten, die im folgenden Erwähnung finden sollen.

Beginnen wollen wir mit der Enttarnung einer unbegründeten Annahme, die sich bei einer unreflektierten Rezeption der philosophischen Grundhaltung aus Kap. 1.1 einschleichen könnte. Die vertretene monistische Vorstellung von der Einheit des menschlichen Lebensprozesses, die in der zentralen Annahme zum Ausdruck kommt, es müsse zu allem, was in der inneren Realität des Erlebens abgebildet wird oder mit objektiven psychologischen Verfahren erschlossen werden kann, ein entsprechendes physisches – und damit zumindest prinzipiell erfaßbares – Ebenbild geben, impliziert *nicht* zugleich einfache und *invariante* Relationen. Vielmehr können die körperlichen Vorgänge in komplexer Art und Weise mit psychologisch induzier- und beschreibbaren Faktoren assoziiert sein und zudem die Relationen über Rahmenbedingungen als auch über Personen beträchtlich variieren. Man denke nur einmal an ein Lächeln, das bei ein und derselben Person je nach Kontext, aber auch von Person zu Person eine ganz andere Bedeutung haben kann. Eine invariante Beziehung wäre hingegen erst bei einer über Personen, Situationen, Randbedingungen und die Zeit hinweg stabilen Relation gegeben. Unter Randbedingungen können organismische Faktoren wie auch der situative und kulturelle Kontext verstanden werden.

Man wird deshalb nicht notwendigerweise erwarten dürfen, daß (a) eine bestimmte physiologische Größe, wie etwa eine spontane elektrodermale Reaktion, nur zu einem einzigen mentalen, motivationalen oder emotionalen Vorgang eine Beziehung aufweist; (b) die physiologischen Seiten psychischer Phänomene auf allen Ebenen genau das widerspiegeln, was, subjektiv betrachtet, elementare und einzigartige psychische Einheiten (wie z. B. einzelne Vorstellungen oder Gefühle) oder typische Abläufe davon zu sein scheinen; (c) eine psychische Gegebenheit mit einer einzelnen, isolierten physiologischen Reaktion assoziiert ist, statt mit einem komplexen Reaktionsmuster; (d) eine festgestellte Beziehung zwischen einem psychischen Phänomen und einer physiologischen Größe sich über die Zeit, Situationen, Randbedingungen sowie Personen nicht ändert; oder (e) ein und nur ein einziger physiologischer Mechanismus in der Lage ist, ein bestimmtes psychisches oder psychophysiologisches Phänomen zu erzeugen (vgl. Cacioppo & Tassinary, 1990a). *Es wäre deshalb falsch, den Sinn und Zweck der Psychophysiologie ausschließlich darin zu sehen, uns einfache Maße zu liefern, die eine spezifische und feststehende psychologische Signifikanz oder Bedeutung haben.*

Damit sollte aber auch klar sein, daß die wünschenswerten stringenten Schlüsse auf psychische Größen in der Regel nicht möglich sind. Erschwerend kommt ohnehin hinzu, daß die bei Messungen unvermeidbaren Meßfehler und Artefakte zusätzlich noch die Sicherheit und Gültigkeit der angestrebten Aussagen einschränken können. Besonders zu beachten sind diese Vorbehalte gegenüber Schlußfolgerungen bei dem Bemühen, aufgrund von einzelnen Beobachtungen oder Messungen körperlicher Reaktionen zu richtigen und psychologisch relevanten diagnostischen Aussagen über *einzelne Personen* zu gelangen.

Weil invariante Beziehungen auf einfache Weise eine solide Basis für psychologische Interpretationen physiologischer Signale liefern könnten, wurden sie von vielen Psychophysiologen herbeigesehnt und von einigen sogar postuliert. Ihre hinreichende Begründung steht allerdings noch aus. Hinter der unbegründeten Annahme invarianter Beziehungen verbergen sich zwei große Gefahren. Erstens invalidiert – bei ausreichender Meßgenauigkeit – jede eindeutige Dissoziation zwischen den Vorhersagen aus psychologischen Konstrukten (begrifflich gefaßte Annahmengefüge; vgl. Herrmann & Stapf, 1971) und den physiologischen Meßergebnissen mindestens eine für invariant gehaltene psychophysiologische Beziehung; zweitens wird ein Erkenntnisfortschritt vorgetäuscht, falls vereinzelt auftretende Zusammenhänge als Bestätigung für eine tatsächlich falsche universelle Assoziationsannahme interpretiert werden.

Allzu leicht könnte nun, aufgrund einer Anhäufung von scheinbar widersprüchlichen Befunden, der Eindruck entstehen, in der Psychophysiologie gäbe es keine haltbaren Erkenntnisse zu gewinnen bzw. aus physiologischen Aufzeichnungen ließe sich prinzipiell keine theorienrelevante Information herausschälen. Auf diese Weise kann die Annahme, physiologische Vorgänge müßten über Personen, Situationen, Randbedingungen und die Zeit hinweg in einer Eins-zu-eins-Beziehung zum psychischen Geschehen stehen, eine ablehnende Haltung gegenüber der psychophysiologischen Perspektive zur Folge haben, obwohl sie uns einen bedeutenden Zugang zum Verständnis der menschlichen Psyche und ihrer Funktionen eröffnet. Möchten wir diesen psychophysiologischen Weg zur Erkenntnis beschreiten, dann ist es somit mehr als angebracht, gerade auf diese (situativen, kulturellen und differentiellen) Determinanten des psychophysiologischen Geschehens sowie insbesondere auf deren Interaktionen zu achten und die Psychophysiologie stärker in die experimentelle Wissenschaftslogik einzubinden (Zugang 2).

Wenn wir sagen, eine Untersuchung sei ein *Experiment*, dann meinen wir, daß sie wenigstens die vier nachfolgenden Charakteristika erfüllt: (1) In Experimenten werden bestimmte Bedingungen absichtlich hergestellt; (2) die hergestellten Bedingungen werden systematisch variiert; (3) durch den Vergleich verschiedener Beobachtungen oder Messungen wird der Einfluß dieser Variation auf wenigstens eine andere Größe festgestellt; (4) alle anderen Bedingungen versucht man zu kontrollieren, damit sie keinen systematischen Einfluß nehmen (s. Kap. 9.2.2). Beim Experimentieren spielen damit drei *Variablentypen* eine Rolle. Man nennt sie unabhängig, abhängig oder störend. Eine *unabhängige* Variable (UV) ist eine hergestellte und systematisch variierte Größe. Ihr Einfluß auf wenigstens eine andere Größe soll untersucht werden. Dazu wird sie in wenigstens zwei Abstufungen variiert. Eine *abhängige* Variable (AV) ist eine der Größen, deren Variation unter dem Einfluß der UV Gegenstand der Untersuchung ist. Jede andere Größe, die unbeabsichtigt einen Einfluß auf wenigstens eine erhobene AV hat, wird Störvariable (SV) genannt; ihre Wirkungen müssen kontrolliert werden, weil sie nicht selten eindeutigen Interpretationen der erhobenen Daten im Wege stehen.

Das Kernprinzip von Zugang 2, der experimentellen Methode also, ist somit das *Prinzip der isolierenden Bedingungsvariation*. Es beinhaltet die von Störfaktoren unabhängige Variation der interessierenden Bedingung(en). Wird dieses Prinzip verletzt, spricht man von einer *Konfundierung*. Verhindert wird die Konfundierung durch sorgfältige Kontrolle (s. Kap. 9.2.2). Kommt es in einer Untersuchung zur Konfundierung oder Vermischung von Wirkungen zwischen Einflußgrößen, dann sind die Ergebnisse der Untersuchung nicht mehr eindeutig interpretierbar. Zu verläßlichen wissenschaftlichen Erkenntnissen gelangt man demnach nicht durch bloßes Sammeln von Beobachtungen und versuchsweisen Verallgemeinerungen der vorgefundenen Beziehungen, sondern durch ein bestimmtes theorien- bzw. wissensgeleitetes Vorgehen, das Experiment. Welche Bedeutung dabei den Theorien zukommt, verdeutlicht ein einfaches Bild: »Die Theorie ist das Netz, das wir auswerfen, um ›die Welt‹ einzufangen, – sie zu rationalisieren, zu erklären und zu beherrschen. Wir arbeiten daran, die Maschen des Netzes immer enger zu machen.« (Popper, 1989, S. 31)

Die angesprochene experimentelle Methode hat zwei miteinander verbundene Grundfunktionen. Zum einen ist sie eine Methode zur Prüfung von Hypothesen (kritische Funktion, s. Kap. 9.2.1), zum anderen eröffnet sie die Möglichkeit zur Entdeckung neuer Tatsachen, zur Erforschung der Detailstruktur bereits bekannter Tatsachen sowie zur Erfindung neuer Hypothesen und Theorien (heuristische Funktion). Die Bedeutung dieses Zugangs zu Daten und Erkenntnissen kann gar nicht überschätzt werden. Selg et al. (1992) geben deshalb allen Zweiflern zu bedenken: »Jeder, der Experimente generell für irrelevant hält, muß schlicht gefragt werden, wie er sein Urteil begründet. Auf seine Antwort darf man gespannt sein, denn eigentlich unterstellt er, allwissend zu sein und somit Einsichten zu haben, die im Normalfall nur den Göttern des Olymp zugänglich sind.« (S. 64)

Doch kehren wir wieder zu unserem Ausgangsproblem zurück. Es muß keineswegs zu einer Aufgabe des möglicherweise utopischen Ziels führen, eines Tages invariante Beziehungen zu finden. Die Gründe für eine Beibehaltung des Ziels lieferte bereits Stevens:

»The scientist is usually looking for invariance whether he knows it or not. Whenever he discovers a functional relation between two variables his next question follows naturally: under what conditions does it hold?... The quest for invariant relations is essentially the aspiration toward generality, and in psychology, as in physics, the principles that have wide application are those we prize.« (Stevens, 1951, S. 20)

Ein wichtiges Hauptanliegen aller an der Psychophysiologie interessierten Personen besteht demnach darin, objektive Verfahren sowie einzelne körperliche Reaktionen kennenzulernen, mit deren Hilfe es auf einfache Weise möglich ist, unverfälschte, weitreichende und leicht anwendbare Informationen über die nicht direkt der Beobachtung zugänglichen psychischen Zustände und Zustandsänderungen zu erhalten (Zugang 1). Folglich orientieren sich die Forschungsstrategien der Psychophysiologen nicht selten an diesen Wünschen oder vermeintlichen Vorgaben.

Welche Möglichkeiten bestehen nun, um der Zielvorstellung von interpretationserleichternden einfachen Zuordnungen näherzukommen? Vor der Besprechung konkreter Maßnahmen erscheint es angebracht, kurz auf Konsequenzen einzugehen, die mit der Tatsache verbunden sind, daß nicht alle physiologischen Funktionsänderungen (nicht einmal alle Hirnzustände) mit psychischen Vorgängen assoziiert sind und aus theoretischer Sicht auch nicht sein müssen. Das Wissen um die Existenz dieser, aus psychologischer Sicht scheinbar irrelevanten physiologischen Vorkommnisse (z. B. zufälliger Fluktuationen und Reaktionsschwellenschwankungen oder lokaler homöostatischer Anpassungen) kann nämlich ebenfalls sehr hilfreich sein zur Ausräumung von Interpretationserschwernissen.

Zu einem ernsthaften Problem werden diese physiologischen Funktionsänderungen immer dann, wenn sie einen *systematischen* Einfluß auf die interessierende(n) Zielgröße(n) haben, wenn sie also zu einer Konfundierung mit mindestens einer Einflußgröße führen. Dies ist jedoch in der Regel (bei groß angelegten wissenschaftlichen Untersuchungen) nicht der Fall, da eine inhaltlich begründete Kovariation mit einer psychischen Einflußgröße – wegen der fehlenden Beziehung zu Psychischem – nicht auftreten kann. Wesentlich häufiger sind deshalb die Fälle, in denen es zu einem unsystematischen, also lediglich die Präzision betreffenden Einfluß kommt, der im Rahmen wissenschaftlicher Untersuchungen relativ leicht kontrolliert bzw. minimiert werden kann. Die Forderung nach einer Kontrolle dieser Störungen stellt sich in ungleich größerem Maße aber für das Vorhaben, *Schlußfolgerungen aus Einzelbeobachtungen* zu ziehen.

9.1.1 Maßnahmen im Umgang mit Mehrdeutigkeit aufgrund komplexer Beziehungen

Möchte man dennoch an Schlußfolgerungen aus Einzelbeobachtungen festhalten, z. B. zum Zwecke der psychophysiologischen Differential- und Individualdiagnose, dann bedarf es aber nicht nur präziser Messungen, sondern auch klarer Verhältnisse zwischen den physiologischen und den psychologischen Größen, die in Betracht kommen. Deshalb sollen nun kurz einzelne Maßnahmen vorgestellt werden, die geeignet erscheinen, eine Zuordnung zu erleichtern. Prinzipiell können alle psychophysischen Beziehungen durch eine Neudefinition dessen, was auf den beiden Seiten der Relation als Einheit in die Betrachtung eingehen soll, in eine einfachere, möglicherweise sogar in eine Eins-zu-eins-Zuordnung überführt werden: Das Problem hierbei ist nur, daß diese Bemühungen willkürlich bleiben, solange sie nicht von einer soliden Wissensbasis getragen werden. Alle Maßnahmen sollten also theoretisch untermauert und möglichst auch empirisch gesichert sein.

(1) Von psychologischer Seite her ist die Vereinfachung durch eine *Rekonzeptualisierung* ihrer Konzepte und Konstrukte möglich. Sie können präziser ein- bzw. abgegrenzt werden (z. B. indem Gültigkeitsbereiche und adäquate Operationalisierungen angegeben werden; vgl. Kap. 9.2.1). Selbst eine systematische Verknüpfung al-

ler eng miteinander verbundenen psychologischen Aspekte zu einem erweiterten Konstrukt kann von Vorteil sein. Auch können interindividuelle und transkulturelle Unterschiede in die Rekonzeptualisierungen einbezogen werden. Darüber hinaus kann es nicht schaden, bislang unbeachteten Determinanten aus den Randbedingungen, gänzlich neuen oder lediglich in einem anderen theoretischen Kontext abgehandelten Faktoren mehr Aufmerksamkeit zu widmen und sie ggf. in ihrer Wirkung zu thematisieren.

Nur müssen diese Bemühungen zur Neufassung psychologischer oder psychophysiologischer Konzepte und Konstrukte bei den Rezipienten nicht unbedingt auf Verständnis, Zustimmung oder wohlwollende Anerkennung stoßen (vgl. auch Kuhn, 1991). Dies ist auch unmittelbar verständlich, wenn man z. B. bedenkt, daß sie manchmal zu heuristisch nicht mehr sinnvollen »Superkonstrukten« oder aber zu »Miniaturkonzepten« führen, deren wissenschaftliche Bedeutungssphären in ihrer Bandbreite oder Enge zudem meist nicht mehr von dem privaten Erleben abgedeckt werden.

(2) Auf der physiologischen Seite können bekannte Reaktionen noch weiter spezifiziert oder unter Berücksichtigung ihrer charakteristischen Gestalt und zeitlichen Erstreckung in einem *Reaktionsprofil* (Charakteristik eines Veränderungsverlaufs oder einer Sequenz von Veränderungen) abgebildet werden; ebenso lassen sich verschiedene gemeinsam auftretende und gleichermaßen zuverlässig mit einem psychischen Faktor assoziierte Veränderungen zu einem *Reaktionsmuster* (Klasse oder Rangordnung gleichzeitig und gekoppelt auftretender Reaktionen in unterschiedlichen Systemen oder Teilsystemen) zusammenfassen. Selbstverständlich sind die beiden letztgenannten Strategien auch untereinander und mit den »klassischen« Vorgehensweisen verknüpfbar, wie mit der Bestimmung spezifischer Reaktionsparameter (z. B. Amplitude, Latenz, Anstiegs- und Erholungszeit) und der Ermittlung von Funktionskennwerten (z. B. prozentualer zeitlicher Anteil verschiedener Frequenzbänder innerhalb eines gewissen Zeitabschnitts). Nicht zuletzt besteht auch heute noch die durchaus berechtigte Hoffnung, über neue oder weiterentwickelte Methoden, Techniken und Verfahren eines Tages aufschlußreichere physiologische Kennwerte erarbeiten zu können.

Alle angeführten Maßnahmen teilen jedoch das Schicksal der weiter oben angesprochenen psychologischen Bemühungen. Obwohl sie prinzipiell dazu geeignet wären, komplexe Beziehungen zwischen einzelnen Teilen oder Komponenten des Psychischen und des Physischen *konzeptionell* zu vereinfachen, ist ihre Akzeptanz in Fachkreisen im allgemeinen recht gering. Die Hauptgründe hierfür sind zum einen in der nicht immer gegebenen Plausibilität einiger Maßnahmen zu suchen (z. B. wegen einer oftmals fehlenden biologischen oder physiologischen Begründung der Vorschläge), sie gehen zum anderen aber auch auf eine zum Teil unbegründete Skepsis gegenüber den dazu erforderlichen technischen Verfahren, Meßmethoden und Datentransformationen zurück. Ein Durchbruch ist in absehbarer Zeit nicht zu erwarten, denn die Rahmenbedingungen für methodische Forschung sind in der heutigen Psychophysiologie denkbar schlecht.

Ohne Zweifel sind aus diesen Gründen methodische Fortschritte von hoher Akzeptanz und Zweckmäßigkeit selten und derzeit noch am ehesten von Verbesserungen der physiologisch/biologisch orientierten Signalaufnahme und -verarbeitung zu erwarten. Möglicherweise wird auch die Entwicklung leicht handhabbarer mathematischer Modelle für komplexe Systeme positiv aufgenommen werden. Hilfreich ist zweifelsohne weiterhin ein multivariates Vorgehen, vorausgesetzt die verschiedenen physiologischen Messungen bzw. daraus abgeleiteten abhängigen Variablen werden gezielt eingesetzt. Gezielt eingesetzt meint hier ein an solidem methodischen und theoretischen Hintergrundwissen orientiertes, zum Zwecke der zusätzlichen Informationsgewinnung bzw. Ausschaltung von Störungshypothesen eingesetztes Vorgehen. Da jede Variable nur einen recht kleinen Ausschnitt der Realität erfaßt und zudem noch von spezifischen Störungseinflüssen heimgesucht wird, sollte es durch eine geeignete Auswahl von zusätzlichen Variablen gelingen, sich ein klares Bild von dem interessierenden Ausschnitt der Realität zu verschaffen. Beobachtet man beispielsweise eine elektrodermale Reaktion, ist sich aber nicht sicher, ob sie eine Orientierungsreaktion, Schreck, tiefes Einatmen oder eine grobe motorische Reaktion anzeigt, könnte man im EMG vom Musculus orbicularis oculi nach einem Hinweis für Schreck, über einen Atemgurt nach einem Hinweis für eine tiefe Atemreaktion und in einer Videoaufnahme der ganzen Person nach der groben motorischen Reaktion suchen, u. a. vorausgesetzt, die zusätzlichen Messungen vertragen sich mit den anderen unabwendlichen Messungen. Teilweise lassen sich bestimmte Störungen auch on line (direkt) durch den Einsatz von Filtern und off line (nachträglich) durch mathematische Verfahren aus dem Biosignal entfernen. Ein Beispiel für letzteres ist ein Programm zur Entfernung von Blinzel- und Augenbewegungsartefakten aus dem EEG.

Je angemessener und präziser die relevanten körperlichen Reaktionen, ihre Merkmale, Muster, Profile und Komplexe definiert, erfaßt und analysiert werden, desto größer wird – so lautet in etwa die dahinterstehende Auffassung – auch die Wahrscheinlichkeit, physiologische Variablen (Indikatoren) zu entdecken, die es ermöglichen, zuverlässig zwischen verschiedenen psychischen Phänomenen (wie einzelnen abgrenzbaren Emotionen; Informationsverarbeitungsaspekten, die zu Orientierungsreaktionen, nicht aber zu Schreck- oder Defensivreaktionen führen; etc.) und ihren Variationen zu differenzieren sowie deren An- *und* Abwesenheit zu diagnostizieren. Auf dem Weg dorthin wird man sich allerdings nicht allein mit Maßnahmen zur Präzisionserhöhung zufriedengeben dürfen, denn der Wert eines Indikators, d.h. seine Bedeutung für theoretische und diagnostische Belange, richtet sich letztendlich vor allem nach seiner Nützlichkeit. Eines gilt es zum Schluß dieser Erörterungen mit Nachdruck festzuhalten: In den geschilderten Problemen des Schließens unterscheidet sich die Psychophysiologie nicht von der üblichen Psychologie, nur waren und sind die Hoffnungen in sie weitaus größer.

9.2 Der Wunsch nach universeller Gültigkeit von theoretischen Sätzen und empirischen Befunden (Zugang 2)

Unabhängig von den eben angestellten Überlegungen zur konzeptionellen Vereinfachung komplexer Beziehungen können physiologische Reaktionen, die mit psychologisch relevanten situativen Aspekten (psychologischen Bedingungen) sensibel kovariieren, herangezogen werden, um Aufschluß über die vermittelnden psychischen Prozesse zu erhalten; vorausgesetzt, das Vorgehen ist erfahrungswissenschaftlich geleitet und orientiert sich streng am Kernprinzip der experimentellen Methode, dem Prinzip der isolierenden Bedingungsvariation. Das Grundsätzliche an dieser Vorgehensweise ist, daß Hypothesen aufgestellt, Bedingungen und Konsequenzen für deren Zutreffen abgeleitet und geprüft werden (vgl. schon Francis Bacon, 1620/1960).

9.2.1 Prüfung von Hypothesen

Dreh- und Angelpunkt der Forschung sind dabei die Hypothesen. Sie folgen typischen Wissenslücken oder genauer Problemen (Herrmann, 1984), die sich einem zu erkennen geben, sobald man versucht, bestimmte Sachverhalte mit Hilfe von Theorien oder lückenhaftem Hintergrundwissen zu erklären oder vorauszusagen. Fruchtbare Hypothesen haben in einem wissenschaftlichen Kontext eine Bedeutung* und sind mit objektiven empirischen Methoden überprüfbar (Brandtstädter, 1982).

Wenn deshalb gefordert wird, wissenschaftliche Hypothesen müßten nachprüfbar sein, so bedeutet dies allerdings nicht, daß sie sich auf einfach prüfbare Sachverhalte beziehen sollten. Um eine empirische Prüfung einer Hypothese zu ermöglichen, ist vielmehr zumeist eine Art »*Übersetzung*« oder Umsetzung der in ihr enthaltenen allgemeinen Begriffe erforderlich. Zur Veranschaulichung nehmen wir einmal an, ein Psychophysiologe möchte die Hypothese prüfen, daß »Kontrollverlust zu Streß führt«. Diese Behauptung unterstellt eine kausale Beziehung zwischen zwei theoretischen Begriffen: »Kontrollverlust« und »Streß«. Beides ist aber nicht direkt der Betrachtung zugänglich. Bevor die Hypothese geprüft werden kann, müssen deshalb zuerst die Begriffe in etwas direkt Herstell- oder Beobachtbares überführt werden. Eine Möglichkeit, um Kontrollverlust zu erzeugen, bestünde nun z.B. darin, Probanden eine scheinbar leichte, tatsächlich aber unlösbare Aufgabe zu stellen; Streß ließe sich z.B. mit Veränderungen in bestimmten kardiovaskulären Parametern, wie dem systolischen arteriellen Blutdruck, erfassen.

Die Forderung nach einer Nachprüfbarkeit von Hypothesen ist somit nicht gleichzusetzen mit der Forderung, die Hypothesen selbst müßten auf konkrete empirische Sachverhalte verweisen. Würde diese Forderung ernsthaft aufgestellt, so müßten alle Hypothesen der wissenschaftlichen Betrachtung entzogen werden, die nicht auf direkt beobachtbare Sachverhalte verweisen – nämlich alle, die theoretische Begriffe/Konstrukte (wie Ängstlichkeit, Risikofreude, etc.) mit »Bedeutungsüberschuß« (Herrmann & Stapf, 1971) enthalten.

Diese Hypothesen können jedoch, wie wir am Beispiel gesehen haben, indirekt über verschiedene abgeleitete *empirische Realisierungen* (häufig auch operationale Repräsentationen oder schlicht

---

* »Nur wenn sie ein Problem beantwortet – ein schwieriges, ein fruchtbares, ein interessantes Problem – nur dann kann eine Wahrheit, oder eine Hypothese, für die Wissenschaft relevant werden – oder vielleicht sogar ›voll und schwer‹.« (Popper, 1995, S. 175). Popper bezieht sich im letzten Teil dieser Textstelle auf einen Kinderreim von Wilhelm Busch: »Zwei mal zwei gleich vier ist Wahrheit. Schade, daß sie leicht und leer ist, denn ich wollte lieber Klarheit über das, was voll und schwer ist«. Die Erfüllung dieses Kriteriums ist in besonderem Maße auch für das zugrundeliegende theoretische System einzufordern.

Operationalisierungen genannt) an der Erfahrung überprüft werden. Was dann aber letztlich mit Hilfe der Erfahrung oder Evidenz, die aus Daten über direkt beobachtbare Sachverhalte besteht, geprüft wird, ist genaugenommen nicht die Hypothese selbst, sondern sind die aus der Hypothese und dem Hintergrundwissen abgeleiteten Implikationen, Prognosen oder empirischen Folgerungen (Sätze von geringerer Allgemeinheit).

Damit kann der Fall eintreten, daß beobachtete Befunde scheinbar gegen eine Hypothese sprechen, obwohl die Hypothese richtig ist, nur weil die sogenannten Operationalisierungen nicht gelungen sind. Ein Grund hierfür könnte sein, daß das für den Übersetzungsprozeß herangezogene Hintergrundwissen – gemeint ist die Gesamtheit des relevanten theoretischen, methodischen und empirischen Wissens – lückenhaft war. Schwerwiegender aber ist die Erkenntnis, daß die Übersetzung von theoretischen Konstrukten sowieso niemals perfekt, sondern immer nur partiell oder exemplarisch gelingen kann. Daraus folgt ein recht problematisches Verhältnis zwischen Empirie und Theorie bzw. theoretischen Konstrukten, das Herrmann treffend charakterisiert hat:

»Konfrontiert man solche Konstrukte mit Daten, so vermögen empirische Befunde diese Konstrukte allenfalls – in einer liberalisierten Fassung dieser Begriffe – zu ›stützen‹ oder zu ›bestätigen‹; man mag diese Konstrukte angesichts der Datenlage ›beibehalten‹; angesichts systematisch konfligierender Befunde mag man sie am Ende ›aufgeben‹ und durch andere Konstrukte ersetzen. Es besteht hier kein von der auch immer heuristisch inspirierten Entscheidung des Forschers oder der Forscher-Gemeinschaft unabhängiger Bewertungsautomatismus. Einfacher und unproblematischer stellt sich das ›Theorie-Empirie-Verhältnis‹ zumindest in der Psychologie bei realistischer Einschätzung nun einmal nicht dar. (Dies einzusehen, hat jeder noch vor sich, der einstweilen nur ›Fakten sammelt‹ und irgendwann einmal nicht dabei bleiben will.)« (Herrmann, 1983, S. 90)

Es ist deshalb stets sinnvoll, einmal erhaltene Befunde einer *konzeptionellen oder begrifflichen Replikation* (Carlsmith et al., 1976) zu unterziehen; d.h. zu überprüfen, ob die Befundlage erhalten bleibt, wenn mit anderen theoretisch-konzeptionell aber gleichermaßen angemessenen Operationalisierungen gearbeitet wird – wenn die theoretischen Begriffe also in andere zulässige empirische Begriffe übersetzt worden sind (vgl. auch Bredenkamp, 1979, S. 279–283). Sollte sich eine Hypothese auch dann noch bewähren, hätte unser Wissen eine große Bereicherung erfahren, denn nur so »vermag eine immer größere Menge von ›Blut‹ an empirischer Realität in die höheren Gefilde der Theorie hineinzufließen« (Stegmüller, 1974, S. 312). Derartige Replikationen sind insbesondere aber dann dringend erforderlich, wenn sich die Vermutung aufdrängt, die Hypothese könnte möglicherweise nur für bestimmte Realisierungen gelten.

Ergeben sich durch die konzeptionelle Replikation unterschiedliche Resultate im Hinblick auf die Gültigkeit der Hypothese, dann muß es dafür einen Grund geben. Dieser kann auf der theoretischen und/oder auf der empirischen Seite verborgen sein; er kann aber auch in der Überführung der theoretischen Aussagen in überprüfbare empirische Vorhersagen liegen. Es wäre deshalb unakzeptabel, eine begründete Hypothese oder gar die zugrundeliegende Theorie umgehend zu verwerfen. Sinnvoller ist es, dies erst einmal zum Anlaß für eine Fehlersuche zu nehmen. In einem nächsten Schritt könnte man an eine Neuabgrenzung oder Ausdifferenzierung der in der Hypothese enthaltenen sowie ihnen zugeordneten theoretischen Begriffe denken. (Schon Mark Twain soll treffend bemerkt haben: »Der Unterschied zwischen dem richtigen Wort und dem beinahe richtigen ist derselbe wie zwischen dem Blitz und dem Glühwürmchen«.) Ebenso kann es angebracht sein, die Zuordnungsregeln von theoretischen zu empirischen Begriffen (Stegmüller, 1974, S. 308–319) zu überdenken und ggf. zu ändern. Ein Beispiel für die letztere Maßnahme ist der Vorschlag, die möglichen empirischen Repräsentationen des theoretischen Begriffs der Habituation auf jene beobachtbaren Reaktionsabschwächungen einzuschränken, welche unter spezifischen Bedingungen auftreten *und* einem typischen (exponentiellen) Verlauf folgen (vgl. Vossel & Zimmer, 1989a,b; sowie Kap. 11.4). Durch derartige Präzisierungen kann der Operationalisierungsspielraum eingeschränkt und eine strenge Prüfung von Hypothesen erleichtert werden. Sinnvoll ist zudem eine Strategie, die Gadenne (1987, S. 196) vorgeschlagen hat: Sollte man nicht entscheiden können, ob die Aussagen der Theorie oder aber die zusätzlichen Aussagen (Hilfshypothesen), die speziell zur Operationalisierung herangezogen wurden und nicht aus der zu prüfenden Theorie stammen müssen, falsch sind, kann man eine »heuristische Annahme« darüber machen, bei welcher Aussage der Fehler liegt, kann diese Aussage durch eine andere ersetzen und dann neue Vorhersagen treffen. Dieses Verfahren wird fortgesetzt, bis bessere Vorhersagen zuverlässig erzielt werden. Es ist mit dieser Strategie vereinbar, im Falle einer Fehlprognose vorläufig an der zu prüfenden Aussage der Theorie festzuhalten und eine Ersetzung anderer Annahmen zu erproben, wie z.B. die Operationalisierung in Frage zu stellen.

Alle Maßnahmen sollten jedenfalls wohlüberlegt erfolgen. Zuvor gilt es herauszufinden, ob die in Frage stehenden Befunde überhaupt verläßlich sind. Hierzu muß ernsthaft überprüft werden (möglichst anhand unabhängiger Evidenz), ob in allen relevanten Fällen die angestrebten Bedingungsvariationen auch in theoriegerechter und beabsichtigter Weise wirksam waren und ob die zur Prüfung der Hypothese herangezogenen Beobachtungsverfahren, Messungen sowie sonstigen Methoden tatsächlich theorierelevant ausgewählt und einwandfrei angewendet worden sind.

Zu welchem Schluß wir bei diesen Überprüfungen auch immer kommen mögen, die etwas kritischere Betrachtung des Verhältnisses von Daten zu Konstrukten schützt uns auf jeden Fall davor, eine wissenschaftliche Hypothese vorschnell aufgrund des Ergebnisses einer einzigen empirischen Untersuchung als eindeutig falsifiziert oder gut bewährt zu bezeichnen.

9.2.2 Kontrolle

Die Kontrolle gilt wegen der Schwierigkeiten beim Isolieren der interessierenden Bedingungen als das *fundamentale Gütekriterium* empirischer Untersuchungen. Perfekte Kontrolle bzw. interne Validität (Campbell & Stanley, 1963) ist in der Regel nicht zu erreichen und somit nur ein unrealistisches, aber anstrebbares Ziel, das wir jedoch verfolgen müssen, um zu einigermaßen haltbaren Schlußfolgerungen aus Daten zu gelangen. Sorgfältige Kontrolle ist deswegen das grundlegende Minimum, ohne das aus wissenschaftlicher Redlichkeit heraus Daten nicht mehr oder nur mit äußerster Vorsicht interpretiert werden sollten.

Unter wissenschaftlichen *Kontrolltechniken* versteht man nun Maßnahmen, die begründete, intersubjektiv vertretbare Interpretationen von Daten ermöglichen und eine strenge Prüfung von Hypothesen und Theorien fördern können. Das planmäßige Herstellen und Variieren der interessierenden Bedingungen haben wir bereits als eine notwendige Voraussetzung hierfür kennengelernt. Weitere Techniken sind: Konstanthaltung, Randomisierung, Parallelisierung und Ausbalancieren. Sie alle folgen dem übergeordneten Prinzip der isolierenden Bedingungsvariation.

Konstanthaltung meint sowohl ein übergeordnetes Prinzip, nämlich die Nivellierung von Störeinflüssen, als auch eine konkrete Kontrolltechnik (wie z. B. das Einstellen der Raumtemperatur auf einen bestimmten Wert). Verstanden als Technik, ermöglicht die *Konstanthaltung* eine Kontrolle all jener Einflüsse aus Randbedingungen oder aus bekannten Störquellen, welche ansonsten über eine Kovariation mit einer UV systematische Auswirkungen auf die jeweils interessierende AV zur Folge haben könnten. Folgt sie dem

Prinzip der isolierenden Bedingungsvariation, dann dient sie der Realisierung reiner experimenteller Bedingungen. Konstanthaltung wird darüber hinaus zur Erhöhung der Präzision einer Untersuchung (Bredenkamp, 1969) eingesetzt.

Sieht man in der Konstanthaltung das übergeordnete Prinzip, dann kann Konstanz (von Wirkungen) sogar unter variierenden Umständen erreicht werden (wie z. B. im Fall der weiter unten angesprochenen Randomisierung). Wichtig ist nur noch, daß die *Auswirkungen* bekannter wie auch unbekannter Störvariablen unter allen Stufen der zu untersuchenden Bedingungen annähernd gleich sind. Konstanthaltung erweist sich bei genauerer Betrachtung also als das Belassen von vorgefundenen Verhältnissen oder Bedingungskonstellationen und als das Herstellen von solchen. Im letzteren Fall kann die Konstanthaltung sogar zu einem Sonderfall der systematischen Bedingungsvariation werden. Ein Beispiel hierfür ist die übliche Kontrolle durch Gleichverteilung bei der Zuweisung von Frauen und Männern zu den Bedingungen einer Untersuchung.

Trotz der offenkundigen Vorzüge einer Kontrolle durch einfaches Konstanthalten sind mit ihrer Anwendung aber auch Gefahren verbunden. Dies soll an einem Beispiel veranschaulicht werden: Kontrolliert man unerwünschte systematische Einflüsse, die mit dem Geschlecht der Versuchsteilnehmer deutlich kovariieren, über eine Beschränkung der Untersuchung auf Träger eines Geschlechts, so kann dies gleichzeitig mit einer eingeschränkten Gültigkeit der Untersuchungsergebnisse verbunden sein. Man spricht an dieser Stelle auch von Gefahren für die externe Validität (Campbell & Stanley, 1963; Cook & Campbell, 1979). Diese Form der Gültigkeit von Befunden ist immer dann eingeschränkt, wenn durch Kontrolltechniken Umstände geschaffen werden, die erst die Effekte ermöglichen (unter einem Effekt wird hier die statistisch signifikante Auswirkung einer Bedingungsvariation verstanden). Oder anders ausgedrückt: Befunde sind zwangsläufig nur gültig oder akzeptabel interpretierbar im Rahmen der Umstände, unter denen sie auftreten. Derartige Probleme durch Konstanthaltung sind in der Psychophysiologie weit verbreitet. Viele Phänomene wären ohne sie nie entdeckt worden. Ein ähnlich gelagertes Problem kann sich ergeben, wenn man an einer psychophysiologischen Größe als AV interessiert ist, die sehr sensibel auf die verschiedensten körperlichen Prozesse reagiert. Möchte man beispielsweise der Frage nachgehen, ob die auf einen neuartigen Reiz erfolgende Neuorientierung und Steigerung der Aufmerksamkeit (eine Komponente der Orientierungsreaktion; vgl. Kap. 11) kardial durch eine HR-Dezeleration gekennzeichnet ist, muß oder wird man zur Vermeidung von Konfundierungen mit der HR-steigernden Wirkung grob- und feinmotorischer Muskelaktivität den Reiz so darbieten, daß keine unwillkürliche motorische Hinwendung zur Reizquelle erfolgt. Als Begleitmaßnahme empfiehlt sich zudem eine Versuchsinstruktion, die willkürlichen Bewegungen vorbeugt. Damit hat man aber sehr restriktive Rahmenbedingungen geschaffen, die es nun z.B. nicht mehr gestatten, eine tatsächlich auftretende HR-Dezeleration auch als einen Hinweis auf eine erfolgte Orientierungsreaktion im allgemeinen Sinne zu interpretieren, geschweige denn die HR-Dezeleration als einen Indikator dieser OR zu bezeichnen. Demzufolge ist es gleichfalls nicht mehr möglich, Aussagen zur OR im allgemeinen Sinne streng zu prüfen. Zu den zentralen, weithin anerkannten Kriterien einer OR im allgemeinen Sinne gehört nämlich seit Pawlow (1953a,b) die bei dieser Vorgehensweise unterbundene motorische Hinwendungsreaktion (vgl. Kap. 11.1).

Probleme, die erst durch die Anwendung der Technik der Konstanthaltung entstehen, entfallen bei Anwendung der *Randomisierung*. Sie eignet sich besonders zur Kontrolle von Variablen, deren Wirkungen unzertrennlich mit Personenmerkmalen verknüpft sind. Eine Nivellierung dieser (potentiellen) Störeinflüsse wird im Normalfall schon erreicht, indem: (a) die Personen weitgehend zufällig ausgewählt werden; (b) die Personen zufällig den Bedingungen zugewiesen werden; und (c) die Untersuchung an einer etwas größeren Stichprobe durchgeführt wird.

Die Wirkungen bekannter und unbekannter Personenvariablen werden hierdurch nivelliert, weil sie sich (zumindest in genügend großen Stichproben) unter jeder experimentellen Bedingung zufällig (d.h. normal) verteilen um einen Mittelwert von Null. Es handelt sich hierbei um die Wirkungen der sogenannten Organismus- (Alter, Geschlecht, Körpergröße, Trainingszustand usw.) und Subjektvariablen (Ängstlichkeit, Geschicklichkeit, Risikobereitschaft usw.). Damit dient die Randomisierung nicht nur dem Prinzip der Konstanthaltung von Wirkungen, sondern ist der zuvor besprochenen Technik der Konstanthaltung sogar deutlich überlegen, weil sie im Gegensatz zu dieser keine »Nebenwirkungen« haben kann. Ein weiterer entscheidender Vorteil der Randomisierung ist, daß gleichzeitig die Wirkungen *zahlreicher* (auch unbekannter) Einflußgrößen weitgehend perfekt kontrolliert werden können. Allein schon diese Möglichkeit wiegt ihre ökonomischen Nachteile vollständig auf – sie greift nämlich nur dann perfekt, wenn große Stichproben gezogen werden – und läßt sie zumindest in begrenztem Rahmen zur Kontrolltechnik der Wahl werden.

Der Randomisierung sind aber leider nicht nur ökonomische

Grenzen gesetzt, wie es auf den ersten Blick erscheinen mag, sondern auch noch andere, wie das nachfolgende Beispiel zeigen soll. Möchten wir bestimmte körperliche Messungen speziell an Frauen vornehmen, z.B. zur Untersuchung einzelner, vom Menstruationszyklus und mentalen Belastungen abhängiger Veränderungen in der Dynamik des kardiovaskulären Systems, werden wir uns aufgrund ethischer Überlegungen zwangsläufig für einen oder mehrere weibliche Versuchsleiter entscheiden müssen. Wir haben dann nur noch die Möglichkeit, bei der Auswahl und Zuweisung der weiblichen Versuchsleiter zu randomisieren. In einer ähnlichen Zwangslage sind wir, wenn verschiedene Laborräume nur zur selben Zeit zur Verfügung stehen oder wenn nur auf ein einziges Labor zurückgegriffen werden kann. Aus diesen und ähnlichen sehr verständlichen Gründen wird meist mit einer Kombination aus verschiedenen Kontrolltechniken gearbeitet. Dazu gehört auch die Parallelisierung.

Parallelisierung wird angewendet, wenn eine »vollständige« Randomisierung bei der Auswahl und Zuweisung von Versuchsteilnehmern unmöglich oder nicht praktikabel ist. Sie dient ebenfalls der Realisierung vergleichbarer Versuchsgruppen. Sind die experimentellen Gruppen unter Anwendung der Randomisierung gebildet worden, so nehmen wir an, daß sich mit der zufälligen Auswahl und Zuteilung der Versuchsteilnehmer alle Besonderheiten gleichmäßig auf die Gruppen verteilen. Sicher können wir aber erst bei (unrealistisch) großen Stichproben sein. Um nun der Gefahr unterschiedlicher Ausgangslagen bei kleineren Gruppen zu entgehen, wendet man die Parallelisierung an. Ein Beispiel: Sollen Personen mit sehr unterschiedlicher Schulbildung an einem psychophysiologischen Experiment zum Problemlösen unter emotionaler Belastung teilnehmen, so könnte man sich behelfen, indem man die Schulabschlüsse der Personen bei ihrer Zuweisung zu den experimentellen Gruppen berücksichtigt.

Es ist allerdings unmittelbar einsichtig, daß wir Gruppen nur hinsichtlich bekannter Größen parallelisieren können. Nicht zu empfehlen ist die Verwendung zahlreicher Variablen zur Parallelisierung. Gleichzeitig werden wir kaum eine größere Anzahl von Variablen zur Parallelisierung heranziehen können, ohne ihre Vorzüge gegenüber der Randomisierung zu verlieren. Vorsicht ist zudem geboten, wenn für die Parallelisierung Vortests notwendig sein sollten, da durch einen Vortest z.B. die Sensibilität oder Empfänglichkeit der Versuchsteilnehmer gegenüber einer UV gesteigert werden kann. Die an einer Stichprobe voruntersuchter Personen gewonnenen Ergebnisse wären dann hinsichtlich der Wirkweise dieser UV nicht mehr repräsentativ für eine nicht voruntersuchte Population.

Das Konstanthalten von Randbedingungen (wie bei der Konstanthaltung von Ort und Zeit der Versuchsdurchführung) ist, wie bereits erwähnt, der einfachste Fall des Konstanthaltens von Wirkungen. *Ausbalancieren* hingegen erreicht Wirkungskonstanz und Gleichverteilung bestimmter Störeinflüsse über die interessierenden Bedingungsvariationen durch eine systematische Variation von Randbedingungen, damit sich deren Störwirkungen gegenseitig aufheben. Die Betonung liegt hierbei auf der systematischen, vom Experimentator hergestellten Variation der Randbedingungen. Sie unterscheidet sich durch diese Charakteristik von der Randomisierung, die von sich aus, und zwar über eine natürlich vorliegende Variation in zahlreichen Störgrößen, zu einer Nivellierung deren Wirkungen führt.

Die Technik des Ausbalancierens wurde speziell entwickelt, um bei wiederholten Messungen an denselben Personen Zeit- und Sequenzeffekte ausschalten zu können. Unter einem Zeiteffekt versteht man die Auswirkung der Meßzeitpunkte bzw. hiermit verbundener Phänomene auf die Messungen. Sequenzeffekte kommen dagegen durch eine nicht vollständig ausgewogene Abfolge der intraindividuell variierten Bedingungen zustande. Die beste Kontrolle dieser Effekte wird erreicht, indem die Abfolgen so gewählt werden, daß jede Bedingungsvariante gleich oft vor und hinter allen anderen vorkommt (vollständiges Ausbalancieren); dieses Verfahren ist allerdings nur begrenzt anwendbar.

9.3 Der Wunsch nach universeller Gültigkeit *und* praktischer Relevanz von Befunden: »Per aspera ad astra« (Zugang 3)

Theorien werden nicht einfach entworfen und geprüft, um in Büchern und Zeitschriften zu »verstauben«. Sie haben allesamt einen mehr oder weniger deutlichen Praxisbezug. Es ist deshalb auch nicht verwunderlich, von namenhaften Theoretikern immer wieder zu hören: »Nichts ist praktischer als eine gute Theorie«. Nur welche Praxis ist hiermit gemeint? Es kann sich wohl kaum um das alltägliche Leben handeln. Obwohl, uns allen ist bekannt, daß gerade Psychologen immer wieder aufgefordert werden, Stellungnahmen zu alltäglichen Problemen (insbesondere einzelner Personen) abzugeben sowie weitreichende Vorhersagen und Prognosen zu wagen, lange bevor sie mit gebührender Gründlichkeit strengen Prüfungen unterzogen werden konnten. Immer wieder sind deshalb Stimmen laut geworden, die forderten, Forschung müsse verstärkt praxisnahe

Ergebnisse anstreben, deren Wert man an ihrer universellen Gültigkeit und Nützlichkeit zur Lösung von Fragen unserer Zeit erkennen soll.

Mit diesem Anspruch stehen wir jedoch vor einem scheinbar unlösbaren Problem. Zur Wahrung des *Geltungsanspruchs* einer wissenschaftlichen Theorie oder Hypothese muß lediglich gefordert werden, daß die Rahmenbedingungen einer Untersuchung zu denjenigen gehören, für die mit theoretischer Unterstützung eine Aussage gemacht werden soll. Dieses Repräsentativitätsproblem ist sehr leicht in den Griff zu bekommen. Wie aber soll eine solche Untersuchung auch noch das Kriterium der *praktischen Relevanz* erfüllen, wenn darunter die Repräsentativität einer Untersuchung für eine bestimmte Praxis (Bredenkamp, 1979, S. 285) verstanden wird.

Basis und Konsequenz der ersten Repräsentativitätsform ist eine Forschung, wie wir sie bereits kennengelernt haben: theorien- bzw. hintergrundwissengeleitet und letztlich verbindliche, gültige Aussagen anstrebend. Im dahinterstehenden Streben nach »guten« Theorien ist diese Forschung eine Grundlagenforschung von hoher theoretischer Relevanz. Die Konsequenz aus der Forderung nach praktischer Relevanz ist hingegen eine »angewandte« Forschung, in deren Mittelpunkt nicht mehr die strenge Theorienüberprüfung und folglich theoretische Orientierung bei der Planung steht, sondern die realistische Abbildung der jeweiligen Praxisfelder und die Klärung ihrer jeweiligen Fragen. Fragen, die sich vornehmlich um die Wirksamkeit und das Kosten-Nutzen-Verhältnis bestimmter Verfahren oder Maßnahmen drehen, z. B. derart, ob ein bestimmtes Curriculum im Unterricht von Gymnasiasten einer bestimmten Klasse weniger mit körperlichem Streß verbunden ist als ein anderes, ebenso erfolgreich anwendbares.

Praktische Relevanz wird zumeist mit einer erheblichen Einschränkung von Kontrollmöglichkeiten erkauft, die das Risiko, falsche Schlüsse aus den Beobachtungen zu ziehen, dramatisch erhöhen kann. Abgesehen davon sind die Befunde aus einer nicht theoriengeleiteten, weil lediglich auf praktische Relevanz abgestellten Untersuchung, entgegen landläufigen Vorstellungen, die eine besonders breite oder auch universelle Gültigkeit nahelegen, nur gültig für die untersuchten Individuen sowie die tatsächlich vorgefundenen oder selektierten Bedingungen und Umstände, weil ihre Verallgemeinerung mit einem logisch nicht gerechtfertigten induktiven Schluß behaftet wäre. Streng rational dürfen wir nicht über diese Grenzen hinaus folgern. Ein solcher Schluß kann sich ja immer als falsch erweisen! Allerdings sind wir in der Tat nicht selten auf eine einstweilige, vage empirische Generalisierung angewiesen,

z. B. wenn wir gänzlich neue Hypothesen, Konzepte oder Konstrukte generieren wollen. Wir betrachten diese dann aber noch nicht als logisch begründete, bewährte oder gar wahre Antworten auf vorherige Fragen, sondern als forschungsleitende Ideen, die ihre Nützlichkeit erst in strengen, unabhängigen Nachprüfungen unter Beweis stellen müssen.

Es wäre daher ein großer Fehler, die traditionelle Forschung mit ihren Möglichkeiten und eindeutigen Vorzügen aufzugeben (s. auch Selg et al., 1992, S. 63–65). Vielmehr stellt sich die Frage, auf welchem Wege diese, nicht auf praktische Relevanz ausgerichtete wissenschaftliche Forschung dennoch zu verwertbaren Ergebnissen für die Praxis führen kann. Gadenne hat hierzu einen gangbaren Weg aufgezeigt:

»Die Lösung praktischer Probleme erfolgt hier nicht in der Weise, daß Daten unmittelbar auf die Anwendungssituation übertragen werden, sondern folgendermaßen: Aus bewährten Theorien werden technologische Aussagen abgeleitet. Dies sind Sätze, die besagen, welche Maßnahmen man ergreifen muß, um bestimmte erwünschte Ereignisse eintreten zu lassen, oder um bestimmte unerwünschte Ereignisse zu vermeiden. Die Anwendung einer technologischen Aussage wird durch die Bewährung der Theorien, aus der sie abgeleitet wurde, gerechtfertigt. Die Bewährung dieser Theorien ist das Ergebnis strenger Prüfungen. ›Übertragungen‹ von Untersuchungsergebnissen auf die Praxis erfolgen also über Theorien. Dies macht eine Übereinstimmung der Untersuchungssituation mit der praktischen Situation überflüssig.« (Gadenne, 1976, S. 80)

Warum wird praktisch relevante Forschung dann überhaupt noch betrieben, könnte man nun fragen. Ohne Zweifel stellt sie eine sinnvolle Ergänzung zur streng kontrollierten experimentellen Forschung dar. Beide gehen zumindest zeitweilig Hand in Hand: »Die kontrollierte experimentelle Forschung stellt... die Theorie auf eine strenge Bewährungsprobe; bewährte Theorien leiten die praktisch relevante Feldforschung, die einen Beitrag zur Beantwortung der Frage liefert, ob die Theorie auf die Lösung praktischer Probleme anwendbar ist.« (Bredenkamp, 1979, S. 286–287)

Die Breite der Anwendbarkeit von Theorien ist damit zu einem zentralen Forschungsgegenstand geworden. Westmeyer spricht sich zudem nachdrücklich dafür aus, bereits bei der Formulierung der Theorien ihre »intendierten Anwendungen« als einen eigenen Bestandteil aufzunehmen und »von der Idee einer allgemeinen Gültigkeit bzw. Anwendbarkeit wissenschaftlicher Theorien (und Hypothesen) Abschied zu nehmen« (1982, S. 72). Theorien würden somit zu nützlichen Werkzeugen, die geeigneter Handhabungen bedürfen. Gelingt es auch nach mehrmaligen Versuchen nicht, eine geeignete

Anwendungsform des Werkzeugs für einen bestimmten Einsatzbereich zu finden, dann wird dieser Einsatzbereich aus der Menge der intendierten Anwendungen des Werkzeugs ausgeschlossen:

»Es wäre natürlich unsinnig, deshalb das Werkzeug generell für unbrauchbar zu erklären und seine weitere Verwendung zu verbieten. Das kann man vernünftigerweise erst dann tun, wenn man über ein anderes Werkzeug verfügt, das für alle Kontexte, in denen das alte brauchbar ist, ebenso geeignet ist und außerdem noch in solchen Bereichen erfolgreich einsetzbar ist, in denen das alte versagt hat. Gäbe man das alte Werkzeug schon auf, bevor man ein neues gefunden hat, wäre man ja selbst in den Kontexten hilflos, in denen sich das alte bisher bewährt hat.« (Westmeyer, 1982, S. 73)

Die Forderung nach praxisrelevanter Forschung aufzugreifen und mit geeigneten Theorien, ihrer strengen Prüfung und versuchsweisen, kontrollierten Anwendung zu beantworten, ist so gesehen ein vielversprechender Weg hin zu relevanter und nützlicher theoretischer Klarheit.

Teil III: Zentrale psychophysiologische Konzeptionen

Im Mittelpunkt des dritten Teils stehen ausgewählte psychophysiologische Konzeptionen. Ausführlich behandelt werden die Konzepte Aktivation, Orientierungsreaktion und Streß, die seit ihren ersten Formulierungen im Zentrum des psychophysiologischen Interesses stehen. Über weitere Konzepte in der Psychophysiologie informieren z.B. Coles et al. (1986), Cacioppo und Tassinary (1990b) sowie Hugdahl (1995).

10. Aktivation

10.1 Begriffsbestimmung

Psychophysiologie ist längerfristig ohne eine durchdachte und empirisch gut geprüfte Aktivationskonzeption undenkbar. Braucht man in dieser Disziplin doch eine klare Vorstellung von den »ungerichteten« Grundlagen für Emotionen oder für körperliche und mentale Leistungen. Ebenso unverzichtbar ist eine solche Konzeption zum Verständnis der organismischen Anpassungen an aktuell gegebene oder antizipierte Umweltanforderungen. Zur Zeit dominieren noch Analogien, Metaphern und erste einfache Konzepte. Die Suche nach einer geeigneten, ausgefeilten Theorie ist aber nie aufgegeben worden.

Es mag überraschen, aber dieser Mißstand hat die Forschung über weite Strecken nicht aufgehalten, sondern durchaus gefördert. Bildhafte Übertragungen können mit ihrer überzeugenden Anschaulichkeit selbst in einem naturwissenschaftlich orientierten Forschungsbereich einen großen Wert für die Gewinnung eines forschungsleitenden Vorverständnisses über den zu studierenden Gegenstand haben. Sie bieten dem strengen wissenschaftlichen Denken eine anschauliche Vororientierung; sie erleichtern der wissenschaftlichen Phantasie den Ausgriff auf Neues durch den Rückgriff auf Vertrautes; sie sind hinreichend vage, um die Generierung forschungsleitender Hypothesen zu stimulieren, aber nicht allzusehr zu beengen; und sie erleichtern eine schnelle Verständigung über das eigentlich Gemeinte (Weinert, 1987, S. 12). Aber genauso, wie Metaphern der wissenschaftlichen Analyse den Weg leuchten, lassen sie Wesentliches im Dunkeln und können den Fortschritt im wissenschaftlichen Erkenntnisprozeß auch behindern.

Deshalb wird noch heute nach einer angemessenen Konzeption über die Bedingungen, die Regulation, die Kontrolle und die Wirkungen von Stoffwechselenergie benötigenden Anpassungsleistungen des Organismus gesucht. Einen Namen hierfür haben wir bereits: *Aktivation*. Es fehlt uns nur noch eine klar umrissene und allgemein akzeptierte Vorstellung davon. Beliebt ist noch immer die alte Metapher der Anregung. Bedingt durch innere und äußere Reize soll der Organismus in einen »angeregten Zustand« versetzt werden, von dem aus mehr Leistung erbracht werden kann. Den angeregten Zustand wollen wir in Übereinstimmung mit Fahrenberg (1983) *Aktiviertheit*, den Prozeß der Anregung *Aktivierung* nennen. Andere Autoren verwenden hierfür (mit leicht abweichender Bedeutung) die Begriffe Aktivation und Arousal. Sogar eine sehr spezifische Bedeutung der Begriffe Aktivation und Arousal ist eingeführt worden. Unter Aktivation verstehen Pribram und McGuinness (1975) eine motorische Vorbereitung bzw. die Umsetzung von Erwartungen und Plänen in eine erhöhte Reaktionsbereitschaft. Arousal dient nach ihrer Auffassung zur Fokussierung der Aufmerksamkeit, zur Auslösung von Orientierungsreaktionen sowie zur unmittelbaren Verhaltenskontrolle. In der Literatur ist aber auch ein weitgehend synonymer Gebrauch der Begriffe Aktivation und Arousal zu finden. Beide Begriffe beschreiben dann meist sowohl den Zustand als auch den Prozeß. Wir wollen von Aktivation reden, wenn beide Aspekte gemeint sind.

Methodische Probleme, die sich bei der empirischen Trennung von Aktiviertheit und Aktivierung oder der zustandsunabhängigen Erfassung einer Aktivierung ergeben, sollen in diesem Kapitel ausgeklammert werden. Sie gelten als besonders knifflig (vgl. Fahrenberg, 1983; Foerster, 1995; Stemmler & Fahrenberg, 1989), und die Psychophysiologie ist noch weit davon entfernt, sie alle einer einvernehmlichen Lösung zuführen zu können. Wir wollen deshalb an dieser Stelle der Einfachheit halber so tun, als ob wir alle diese methodischen Probleme im Griff hätten, damit wir uns inhaltlichen Fragen widmen können.

Auffällig ist am Umgang mit unserer Metapher eine Simplifizierung der beobachtbaren oder bereits verfügbaren Informationen über körperliche Prozesse. Offensichtlich lädt sie geradezu magisch zu verschiedenen einfachen Vorstellungen ein. Lassen wir uns einmal auf diese ein. Da ist *zum einen* die Vorstellung von einem eindimensionalen Kontinuum, das im Sinne einer Intensitätsdimension von extrem niedriger (etwa im tiefen Koma) bis zu extrem hoher Aktiviertheit (etwa bei panikartiger Erregtheit) reicht und sich in den verschiedensten körperlichen Ableitungen (wie im Elektroenzephalogramm, Elektrokardiogramm und Elektromyogramm), in endokrinologischen und stoffwechselphysiologischen Messungen sowie in Verhaltens- und Erlebensweisen gleichermaßen, ja sogar gleichgerichtet zeigt (»Fuß-auf-dem-Gaspedal-Metapher«). Da ist *zum anderen* die Vorstellung einer in Grenzen linearen Beziehung zwischen dem Aktivationsgrad und objektiven Leistungen. Da ist *des weiteren* nicht selten die Vorstellung, unterschiedliche Anforderungen oder Reize müßten auf vergleichbare und invariante Art und Weise diese Zustände und Zustandsänderungen hervorrufen. Dies mag fürs erste genügen. Der Reihe nach sollen erst einmal die Implikationen dieser drei Vorstellungen behandelt werden.

10.2 Aktivation als eindimensionales Kontinuum

Nun ist es zwar plausibel, Aktivierung als einen eindimensionalen Vorgang aufzufassen (vgl. Duffy, 1951, 1957, 1972; Malmo, 1959), nur müssen sich resultierende Funktionsänderungen keineswegs in allen nur denkbaren Messungen oder Beobachtungen zeigen, und schon gar nicht müssen sie gleichgerichtet sein (vgl. schon Darrow, 1929, für geschichtlich frühe Hinweise, oder Cacioppo et al., 1992, für eine moderne Aufarbeitung; vgl. auch »directional fractionation of response«: Lacey, 1967; sowie »operating characteristics of physiological systems«: Lader, 1975, S. 212). Gründe gegen diese einfache Annahme gibt es viele. Die jeweils betrachteten Variablen, wie u. a. Herzschlagfrequenz, Blutdruck und Hautleitfähigkeit (manchmal auch Reaktionssysteme genannt), können sehr unterschiedlich auf eine Anregung ansprechen sowie untereinander oder von anderen, gerade nicht betrachteten Variablen oder Faktoren abhängig sein. Das unterschiedliche Ansprechen kann sich in der Lage der Reaktionsschwelle, der Sensibilität für überschwellige Anregungen und in der Lage der natürlichen Obergrenze, ab der die Reaktionsstärke nicht mehr weiter zunimmt, zeigen. Systemische Abhängigkeiten können einfacher und komplexer Natur sein. Wohlbekannt sind vor allem die einfachen Formen wie bei der respiratorischen Sinusarrhythmie oder dem Abgleich zwischen Blutdruck und HR. Funktionssysteme können aber auch einseitig oder vollständig unabhängig voneinander sein. Es wäre beispielsweise absurd zu erwarten, parallel zur Vorbereitung der Muskulatur auf eine sportliche Leistung müßte die sexuelle Erregung ansteigen, wenngleich es umgekehrt durchaus noch einen Sinn ergibt. Hierbei handelt es sich also um ein Beispiel für eine einseitige Unabhängigkeit. Wählt man hingegen zwei Aktivationsindikatoren aus, die in enger funktionaler Beziehung zueinander stehen, wird man schon eher einen bedeutsamen und sogar gleichgerichteten Zusammenhang zwischen ihnen erwarten dürfen. Beispielsweise korreliert die subjektive sexuelle Erregung in der Größenordnung von .8 bis .9 mit Maßen der genitalen Erregung (Geer et al., 1986). Der Grund hierfür ist unmittelbar einleuchtend: Die verwendeten Maße stehen beide in direkter Beziehung zu dem interessierenden System und sind keine Variablen von Systemen mit grundsätzlich anderer Funktion. Im Gegensatz dazu sind beispielsweise Kennwerte der Herz- und Atemaktivität nur sehr indirekte Indikatoren von emotionaler oder sexueller Erregung, u.a. weil sie zu Systemen gehören, die zweifelsohne primär andere, und zwar vitale Aufgaben zu erfüllen haben. Andererseits kann es selbst unter solch ungünstigen Bedingungen – insbesondere über eine Berücksichtigung zusätzlicher Information – durchaus noch möglich sein, aus einer physiologischen Messung neben einfachen Hinweisen auf lokale homöostatische Anpassungen, vitale Funktionen oder spezifische Anforderungen auch Kennzeichen einer allgemeinen Angeregtheit oder Anregung zu gewinnen (Venables, 1984, S. 139).

Stets ist es dabei von besonderer Relevanz zu wissen, ob eine gemessene Variable tatsächlich die interessierende physiologische Endgröße eines Systems darstellt oder lediglich eine von vielen interaktiv kontrollierenden Einflußgrößen. Greift man versehentlich an Stelle der physiologischen Endgröße eine einzelne der kontrollierenden Einflußgrößen heraus, dann ist bei komplexen offenen Systemen, wie z.B. dem kardiovaskulären System, prinzipiell ein im Rahmen von Aktivationsüberlegungen erwartungskonformes wie auch erwartungswidriges Reagieren der Variable möglich (vgl. Johnson & Anderson, 1990).

Welche beobachtbaren Wirkungen von Anforderungen eintreten und in welcher Stärke hängt somit bei einer Systembetrachtung – im Widerspruch zur simplifizierenden Fuß-auf-dem-Gaspedal-Metapher – in ganz entscheidendem Maße davon ab, welche Funktionseinheiten oder Systeme von einer Aktivierung betroffen sind, wie sie auf die Aktivierung reagieren und wie sie zusammenspielen, um ein bestimmtes Ziel zu erreichen (Prinzip der funktionellen Koppelung von Reaktionssystemen im Verbund mit dem Prinzip der Koexistenz von exzitatorischen und inhibitorischen Prozessen). Um dies im Detail zu verstehen, bedarf es außerordentlich guter physiologischer Kenntnisse (für ein Beispiel vgl. Johnson & Anderson, 1990). Aber auch ohne diese besonderen Kenntnisse ist es zumindest im Prinzip verstehbar, daß die Zusammenhänge zwischen den »Ebenen« oder größeren Funktionseinheiten (Erleben, Verhalten und physiologische Reaktionen) und auch innerhalb der Ebenen sehr komplex und in Abhängigkeit von den Anforderungen und Zielen – zur besseren Anpassung des Organismus – in Grenzen variabel sein müssen. Das Hauptproblem, das sich uns aus diesem Grunde auch heute noch stellt, wenn wir Aktivation im Sinne eines eindimensionalen Kontinuums auf den Organismus als Ganzes beziehen wollen, hat bereits Duffy (1972, S. 579) spezifiziert: »Our problem, not yet near solution, is to discover to what extent and in what way the functioning of one system depends upon that of another, then to relate the integrated functioning of the organism to its stimulus antecedents and its response consequents.«

Die Faszination, die einst vom eindimensionalen Aktivationskonzept ausging, hat historisch gut datierbare Wurzeln: (1) Cannons (1929, 1932) umfassendes Konzept einer globalen Erregung des sympathischen Nervensystems durch aversive Reize zum Zwecke der Mobilisierung von körperlichen Ressourcen und (2) die Entdeckung einer im Gehirn lokalisierten Grundlage für ein unspezifisches Aktivierungssystem in den späten vierziger und frühen fünfziger Jahren (Lindsley et al., 1950; Moruzzi & Magoun, 1949). Aus diesen Wurzeln entstanden schon sehr bald die ersten ausgearbeiteten Vorschläge zu einer Aktivationstheorie durch Duffy (1951, 1957), Hebb (1955), Lindsley (1951, 1957) und Malmo (1959). Die Ideen dieser Autoren fielen seinerzeit auf fruchtbaren Boden, der u. a. von Hull (1943) kultiviert worden war. Hull (1943) vertrat in einer bahnbrechenden Lerntheorie die Auffassung, Verhalten sei ohne einen inneren, nicht zielgerichteten Antrieb (eine *unspezifische* Energie oder Kraft) weder versteh- noch erklärbar.

Elizabeth Duffy, deren Publikationen maßgeblich zur Popularität des allgemeinen Aktivationskonzeptes beitrugen, hat ganz in diesem Sinne (zusammenfassend 1957) eine scharfe Trennung zwischen der *Intensität* (unspezifischer Aspekt) und der *Richtung* (spezifischer Aspekt) des Verhaltens vorgenommen (vgl. auch Malmo, 1959). Mit dem Begriff der Verhaltensrichtung spricht sie den selektiven, zielbezogenen Aspekt des Verhaltens und somit die Klassifizierbarkeit von Reaktionsweisen und -tendenzen an. Richtung kommt in die Verarbeitung von Reizen durch Hinweise, Intentionen, individuelle Erfahrungen und biologische Programme. Die Stärke, mit der sich dieses Verhalten zeigt, soll hiervon unabhängig in einer Intensitätsdimension erfaßbar sein und als Indikator für den Aktivationsgrad dienen, wenngleich eine vollständige Unabhängigkeit der Richtung des Verhaltens von seiner Stärke nicht erwartet werden darf (Duffy, 1957, S. 272–273). Duffy sprach sich an anderer Stelle (1972, S. 588) – zur Verwunderung all derer, die aus ihrem eindimensionalen Aktivationskonzept eine undifferenzierte Energetisierung des Organismus abgeleitet hatten – aber auch klar und unmißverständlich gegen eine Theorie der massiven, undifferenzierten Mobilisierung des Organismus aus, was auch in den beiden nachfolgenden Zitaten deutlich zum Ausdruck kommt.

»A goal-oriented organism, with a particular stimulus to be attended to, or a particular task to be performed in order to reach its goal, not only releases energy in appropriate degree (within the limits of its ability), but also in appropriate places within the organism. An organism set to carry on one type of activity requires a different pattern of activation from an organism set to carry on another type of activity.« (Duffy, 1962, S. 83)

»Activation theory does not demand that all measures march in step like an army but only that significant trends between most of the measures be concordant. There are many explanations for divergencies, and divergencies should, under various conditions, be expected. Again, however, it may be emphasized that the organism is not basically disintegrated or dissociated or ›fractionated‹. It *does* show some patterning of activation, which is necessary for the adjustment of the organism to the situation.« (Duffy, 1972, S. 598)

Als neurale Grundlage für ein unspezifisches, eindimensionales Aktivationskonzept wird eine in ihrer Funktion bereits 1935 von Bremer beschriebene Struktur im Hirnstamm angesehen, die *Formatio reticularis*. Sie wird zum »Aufsteigenden Retikulären Aktivierungssystem« (ARAS; Lindsley, 1951, 1970, 1982) gerechnet. Vorwiegend angetrieben von sensorischen und propriozeptiven Afferenzen gibt sie in aufsteigender Richtung ihre Erregung diffus und weiträumig vor allem über unspezifische Thalamuskerne an die Großhirnrinde sowie auf außerthalamischen Wegen vornehmlich an limbische Strukturen weiter. Den Stellenwert neuraler Strukturen für ein unspezifisches, eindimensionales Aktivationskonzept hat besonders Malmo (1959) hervorgehoben: »It is suggested that activation is mediated chiefly through the ARAS which seems, in the main, to be an intensity system. Neurophysiological findings strongly suggest that it may be possible to achieve more precise measurement of activation through a direct recording of discharge by the ARAS into the cerebral cortex.« (S. 385)*

Als Indikator der generalisierten Kortexerregung gilt die Desynchronisation des Elektroenzephalogramms (vgl. auch Kap. 5). Im entspannten (synchronisierten) Wachzustand zeigt sie sich durch eine Alpha-Reduktion. Darunter ist eine Verringerung der Amplituden von Wellen im Alpha-Bereich zu verstehen, die sogar so weit gehen kann, daß die typischen Alpha-Wellen vorübergehend nicht mehr im EEG zu erkennen sind. In der Spektralanalyse zeigt sich die Alpha-Reduktion an einer reduzierten relativen Leistung im Alpha-Band. Sie kann, muß aber nicht von einer Erhöhung der Beta-Aktivität begleitet sein. Die hirnelektrische Aktivität wird als ein empfindlicher Indikator der unteren bis mittleren Aktiviertheit angesehen, obwohl vor einer allzu vereinfachenden Sicht der Hirnaktionsströme gewarnt werden muß. Sie eignet sich nicht zur Differenzierung höherer Grade der Aktiviertheit; hierfür benutzt man u. a. Parameter der elektrodermalen Aktivität (z. B. ihr Grundniveau oder die Anzahl ihrer spontanen Fluktuationen), die ebenfalls (u. a.) von der Erregung der Formatio reticularis betroffen sind. Die elektrodermale Spontanaktivität erlaubt es überdies, relativ feine Änderungen der Aktiviertheit während der üblichen psychophysiologischen Experimente an wachen und motivierten Probanden zu erfassen (für weitere Kennlinien der relativen Empfindlichkeit psychophysiologischer Variablen s. Abbildung in Lader, 1975, S. 212). In der Regel reicht zur angemessenen Erfassung der Aktivation eine Variable aber nicht aus (vgl. bereits Cattell, 1972), selbst wenn diese sehr sensibel auf Aktivationsänderungen reagiert, u. a. weil jeder Aktivationsindikator nur Fragmente des Gesamtgeschehens vermitteln kann. Zudem spiegeln sich in psychophysiologischen Variablen neben unspezifischen auch spezifische Einflüsse, die es durch ein multivariates Vorgehen voneinander zu trennen gilt (vgl. Kap. 9).

In Anbetracht der Tatsache, daß die Formatio reticularis bereits recht komplex ist (Robbins & Everitt, 1995) und zudem keineswegs isoliert fungiert (vgl. Kap. 2.3.3.3), ist es nicht allzu verwunderlich gewesen, daß Zweifel an der Eindimensionalität des Aktivierungsge-

---

* Es sei an dieser Stelle aber auch betont, daß eine Aktivationstheorie nicht notwendigerweise solche zentralnervösen Strukturen einbeziehen muß, um uns nützliche Dienste erweisen zu können. Ihren Nutzen wird man daran erkennen, ob sie zur Beschreibung, Erklärung und Vorhersage von psychophysiologischen Phänomenen geeignet ist, die mit anderen Theorien nicht oder nur wesentlich schlechter beschrieben, erklärt oder vorausgesagt werden können.

schehens aufkamen und die Frage gestellt wurde, ob nicht auch noch andere Komponenten des hochkomplexen Systems Gehirn kontrollierend und regulierend eingreifen (vgl. z. B. Routtenberg, 1968; Pribram & McGuinness, 1975). So hat sich denn recht schnell gezeigt, daß auch höhere (supraretikuläre) Regionen des Zentralnervensystems am Aktivationsgeschehen beteiligt sind, z. B. zur Kontrolle und Regulation der Großhirnrindenerregung (vgl. zusammenfassend Lindsley, 1982). Eine isolierte Betrachtung der Formatio reticularis wäre folglich eine sehr grobe Vereinfachung, obwohl der Formatio reticularis eine nicht zu unterschätzende Integrationsfunktion zukommt. Zudem ist es eine unbestrittene Tatsache, daß sogar verschiedene Anteile des Kortex kontrollierend auf die Erregung der Formatio reticularis oder auf ihre aufwärts gerichteten Projektionen zurückwirken (z. B. zur Aufrechterhaltung eines aktivierten Kortexzustandes, Lindsley, 1960; zur Ausrichtung der Aufmerksamkeit, Yingling & Skinner, 1977; sowie zur motorischen Anpassung, Brunia, 1993).

Einige Autoren tendieren deshalb mittlerweile dazu, Aktivation nicht mehr in einem globalen Konzept darzustellen, in dem sie vornehmlich (und zwar linear) von der Intensität einer Stimulation abhängt, sondern in einem *Mehrkomponentenmodell mit variabel gekoppelten Funktionssystemen* (Fahrenberg, 1979). Dennoch macht es auch heute noch einen Sinn, von einer eher allgemeinen Aktivation im Gegensatz zu sehr spezifischen, lokalisierten Aktivierungsphänomenen zu sprechen (vgl. auch Kap. 11.3: »generalisierte versus lokalisierte Orientierungsreaktion«).

10.3 Aktivation und Leistung

Die zweite Vorstellung, nämlich die einer linearen Beziehung zwischen dem Aktivationsgrad und der objektiven Leistung in Aufgaben, ist weit weniger problematisch als die erste, obwohl es auch deutliche Hinweise auf eine eher kurvilineare oder umgekehrt U-förmige Beziehung gibt (vgl. z. B. Duffy, 1962; Easterbrook, 1959; Landers, 1980; Singer, 1982). Insgesamt dürfte jedoch auch heute noch die von Duffy bereits 1972 gezogene Bilanz Aktualität und Gültigkeit besitzen:*

---

* Die Frage nach dem Zusammenhang zwischen Aktivation und Leistung ist jedoch rein rhetorisch zu verstehen, falls an Stelle von Aktivation »Erregung in variabel gekoppelten Funktionssystemen« und an Stelle von Leistung »Output-Variablen dieser« eingesetzt wird. Wer auch dann noch nach einem einfachen Zusammenhang sucht, gerät in Begründungsnot.

»It seems that, if an inverted U relationship exists, the peak of the curve may not be reached in the rather narrow range of activation normally encountered in the laboratory. With certain exceptions, it appears safe to say that increased activation facilitates performance within the range of activation generally encountered.« (Duffy, 1972, S. 607)

Es wäre dennoch falsch, für den normalen oder idealen Aktivationsbereich stets eine lineare Beziehung zwischen Aktivation und Leistung zu erwarten, weil noch andere Faktoren als Aktivation einen Einfluß auf die Leistung haben. Der wichtigste dieser zusätzlichen Einflußfaktoren ist sicherlich die Art der Aufgabe selbst. Bis heute ist jedoch unklar, bei welchen Aufgaben die Leistung einer Person von einer Aktivationserhöhung profitiert und bei welchen Aufgaben sie unter dieser nachläßt. Während nahezu alle Aufgaben leichter zu bewältigen sind, wenn man von einem schläfrigen in einen aufmerksamen Wachzustand gelangt, wird die Güte der Aufgabenbearbeitung unter mittlerer bis hoher Aktivation in erheblichem Maße von der Art und der Komplexität der Aufgabe abhängen. Besondere Beachtung verdienen in diesem Zusammenhang deshalb bestimmte Aufgabencharakteristika, die zu sog. »data limitations« führen (Norman & Bobrow, 1975). Sie allein schon können eine kurvilineare Beziehung zwischen Aktivation und Leistung vortäuschen. Beispielsweise bereitet es Schülern unter keinen Umständen Schwierigkeiten, das Läuten der Pausenglocke zu hören, während es für sie unmöglich ist, deutlich unterschwellige Reize (etwa leise Kommentare eines entfernt sitzenden Mitschülers) aus den unterschiedlichsten Geräuschkulissen herauszuhören. In beiden Fällen ist die Leistung völlig unabhängig vom Grad der Aktivation der Personen. Ebenso gibt es eine ganze Reihe von typischen Laboraufgaben, in denen eine Erhöhung der subjektiv erlebten Anstrengung und der objektiv erfaßbaren Erregung der Großhirnrinde oder der Formatio reticularis nicht zu einer vergleichbaren Erhöhung der Leistung führt – sei es, weil die Aufgaben zu leicht sind, oder sei es, weil sie zu schwierig oder zu komplex sind. Von den unterschiedlichen speziellen und allgemeinen Fähigkeiten, die bei einer Aufgabenbewältigung eine Rolle spielen, wollen wir erst gar nicht reden. Ein weiterer wichtiger Faktor, der neben der Aktivation und der Art der Aufgabe Einfluß auf die Leistung nimmt, ist die Einstellung der Person (gemeint ist der selektive Aspekt der Aufmerksamkeit; s. Vossel & Zimmer, 1993, S. 58). Eine falsche Einstellung oder ständige Fluktuationen in der Einstellung werden sich zwangsläufig nachteilig auf die Leistung auswirken. Nicht zuletzt sollte man bedenken, daß sogar eine kurvilineare oder gar umgekehrt U-förmige Beziehung zwischen Aktivation und Leistung durch Ablenkung (ein Einstellungswechsel) vorgetäuscht werden kann, denn Ablenkung ist gerade bei der Realisierung höherer Grade der Aktivation häufig unvermeidbar.

Möchte man im Einzelfall dennoch eine Prognose zur Beziehung zwischen Aktivation und Leistung wagen, wird man sich deshalb besonders davor hüten müssen, die mittlerweile – seit den Publikationen von Yerkes und Dodson (1908), Hebb (1955), Duffy (1957) sowie Malmo (1959) – von vielen Autoren bevorzugte Annahme einer umgekehrt U-förmigen Beziehung auf alle Personen, Aufgaben und Rahmenbedingungen zu verallgemeinern. Sie ist nicht so gut abgesichert, wie meist angenommen wird (vgl. z. B. Duffy, 1972). Eine abnehmende oder stagnierende Leistung unter hoher Aktivation wird man noch am ehesten beim Nadeleinfädeln, Problemlösen, kreativen Denken oder dann erwarten dürfen, wenn zur erfolgreichen Aufgabenbewältigung eine Vielzahl von Gedächtnisinformationen und/oder weiträumig verteilten Reizen bzw. Reizmerkmalen gleichzeitig zu berücksichtigen sind, die Reiz-Reaktionsverbindungen relativ neu sind, die Reiz-Reaktionskompatibilität gering ist und wenn zudem die Reaktionen eine komplexe oder sehr feine, noch nicht automatisierte neuromuskuläre Koordination erfordern. Andererseits werden auch in diesen Fällen differentielle Unterschiede in der funktionellen Hemmung zum Tragen kommen, so daß zumindest einzelne Personen auch unter diesen Bedingungen in Grenzen eine weitgehend monotone Beziehung zwischen Aktivation und Leistung zeigen werden (vgl. auch Tyhurst, 1951). Eine funktionelle Hemmung ist u. a. notwendig, damit nicht alle einlaufenden Reize unmittelbaren Zugang zum motorischen System erlangen.

Grundsätzlich gilt, daß eine in bestimmter Hinsicht situations- oder aufgabenangemessene und damit in dieser Hinsicht optimale Anregung des Organismus nicht auch in jeder anderen Hinsicht ebenfalls optimal sein kann.* Wäre dem so, dann hätte die Evolution ein leichtes Spiel gehabt, einen perfekt angepaßten Organismus zu entwickeln, einen Organismus also, der sich nicht ständig erneut über mannigfaltige Anregungs- und Kontrollprozesse anpassen muß, sondern der auf einfache Weise auf alle möglichen Anforderungen bereits vollständig vorbereitet ist. Ein derartiger Superorganismus ist aber aus biologischer Perspektive unvorstellbar, allein

---

* Beispielsweise hat eine hohe Aktivation beim Einprägen von Informationen kurzfristig nachteilige, längerfristig jedoch deutlich positive Auswirkungen auf die Gedächtnisleistung beim Erinnern (vgl. z. B. Kleinsmith & Kaplan, 1963, 1964; McLean, 1969).

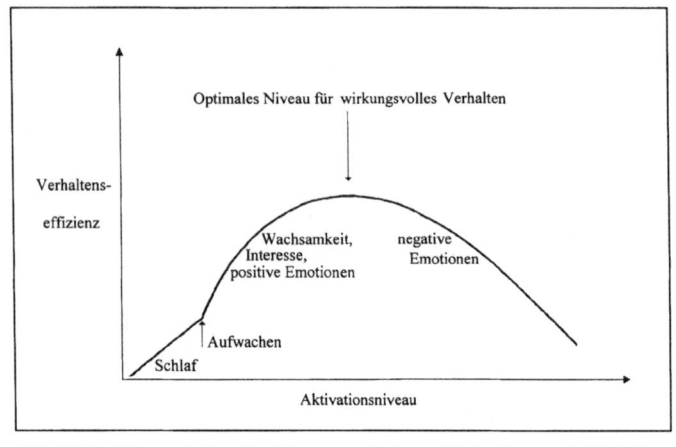

Abb. 10.1: Theoretische Beziehung zwischen Aktivation und Verhalten (nach Hebb, 1955)

schon deshalb, weil eine solche generelle Anregung energetische Nachteile hätte.

Zusammenfassend läßt sich deshalb festhalten: Der Zusammenhang zwischen Aktivation und Leistung ist weit schwieriger zu beurteilen, als es nach unserer einfachen Metapher den Anschein hatte, und wir sind noch weit davon entfernt, hier vollständige Klarheit schaffen zu können (vgl. auch Neiss, 1988, 1990). Neiss hat grundsätzliche Schwierigkeiten, in der Fülle der Befunde überhaupt einen einfachen Zusammenhang zu erkennen. Sollte er existieren, ließe er sich nach Neiss allenfalls in einem intuitiven Vorschlag skizzieren: »Subjects with incentive will outperform either those with none or those responding to a serious and plausible threat; the arousal level of the first group will be intermediate to those of the other two groups.« (Neiss, 1988, S. 360; vgl. mit *Abb. 10.1* nach Hebb, 1955). Er fügt ergänzend hinzu, daß er es allerdings nicht für sinnvoll erachtet, Emotionen mit Arousal gleichzusetzen:

»Arousal is an excessively broad construct and not reasonable equivalent to states of fear and anxiety. These states, as well as anger, surprise, joy, sadness, and sexuality, all show heightened physiological activity. To reduce them to the physiological common denominator of arousal diminishes predictive power and ignores what should be the essence of psychology. As an intervening variable artificially isolated from its psychological context, arousal can never be shown to cause changes in performance.« (Neiss, 1988, S. 360)

10.4 Aktivation in Relation zu Reizen, Personen und deren Interaktionen

Die letzte der drei einfachen Vorstellungen zur Anregungsmetapher, unterschiedliche Anforderungen oder Reize müßten auf vergleichbare und invariante Art und Weise bestimmte Aktivierungsgrade und Reaktionsmuster hervorrufen (vgl. auch Kap. 9), steht bereits mit gut fundierten empirischen Befunden im eindeutigen Widerspruch, so daß ihre Unangemessenheit offen zutage tritt. Bei Anwendung einer multivariaten Strategie (s. u.) stellte sich wiederholt eine unerwartete Eigentümlichkeit physiologischer Reaktionssysteme heraus (vgl. zusammenfassend Davidson, 1978; Fahrenberg, 1983, 1986): Sie können einerseits reizspezifisch recht unterschiedlich angesprochen werden, andererseits individuumgebunden (und damit über verschiedene Reize oder Reizklassen hinweg) oder in Abhängigkeit von der Interaktion zwischen Reiz- und Personenmerkmalen (s. Bedeutungsverleihung) eine deutliche Tendenz zur Stabilität aufweisen. Wir nennen dieses Phänomen *physiologische Spezifität* (oder Reaktionsspezifität; vgl. Foerster, 1985) und unterscheiden zwischen: *SRS* (»stimulus response specificity«), *IRS* (»individual response specificity«) sowie *MRS* (»motivational response specificity«).

Bereits bei der reizspezifischen Reaktionsweise fällt der Widerspruch zur Anregungsmetapher auf (vgl. auch Kap. 11.3). Reagieren Personen auf unterschiedliche Reize sehr differenziert, beispielsweise auf einen bestimmten Ton mittlerer Intensität u. a. mit einer Verringerung ihrer Herzschlagfrequenz, auf einen anderen Reiz vergleichbarer Intensität oder den gleichen Reiz höherer Intensität u. a. aber mit einer Erhöhung derselben, dann muß es schwerfallen, darin die Wirkung einer unspezifischen, eindimensionalen Aktivierung zu sehen. Auch Duffy (1962, Kap. 5) hat dies eingesehen und das Konzept der Aktivation um spezifische Relationen erweitert: »Activation is both general and specific« (Duffy, 1972, S. 578). Verschärft wird die Lage noch dadurch, daß sich auch minimale Änderungen einzelner Reiz- oder Kontextmerkmale auf die Reaktionsweise einzelner Personen massiv auswirken können, während andere Personen gegenüber diesen und anderen situativen Einflüssen erstaunlich resistent in ihrer Reaktionsweise sind. Aus der Reaktionsspezifität erklärt sich zum Teil die vielfach bestätigte geringe Kovariation von potentiellen Aktivationsindikatoren (Malmo, 1959).

Individualspezifische und motivationsspezifische Reaktionsweisen decken sich im übrigen mit Beobachtungen aus der Psychosomatik, wonach ein Patient entweder auf zahlreiche Belastungen oder nur auf eine bestimmte Belastung z. B. mit erhöhtem Blutdruck, ein zweiter z. B. mit erhöhter Verdauungssaftsekretion und ein dritter mit keiner der beiden, wohl aber mit anderen Funktionsänderungen reagiert (vgl. auch Malmo, 1959, für anschauliche Beispiele zu Muskelverspannungen). Malmo und Shagass (1949; Malmo et al., 1950) nannten dieses Phänomen »principle of symptom specificity«, Engel und Moos (1967) »individual uniqueness«.

10.5 Epilog

Dennoch, das eindimensionale Aktivationskonzept hat uns bislang sehr nützliche Dienste bei der Entdeckung all dieser interessanten Befunde erwiesen, so daß es (in der einen oder anderen Form: z. B. unter Ausgrenzung von starken Emotionen) wohl noch eine geraume Zeit Anwendung finden wird, trotz seines insgesamt nur geringen Erklärungs- und Vorhersagewerts. Es aufzugeben, bevor wir über eine tragfähige Alternative verfügen, wäre ohnehin ein Fehler (vgl. schon Lewin, 1963). Soviel zur Metapher der Anregung und den mit ihr verbundenen Vorstellungen.

Was wir heute aber dringender denn je benötigen, sind gute psychophysiologische Theorien; soviel sollte bereits bei der nur sehr grob erfolgten Besprechung der vielfältigen physiologischen und psychologischen Erkenntnisse und ihrer Verflechtungen auf dem Gebiet der interdisziplinären Aktivationsforschung deutlich geworden sein. Was wir brauchen, sind demnach der Systematisierung und einheitlichen Beschreibung dienende Instrumente, die auch den Reaktionsspezifitäten und -stereotypien Rechnung tragen und den oben angesprochenen und bei der Anregungsmetapher unberücksichtigten Aspekt der Kontrolle angemessen aufnehmen, damit bessere Erklärungen der bislang aufgedeckten Zusammenhänge möglich werden. Diese sollten zudem eine spezifische bzw. gezielte Auswahl und Anwendung von psychophysiologischen Indikatoren gestatten.

Allerdings wäre es fortschrittshemmend und mehr als unrealistisch, sofort eine umfassende Theorie aller Phänomene der bisherigen und auch zukünftigen Aktivationsforschung einzufordern. Wir werden uns vielmehr vorübergehend mit kleineren, dafür aber gut ausgebauten und deshalb nicht minder nützlichen, theoretischen Gebäuden für einzelne, eng umgrenzte Aktivationsfunktionen und -mechanismen begnügen müssen.

Nicht weiterhelfen kann uns ein in der Aktivationsforschung

lange praktizierter empiristischer Ansatz, der durch ein multivariates Vorgehen gekennzeichnet ist und der eine »unvoreingenommene Systematisierung« anstrebt; er hat seine Funktion bereits erfüllt, indem er uns auf die Gefahren der unkritischen Übernahme der Anregungsmetapher aufmerksam gemacht hat. Nach diesem multivariaten Ansatz sollten die Eingangs- und Ausgangsgrößen der zu untersuchenden Systeme möglichst vollständig ausgewählt werden; d. h., alle potentiellen psychophysiologischen Indikatoren der Aktivation, entsprechende Variablen des Erlebens und Verhaltens sowie die Vielfalt situativer und individueller Merkmale, die einen Bezug zur Anregungsmetapher haben, sollten erfaßt werden. Von den Grenzen, die sich diesem Vorgehen bei der Datengewinnung und -verarbeitung in den Weg stellen, einmal abgesehen, liefert uns dieser Ansatz bestenfalls Korrelationsmuster zwischen Daten in Abhängigkeit von den ausgewählten Bedingungen, nicht aber forschungsleitende Hypothesen oder gar Theorien – allenfalls recht einfache, der Intuition nicht widersprechende.* Es sind deshalb zunächst theoretischer Einfallsreichtum, Unbestechlichkeit der Urteilskraft und unermüdliches experimentelles Prüfen theoretisch vielversprechender, möglichst differenzierter und physiologisch fundierter wissenschaftlicher Hypothesen gefordert.

11. Orientierungsreaktion (OR)

11.1 Charakterisierung und theoretische Einbettung der OR

Das Phänomen, welches wir heute mit dem Begriff der »Orientierungsreaktion« (OR) belegen, ist erstmalig von Ivan P. Pawlow systematisch beschrieben worden. Weltweit am bekanntesten ist seine diesbezügliche Veröffentlichung aus dem Jahre 1927, in der er das Phänomen u. a. einen »Was ist das?«-Reflex nennt.

»Es gibt einen anderen Reflex, den man Untersuchungsreflex nennen könnte oder, wie ich ihn oft bezeichne, den Reflex: 'Was ist das?'. Auch dieser Reflex ist wohl kaum genügend beachtet worden, er ist aber auch ein Reflex

---

* Das Vorhaben, auf diesem Wege von Daten zu Theorien zu gelangen, gleicht bildlich gesprochen eher der Absicht, einen Wechsel aus der Froschperspektive des Datensammelns in die Vogelschau übergreifender theoretischer Erwägungen zu vollziehen, ohne dabei die Lage bzw. den Standort zu verändern.

von grundlegender Bedeutung. Bei der geringsten Schwankung oder Veränderung der Umgebung stellen Menschen und Tiere die entsprechenden rezeptorischen Apparate in der Richtung ein, aus der die Ursache dieser Störung einwirkt. Der biologische Wert dieses Reflexes ist unbestreitbar. Wenn beim Tier diese Reaktion nicht vorhanden wäre, so würde sein Leben jeden Augenblick gefährdet sein. Dieser Reflex geht aber beim Menschen noch viel weiter und äußert sich schließlich in Form jenes Wissensdranges, der unsere Wissenschaft geschaffen hat, die uns die höchste, unbegrenzte Orientierungsmöglichkeit in der uns umgebenden Umwelt erschließt.« (Pawlow, 1953b, S. 11)

An anderer Stelle verwandte er bereits den heute geläufigeren Begriff »Orientierungsreflex« (Pawlow, 1953a, S. 91). Pawlow sah im Orientierungsreflex einen phylogenetisch festgelegten unkonditionierten Reflex (UCR), der von Veränderungen in der wahrnehmbaren Welt ausgelöst wird, damit der Organismus sie besser aufnehmen und ihren Grund bzw. ihre mögliche Bedeutung erfassen kann. Für seine Auslösung ist es dabei weitgehend egal, welcher Modalität der Reiz angehört. Bestimmend sind für ihn wenigstens zwei Charakteristika: Er kommt ins Spiel noch bevor die volle Bedeutung des Auslösers erkannt ist, und seine Funktion ist voll und ganz auf eine Optimierung der Wahrnehmung und Bewertung des auslösenden Ereignisses abgestellt. Lynn zählte zu den Funktionen zudem die motorische Vorbereitung:

»The function of the orientation reaction is to prepare the animal to deal with the novel stimulus. For many of the components of the reaction this preparatory function is straightforward. Activities under way are stopped so that they will not interfere with any action that needs to be taken and the muscles are mobilized for activity. The sense organs become more sensitive and the head is turned towards the source of stimulation in order to maximize incoming information.« (Lynn, 1966, S. 5)

Wie jede andere nützliche biologische Anpassung, so ist auch die OR nicht ohne Kosten zu haben (vgl. schon Pawlow, 1953a). Sie erfordert energetische Aufwendungen und hat klare »Nebenwirkungen«. Ihre Nebenwirkungen sind besonders auffällig mit der motorischen Komponente der Reaktion (u. a. eine Hinwendung zur Reizquelle) verknüpft. Eine körperliche Hinwendung zu einer Reizquelle, so nützlich und angepaßt sie sein möge, hat zwangsläufig immer auch eine Abwendung von anderen Reizquellen zur Folge. Damit aber noch nicht genug. Indem die OR eine Neuorientierung ermöglicht, unterbricht sie eine gerade ablaufende Handlung oder geordnete Sequenz von Prozessen, was als vorübergehende Ablenkung und als Hemmung von Reflexen auffallen kann (Pawlow, 1953a). Die OR ist deshalb keinesfalls ein Prototyp eines unspezifischen Aktivierungsprozesses, vielmehr handelt es sich um eine Reaktion, die in sich sowohl unspezifische als auch spezifische Aspekte vereint. Über die Gewichte der beiden Aspekte läßt sich vortrefflich diskutieren (vgl. Reizbedeutung); die besondere Natur der OR sollte hingegen kein Gegenstand willkürlicher Meinungen oder Festlegungen sein. Aus heutiger Sicht kann eine Theorie der Orientierungsreaktion dieser Natur des Phänomens nur gerecht werden, wenn sie alle drei von Pawlow (1953a,b) bereits angedeuteten Aspekte, Aktivierung, Aufmerksamkeit und Exploration, aufgreift und angemessen thematisiert. Als erster hat dies Berlyne (1960) gesehen. Sein Ansatz ist aber weitgehend unbeachtet geblieben. Überschattet wurde er von einer etwa zur selben Zeit erschienenen Theorie der Orientierungsreaktion (Sokolov, 1960, 1963), die trotz zahlreicher Modifikationen (1966, 1969, 1975, 1990) eine Theorie zum Aktivierungsaspekt der OR geblieben ist.* Sie gehört dessenungeachtet zu den einflußreichsten Theorien der Psychophysiologie. Erst in jüngeren Jahren sind weiterführende Ideen und Forschungsbefunde veröffentlicht worden, die vermutlich schon in absehbarer Zeit zu einer umfassenden Theorie der Orientierungsreaktion integriert werden können. Doch wenden wir uns zuerst den Kindertagen ihrer akademischen Karriere zu.

Obwohl es mehr oder weniger auf der Hand liegt, daß eine ökologisch valide** und brauchbare Beschreibung sowie Erklärung der

---

* Sokolov grenzt seine Position mit einer Fußnote deutlich von der Vorgabe durch Pawlow ab, indem er schreibt: »By orienting-investigatory reflex we mean the series of reactions bringing the animal into contact with the object, and tuning the analysers of animal or man, so that perception of the stimulus takes place in the most favourable conditions. This definition of the orienting-investigatory reflex is, however, too wide. The orientation reflex in the restricted sense of the word, should be distinguished in the reflex as the non-specific reaction resulting in the tuning of the analyser when exposed to a new stimulus. This elementary reaction is quite distinct from the complex exploratory chain of reflexes, aiming at investigation of the object in detail and involving a whole series of conditioned orientation reflexes. In this book the orientation reflex is analysed in the restricted sense.« (Sokolov, 1963, S. 11)

** Ökologisch valide Ansätze befassen sich mit interessanten Problemen realer Menschen in deren natürlicher, kulturell bedeutsamer Umwelt (Neisser, 1976): »A seminal psychological theory can change the beliefs of a whole society... This can only happen, however, if the theory has something to say about what people do in real, culturally significant situations. What it says must not be trivial, and it must make some kind of sense to the participants in these situations themselves.« (Neisser, 1976, S. 2)

OR nur gelingen kann, wenn die drei angesprochenen Aspekte, Aktivierung, Aufmerksamkeit und Exploration, angemessen abgehandelt werden, dominierten bislang einseitig orientierte Ansätze. Dies muß für eine wissenschaftliche Disziplin nicht von Nachteil sein, ganz im Gegenteil, denn gut ausgebaute Theorien zu den einzelnen Phänomenbereichen können von großem Nutzen für die Wissenschaft sein, auch im Hinblick auf ihre zukünftige Integration. Unter »natürlichen« Bedingungen gibt sich für einen externen Beobachter (wie Pawlow) eine Reaktion jedoch nur dann als Orientierungsreaktion zu erkennen, wenn ganz typische Merkmale vorhanden sind, wie die unmittelbare Unterbrechung einer motorischen Verhaltenskette und die gleichzeitige Ausrichtung zuständiger Sinnesorgane zur Informationsaufnahme. Hiermit verbunden sind die z. T. nicht sichtbaren Kennzeichen von reduzierten sensorischen Schwellen und eines Wechsels des Aufmerksamkeitsfokusses hin zur nun relevanten Information oder Informationsquelle. Ebenso unauffällig ändern sich zahlreiche autonome Funktionen. Sie begleiten das motorische Verhalten sowie die zentralnervösen Aufmerksamkeitsprozesse und enthalten zudem Information über die ablaufenden Aktivierungsprozesse. Ihnen galt deswegen auch das Hauptinteresse in der psychophysiologischen OR-Forschung. Faszinierenderweise avancierte dabei eine funktionell eher unbedeutende autonome Reaktion, die SCR, eine phasische elektrodermale Größe (vgl. Kap. 3), zur »conditio sine qua non« unter den OR-Indikatoren. Daneben haben Orientierungsprozesse u. a. Auswirkungen auf die hirnelektrische Aktivität, die regionale zerebrale Durchblutung, das respiratorische und kardiovaskuläre System, die Pupillengröße, den Muskeltonus sowie, in ihrer explorativen Komponente, auf die Funktion der Skelettmuskulatur (vgl. dazu im einzelnen Lynn, 1966; Siddle, 1983; Sokolov, 1963).

Welche Umweltveränderungen lösen die OR aus? Das vorangestellte Zitat gibt uns darüber keine Auskunft. Es wäre allerdings wenig sinnvoll, wenn zu jeder Zeit alle Umweltveränderungen diese Fähigkeit aufwiesen. Unser Leben verlöre jegliche Ordnung und Gerichtetheit, reagierten wir auf jede kleinste Veränderung der wahrnehmbaren Welt mit Orientierungsreaktionen. Demnach muß es Kriterien geben, nach denen unser Nervensystem entscheidet, ob es ein Reiz wert ist, mit einer OR beantwortet zu werden.

11.2 Determinanten der Auslösung und Stärke einer OR

Eine vorzügliche Zusammenfassung der für uns Menschen relevanten Auslösebedingungen einer OR gibt Lynn (1966) in Anlehnung an Berlyne (1960). Eine Auswahl dieser soll nun besprochen werden.

(1) *Neuartigkeit oder Abweichung gegenüber Bekanntem.* Nach Sokolov (1963) ist sie für Tier und Mensch der wichtigste Auslöser einer OR. Die Kraft der Neuartigkeit (engl.: »novelty«) wird aus verschiedenen Quellen gespeist. Eine dieser Quellen ist die Notwendigkeit, Neues kennenzulernen, um einen Erfahrungsschatz aufzubauen oder zu erweitern; eine andere geht auf die Unfähigkeit lebender Organismen zurück, alles Wahrgenommene oder einmal Eingeprägte über die gesamte Lebenszeit behalten bzw. bereithalten zu können. Deshalb scheint es keine entscheidende Rolle zu spielen, ob etwas neu ist oder nur in letzter Zeit nicht mehr auftrat:

»There are several quite distinct senses in which something can be new. It can be new with respect to an organism's *total* experience or new with respect merely to its *recent* experience; it may never have been encountered before, or it may not have been encountered within the last few minutes.« (Berlyne, 1960, S. 19)

Die Unfähigkeit von Organismen mit Nervensystemen, alles behalten und bereithalten zu können, wäre ein fatales Handicap im Kampf ums Überleben, gäbe es nicht einen Kompensationsmechanismus, der aus der zwangsläufigen Neuartigkeit Kapital schlägt. Ausgestattet mit einem solchen Sicherheitssystem kann sich ein Lebewesen eine für die Arterhaltung sehr nützliche Spezialisierung durch eine Beschränkung seines Gedächtnisses auf das Wesentliche leisten.

Trotz unübersehbarer Stärken macht ein solches Konzept der OR-Auslösung erst dann einen rechten Sinn, wenn zugleich eine Art Neuheitsschwelle (»threshold of novelty«; Sokolov, 1966, S. 352) definiert wird, ab der es zuverlässig zur Auslösung der OR kommt. Ansonsten müßte man jeder auch nur geringsten Abweichung vom Bekannten die Fähigkeit zusprechen, eine OR auszulösen, und zwar in jeder Person. Reagierten beispielsweise einige Personen auf einen Reiz nicht oder nur bei seiner ersten Präsentation, wäre man ohne die Annahme einer unterschiedlichen Lage der Neuheitsschwelle in arger Erklärungsnot.

Aber schon die einfache Annahme, Neuartigkeit allein reiche aus, um eine OR auszulösen (O'Gorman, 1979), hat heftige Diskussionen ausgelöst (Bernstein, 1979, 1981; Maltzman, 1979; Siddle, 1979), in deren Verlauf der Stellenwert eines weiteren Faktors, Signifikanz oder Bedeutsamkeit genannt, hervorgehoben worden ist. Ausgehend von der Idee, daß eine Reaktion auf jede kleinste Veränderung der wahrnehmbaren Welt unangemessen sei, gelangten die Kritiker zu der Auffassung, der Organismus reagiere mit einer OR auf solche Umweltveränderungen, die für ihn von Bedeutung sind (auch Signifikanzhypothese der OR-Auslösung genannt). Bei Sokolov (1966) wären dies übrigens Reize mit einer niedrigen Neuheitsschwelle. Uneinig war man sich lediglich darüber, wie die Signifikanz konzeptionell zu fassen sei und ob sie additiv oder multiplikativ mit der Neuartigkeit verküpft ist. Mittlerweile ist man davon überzeugt, daß sie beide, und zwar additiv, zur Stärke der OR beitragen (Ben-Shakhar, 1994). Mit der Übernahme dieser Sichtweise gerät jedoch ein wesentliches Merkmal der Signifikanz aus dem Blickwinkel. Besonders auffällig ist dies am zentralen Aspekt der Signifikanz, dem Signalwert (engl.: »signal value«): Mit der vollen Wirkung des Signalwerts ist erst bei bereits bekannten Reizen zu rechnen, denn ein neuer Reiz kann nicht schon einen konkreten Hinweischarakter haben und somit kein echtes Signal sein; es sei denn, der Signalwert ist genetisch determiniert, also bereits vor der individuellen Erfahrung festgelegt, was in bestimmten Fällen sein kann, aber eben nicht der Regelfall ist. Gleiches gilt selbstverständlich für die tiefere Bedeutung eines Reizes. Das Fehlen eines klaren und einheitlichen Konzepts der Signifikanz muß deshalb auch heute noch bemängelt werden.

(2) Bedeutsamkeit. Dennoch ist man heute landläufig der Auffassung, Signale und Aufforderungen, wie das gesprochene Wort »Achtung« oder der Laut »Pst«, aber auch die durch das Leben »geprägte« Bedeutung einzelner Reize seien effektive Auslöser und Verstärker einer OR (vgl. schon Lynn, 1966). Die OR ist dann aber nicht mehr von einer konditionierten Reaktion zu trennen (s. u.). Folglich können selbst vormals neutrale (indifferente) oder irrelevante Reize durch klassische, verbale und semantische Konditionierung die Fähigkeit erwerben, eine OR auszulösen, wenn sie mit bedeutsamen Reizen gekoppelt werden oder den gekoppelten (konditionierten) Reizen (CS) sehr ähnlich sind. Diese Ähnlichkeit erstreckt sich nicht allein auf physikalische Merkmale, sondern schließt auch die semantische Ähnlichkeit ein. Allerdings muß bei der klassischen Konditionierung jeweils eine biologische, artspezifische Prädisposition oder Bereitschaft berücksichtigt werden (Garcia & Koelling, 1966). Sie bestimmt die Leichtigkeit, mit der einzelne Reize bzw. ganze Reizklassen auf einen bestimmten unkonditionierten Reiz (UCS) konditionierbar sind.

Die Konditionierung erklärt die meisten, wenngleich nicht alle

Signifikanzphänomene in der OR. Für eine andere (unkonditionierte) Art von OR-relevanter Bedeutung ist eine klare stammesgeschichtliche (phylogenetische) Grundlage anzunehmen. So rufen Reize, deren Quelle sich auf den Beobachter zubewegt, unmittelbar Aufmerksamkeitsreaktionen hervor, bei sehr schneller Bewegung obligatorisch sogar Schreckreaktionen, für deren Auslösung es in Grenzen egal ist, ob es sich um einen natürlichen (ökologisch validen) Reiz oder um eine künstliche und zudem nur fragmentarische Nachahmung desselben handelt (Bernstein et al., 1971). Sinnvoll erklärbar wird dieses ubiquitäre Phänomen nur dann, wenn entsprechende einfache, artübergreifende Detektoren angenommen werden, die Zugang zu Orientierungs- und Schreckmechanismen haben. Ebenso kann die Tatsache, daß farbige Reize (besonders unter Säuglingen und Kleinkindern) eher Beachtung finden als graue, nur vor einem biologischen Hintergrundwissen verstanden werden: In der Natur sind farbige Reize von besonderer Relevanz für das Überleben des Individuums und seiner Art. Auch dem Agens der Neuartigkeit kann man diese biologische Verankerung zusprechen, denn das Erkennen und Beantworten neuer Reize ist für Organismen mit Nervensystemen mehr als nur nützlich, es ist geradezu eine Voraussetzung für deren Entwicklung, Integrität und Überlebensfähigkeit. Vergleichbar hiermit ist die Annahme eines zugeordneten Triebs: Neugier (Berlyne, 1960).

Die Folgerung muß deshalb lauten: Neuartige Reize *sind* für biologische Wesen von besonderer Relevanz. Sie transportieren wichtige Information, weil sie ein Anpassungsdefizit aufdecken. Neuartige Reize besitzen für anpassungsfähige Organismen somit mehr als nur eine vage potentielle Signifikanz; sie fordern zu einer Neuanpassung auf, und zudem muß vom Organismus überprüft werden, ob die unbekannten Reize Konsequenzen nach sich ziehen. Dazu muß die Aktivation angehoben und die Verarbeitung von einem passiven in einen aktiven Modus überführt werden. Die Wahrnehmung, Diskrimination und zentrale Informationsintegration wird erleichtert, zusätzliche Information über den Reiz, seinen Kontext und seine Konsequenzen eingeholt und bei Bedarf die motorische Komponente der Exploration eingeleitet.

Problematisch ist an der Signifikanzhypothese der OR-Auslösung, daß es für die Signifikanz keine verbindliche kennzeichnende Definition und auch kein valides, von der Reaktion unabhängiges Maß gibt (O'Gorman, 1979, S. 258): »An OR is considered the result of a judgment of significance, but the only method proposed to date for determining whether a judgment of significance has occurred is the appearance of an OR.« Zudem können in eine solche

Reaktion auch andere Faktoren einfließen, die nicht für die OR auf Neuartigkeit (völlig bzw. relativ neue Reize oder Umweltveränderungen) typisch sind (Grings, 1977).

(3) *Überraschung.* Überraschung, Verwunderung und auch Erstaunen haben eine Gemeinsamkeit: Sie basieren wie die Signifikanz letztlich auf Erfahrung. Bei ihnen ist es jedoch eine eigene, typische Form von Erfahrung, in der dem Erlebniskontext die zentrale Rolle zukommt. In dieser Erfahrung enthalten sind Repräsentationen über die in einer Situation üblichen Reize oder Ereignisse sowie ihre zeitlich-räumliche Anordnung bzw. Struktur. Tritt nun in einem bestimmten Kontext ein ganz bestimmter Reiz nicht auf, passiert in einer Situation etwas Unpassendes oder folgt in einer Kette von Ereignissen ein bekannter, aber unwahrscheinlicher oder unerwarteter Reiz, dann wird recht zuverlässig eine OR ausgelöst; es sei denn, das Geschehnis ist eines von jenen, denen im gegebenen Kontext keine Beachtung geschenkt werden muß, oder es erwies sich in der individuellen Vergangenheit sogar als bedeutungslos, d.h. in jeder Hinsicht irrelevant.

Eine OR aus Überraschung wird demnach ausgelöst, wenn aus der bisherigen, kurz- oder längerfristigen Erfahrung heraus unvorhersehbar etwas Ungewöhnliches passiert, das zumindest eine potentielle Bedeutung besitzt. Dabei kann eine Regel oder eine Erwartung verletzt werden oder ein Ereignis einfach »aus dem Rahmen fallen« (Unger, 1964; Velden, 1978). So zeigen trainierte Affen eine »ausgewachsene« OR, wenn sie unter einem undurchsichtigen Gefäß nicht wie zuvor ihre begehrte Belohnung in Form einer schmackhaften Banane vorfinden, sondern beispielsweise einen Kopfsalat. Ebenso wird es zu einer OR kommen, wenn eine Sequenz, wie die vorgesprochene Zahlenreihe 1,2,3,4,5,6,7 gestört wird, indem anstelle der 8 die 9, eine der vorherigen Zahlen oder ein Buchstabe präsentiert wird. Bekannt ist auch die OR auf eine geänderte Abfolge von zwei alternierenden Ereignissen (A, B). In der Sequenz ABABABABABABABAAABAB ist es das Ereignis A, das anstelle von B an der Position 16 erscheint und Überraschung hervorbringen sollte (Berlyne, 1961, Exp. III).

Ökologisch valide wäre z.B. die OR auf einen Körperbehinderten, der bei einer Olympiade zusammen mit Unbehinderten an den Start ginge. Leider sind solche Überraschungen in der Regel zu selten, um systematisch untersucht werden zu können. Letzteres Beispiel verdeutlicht zugleich ein besonderes Charakteristikum von Überraschung: Menschen werden in ihrer natürlichen Umwelt meist von Ereignissen überrascht, die zugleich neuartig sind. Selbst die von Berlyne (1961) provozierte paradigmatische Überraschung ist nicht frei von Neuartigkeit, denn das Ereignismuster AA ist neu in einer Sequenz, in der auf ein Ereignis A stets das Ereignis B folgte. Neuheit kann somit nicht nur an einzelnen Reizen, sondern auch in einem Muster oder Arrangement von Reizen entdeckt werden. Auch eine OR auf das Ausbleiben eines bekannten Reizes (z. B. während einer Habituationsprozedur mit konstanten Intervallen; s. u.) kann eine OR auf das Agens der Neuartigkeit sein. Gleichwohl kann sie eine Überraschung oder eine festgestellte potentielle Signifikanz anzeigen. Ebenfalls mit der Neuartigkeit vermischt ist die Inkongruenz.

(4) *Inkongruenz.* Inkongruenz ist eine weitere Form der Erfahrungswidrigkeit. Sie bezieht sich auf zusammengesetzte Reize, beispielsweise ein Bild von einem Schwein in Anzug und Krawatte oder eine Fotomontage von Tierbildern. Charakteristisch ist für sie eine besondere Form der Neuverknüpfung von Elementen zu einem Ganzen. Die Komponenten des neuen Reizes passen nicht zusammen oder schließen sich gegenseitig aus, weil ihre Kombination nicht mit der Erfahrung in Übereinstimmung zu bringen ist (zur Wirkung von Inkongruenz auf einen Indikator der OR, die GSR bzw. SRR, s. z. B. Berlyne et al., 1963; zum Einfluß der Inkongruenz auf die Explorationsdauer s. z. B. Berlyne, 1958). Inkongruenz ist damit ein in der Natur, aus der wir unsere Erfahrung schöpfen, nur äußerst seltener Spezialfall von Neuartigkeit (z. B. bei besonderen Formen von Mißbildungen). Dennoch können einzelne Personen durchaus auf konkrete, objektiv gesehen keineswegs seltene natürliche Objekte bzw. Bilder davon eine OR aus Inkongruenz zeigen; beispielsweise auf das Bild eines fliegenden Fisches. Denn auch hierfür gilt, zumindest für einzelne Individuen in ihrer frühen kindlichen Lebensphase: Die Komponenten des Reizes sind bekannt, nicht aber deren Komposition.

(5) *Konflikt.* Konflikt entsteht, wenn ein Reiz gleichzeitig wenigstens zwei Handlungs- oder Reaktionstendenzen gleicher Priorität aktiviert (Berlyne, 1961). Der Grund dafür kann schlicht eine aus Unaufmerksamkeit oder mangelnder Wachsamkeit resultierende unvollkommene Reizverarbeitung sein. Konflikt dürfte nach dieser Bestimmung auch das zentrale Agens der bei Lügen meßbaren physiologischen Funktionsänderungen sein, die allerdings nur bedingt zu den Komponenten der OR gezählt werden können. Wenn der Konflikt zum Problem wird, also (a) nicht ohne weiteres aufgelöst werden kann und (b) die Auflösung aber von besonderer Relevanz für die betroffene Person ist, wandeln sich die körperlichen Anzeichen von Orientierungsprozessen zu Manifestationen von Streß (s. Kap. 12).

(6) *Intensität*. Ein Reiz muß nicht sonderlich intensiv sein, um eine OR auszulösen (vgl. Sokolov, 1963, zur J-Funktion der Intensitätsabhängigkeit der Stärke der OR). Ganz im Gegenteil, sehr starke Reize lösen vorrangig Schreck- oder Defensivreaktionen aus (s. u.). Geeignet sind Reize mittlerer Intensität. Innerhalb des mittleren Bereichs gilt, je intensiver die Stimulation, desto stärker die Orientierungsreaktion (Jackson, 1974). Die Reizintensität gehört somit einerseits zu den ungerichteten Aktivierungsmodulatoren und hat andererseits gerichtete oder spezifische Auswirkungen. Daneben ist die Intensität eines Reizes auch ein physikalisches Reizmerkmal, das in einem neuronalen Modell des Reizes repräsentiert wird (Sokolov, 1960, 1963). Eine deutliche Abnahme der Reizintensität kann nämlich ebenso zu einer OR führen wie eine vergleichbare Zunahme (Bernstein, 1968; Grings, 1960; Pawlow, 1953a, S. 90–91). Nur wird die Stärke der OR bei einer Intensitätszunahme aktivierungsbedingt bedeutend größer ausfallen.

Soviel zu den Determinanten der Auslösung einer OR. Nun soll ihre *Stärke* in den Mittelpunkt der Betrachtung gerückt werden. Die Stärke einer OR ist bei Mensch und Tier grundsätzlich von mehreren Faktoren abhängig. Dazu gehören beim Menschen neben der Güte einer zum Zeitpunkt des Orientierungsreizes noch vorhandenen internen Repräsentation des Ereignisses aus früheren Konfrontationen das Wissen bzw. die Erfahrung der betroffenen Person aus vergleichbaren Situationen, ihre Interessen, Intentionen und Erwartungen (Erwartungen sind wiederum von der Erfahrung mit dem Reiz und seinem Kontext abhängig), ihre Aktiviertheit oder Reagibilität, das Aktivierungspotential der Reize (vornehmlich bestimmt durch ihre Intensität) und nicht zuletzt Reiz- und Kontextmerkmale, die als Träger von Information fungieren und zusammen mit Faktoren in der Person die emotionale und motivationale Valenz der Ereignisse ausmachen. Allgemeiner formuliert tragen zur Stärke einer OR Reiz- und Kontextcharakteristika, die vielschichtige Erfahrung des betroffenen Individuums, sein funktioneller Zustand im entscheidenden Augenblick, seine überdauernden Interessen, Ziele oder Wünsche sowie jene kurzfristigen, dem Zeitpunkt der Reizkonfrontation unmittelbar vorauslaufenden und in die Zukunft gerichteten Verarbeitungsprozesse (z. B. in Form von Erwartungen, Antizipationen, Hypothesen oder subjektiven Wahrscheinlichkeiten) bei. Unter einem funktionellen Zustand wollen wir hier die vielfältigen, nicht direkt auf die Verarbeitung des Orientierungsreizes bezogenen, sondern schon vorab bestandenen allgemeinen Einflüsse auf Verarbeitungsprozesse verstehen. Bei gegebenen organismischen Voraussetzungen und einem angenommenen »normalen wachen

Zustand« wird eine OR dann besonders stark ausfallen, wenn unerwartet und unvorhersehbar ein neuer Reiz mittlerer Intensität erscheint, dessen Informationswert, (potentielle) Bedeutsamkeit, Interessenskongruenz und Handlungsrelevanz groß ist. Beim Menschen sind besonders ungewöhnliche Ereignisse im sozialen Kontext wirksame und ökologisch valide Orientierungsreize. Extrem neu- oder fremdartige Reize von zudem großem Informationsgehalt können jedoch leicht erschreckend wirken oder Furcht hervorrufen.

Die OR ist in ihrer elementaren, d. h. unkonditionierten Form also ein essentieller Gegenspieler zur Macht des Wissens und der Trägheit. Diese Qualifikation ermöglicht ihren Auslösern, direkt, unmittelbar und verbindlich Aufmerksamkeit und Wahrnehmung zu steuern (Vossel & Zimmer, 1993). Das Wissen eines Individuums kann seine Aufmerksamkeit und Wahrnehmung nur dann angemessen steuern, wenn hinlänglich bekannte Objekte und Szenen beobachtbar sind, also Gegebenheiten, die sich gut in entsprechende Schemata aufnehmen lassen (Neisser, 1979). Die OR kommt dagegen ins Spiel, wenn dieses Wissen nicht mehr ausreicht, um die Ereignisse in der Umwelt vorwegnehmen und kontrollieren zu können. Sie führt deshalb obligatorisch zu einer Neuorientierung der Aufmerksamkeit und hat vorrangig die biologisch wichtige Funktion, die Empfänglichkeit des Individuums für potentiell wichtige Information sicherzustellen (vgl. z. B. Fröhlich, 1978; Waters et al., 1977), damit letztlich geeignete Maßnahmen zur Reduktion der Unsicherheit greifen können.

11.3 Abgrenzung der OR

Die OR gibt es nach Sokolov (z. B. 1963) in einer generalisierten als auch in einer lokalisierten Variante. Die *generalisierte* OR ist gekennzeichnet durch eine Aktivierung verschiedener Kortexareale, die *lokalisierte* OR durch eine engumgrenzte kortikale Antwort auf die Stimulation. Die generalisierte OR dauert länger als die lokalisierte OR, habituiert dafür aber recht schnell – bereits nach wenigen Reizwiederholungen (typisch: 10–15, gelegentlich auch deutlich darunter) ist sie vollständig verschwunden bzw. wird sie von der lokalisierten OR abgelöst, die etwa 30 Reizwiederholungen einer Habituationsprozedur überstehen kann. Ob eine generalisierte oder gleich eine lokalisierte OR auftritt, hängt außerdem vom funktionellen Zustand des Individuums ab. Ist es sehr müde, schläfrig oder eingeschlafen, wird ein neuer Reiz von optimaler Intensität eine generalisierte OR (im Sinne einer weitgehend unspezifischen kortikalen Erregung) hervorrufen; ist es hellwach oder stark erregt, wird derselbe Reiz nur eine OR in ihrer lokalisierten Form bewirken können. Eine leichte Reizänderung gegen Ende einer Habituationsprozedur führt entweder zu einer Verstärkung der lokalisierten oder zu einem Wiederauftauchen der generalisierten OR. Nach Skinner und Yingling (1977; Yingling & Skinner, 1977), die ein einflußreiches neurophysiologisches Modell zur intermodalen Aufmerksamkeitssteuerung vorgelegt haben, wäre die *lokalisierte* OR mit selektiver Aufmerksamkeit und die *generalisierte* OR mit einem unspezifischen kortikalen Arousal gleichzusetzen. Im Modell von Skinner und Yingling gelangen Informationen aus visuellen, auditiven und somatosensorischen Rezeptoren nur dann in voller Stärke zu den primären Projektionsarealen des Neokortex, wenn sie auf der Höhe des Thalamus nicht durch Neurone des Nucleus reticularis thalami daran gehindert werden. Die inhibitorische Wirkung des Nucleus reticularis variiert in Abhängigkeit von der unspezifischen retikulären Aktivierung aus mesenzephalen Neuronen und ist unter ihrem Einfluß entweder umfassend abgeschwächt bis aufgehoben oder, unter frontalem Einfluß, auf einzelne sensorische Kanäle begrenzt. Die lokale, auf einzelne modalitätsspezifische thalamische Umschaltkerne begrenzte Hemmung hat eine selektive Funktion. Ein von der Hemmung betroffenes Tor zum Kortex ist enger oder geschlossen, die resultierende Aufmerksamkeit folglich selektiv. Die Hemmung der Neurone des Nucleus reticularis, durch eine Aktivierung der mesenzephalen retikulären Formation, führt zu einer Enthemmung der Relaiskerne, damit zur Öffnung aller Tore zum Kortex und zu einem diffusen (generalisierten) kortikalen Arousal. Der frontale Kortex kann aktiv in dieses Geschehen eingreifen, indem er selektiv einzelne der hemmenden Neurone des Nucleus reticularis aktiviert, um dadurch den Informationsfluß über die betroffenen sensorischen Relaisstationen zu unterbinden oder abzuschwächen. Die Konsequenz ist ein lokales kortikales Arousal, weil nur in der gerade relevanten Modalität das Tor offen bleibt.»Skinner and Yingling (1977) concluded that frontocortical regulation of thalamic reticular cells provides the neurophysiological basis for *selective attention*, whereas mesencephalic reticular control mediates a more generalized process, such as *arousal or orienting reactions*« (Skinner, 1988, S. 74). In einer Erweiterung dieses Modells nimmt Brunia (1993) eine zusätzliche Aufgabe des frontalen Kortex an, nämlich die Kontrolle des motorischen Kortex. Die Doppelfunktion des frontalen Kortex besteht darin, den Nucleus reticularis thalami unter Kontrolle zu halten sowie ihn zu umgehen, um über die Basalganglien direkt motorische Kerne des Thalamus und damit den Motorkortex zu aktivieren. »To move or not to move« heißt deshalb die neue Frage (Brunia, 1993, S. 336). Eine frontal abgeleitete Aktivierung kann nun zweierlei bedeuten: eine Aktivierung des Motorkortex sowie eine spezifische Hemmung der thalamokortikalen Informationsweitergabe in den sensorischen und motorischen Kernen des Thalamus.

Sokolov (1960; 1963) grenzt die generalisierte OR des weiteren von der *Defensivreaktion* ab. Als (einziges) sicheres Unterscheidungsmerkmal nennt er die Art der Reaktion von Kopfgefäßen. Die generalisierte OR soll zu einer Vasodilatation, die Defensivreaktion zu einer Vasokonstriktion der Kopfgefäße führen. Außerdem wird der Defensivreaktion von ihm (1963) eine deutlich langsamere Habituation zugesprochen als der OR. Neuerdings sehen einige Autoren (darunter Turpin, 1986; Vila et al., 1992) in einer späten (frühestens nach etwa 20 bis 30 Sekunden voll ausgebildeten) Akzeleration der HR eine sehr schnell habituierende Komponente der Defensivreaktion. Nach Skinner (1988, 1991) ist die Defensivreaktion durch eine gleichzeitige Regulation sensorischer und autonomer Kanäle gekennzeichnet:

»Thus the frontal cortex appears to subserve the function of simultaneous regulation of sensory and autonomic channels, as was hypothesized by Cannon in his early description of a cerebral defense mechanism. How the frontal cortex functions to produce a particular pattern of output to the thalamic reticular nucleus to provide selective sensory gating and how it simultaneously activates output in the frontocortical-brainstem system to prepare the viscera to respond to attended objects remain goals for future research.« (Skinner, 1988, S. 74)

Skinner (1988, 1991) nimmt an, daß extrem neuartige sowie besonders bedeutsame Reize (Noxen, Bedrohungen und andere wichtige Signale) oder psychosoziale Stressoren zu einer äußerst selektiven Wahrnehmung bzw. selektiven Unaufmerksamkeit führen und gleichzeitig die Erfolgsorgane des autonomen Nervensystems – ganz im Sinne von Cannon (1931) – auf ein bevorstehendes oder vorweggenommenes Verhalten einstellen. Beides werde durch die Frontallappen kontrolliert. Andere Autoren grenzen die OR spätestens seit Landis und Hunt (1939) von der *Schreckreaktion* ab. Schreck kommt auf die unterschiedlichste Weise zum Ausdruck (vgl. z. B. Davis, 1984; oder bereits Landis & Hunt, 1939); immer ist jedoch ein Blinzeln der Augenlider bzw. eine Reaktion des Musculus orbicularis oculi dabei. Blinzeln ist die zuverlässigste und schnellste Komponente der Schreckreaktion. Schreck kann (wie die Defensivreaktion auch) relativ leicht durch ein plötzliches und unerwartet auftretendes lautes Geräusch, etwa einen Pistolenschuß, ausgelöst werden. Die Schreckreaktion scheint wesentlich schneller zu habituieren als die generalisierte OR. (Bei längeren Intervallen zwischen den Reizen, in einer Größenordnung, wie sie durchaus noch üblich ist in Untersuchungen zur Habituation der OR, werden jedoch die einzelnen Schreckreize durchgängig starke Reaktionen des M. orbicularis oculi auslösen. Schon etwa 45 s reichen hierfür aus.) Die Stärke des Schreckreflexes variiert darüber hinaus in Abhängigkeit von psychologischen Randbedingungen wie Aufmerksamkeit und Interesse. Immer dann, wenn die Aufmerksamkeit gerade nicht auf die Sinnesmodalität des Schreckreizes eingestellt ist, muß mit einer abgeschwächten Schreckreaktion gerechnet werden. Besonders deutlich zeigt sich diese Reflexdämpfung, wenn die Aufmerksamkeit von interessanten Reizen gefesselt wird (Anthony & Graham, 1985). Möglicherweise ist die Amplitude der Reaktion des M. orbicularis oculi sogar ein valider und sensibler Indikator für die Valenz des momentanen emotionalen Zustandes eines Individuums (Bradley & Vrana, 1993; Lang et al., 1990). Ein positiver Emotionszustand scheint diese Komponente der Schreckreaktion abzuschwächen, ein negativer sie zu verstärken.

Orientierungsreaktionen werden zudem von spezifischen, spezialisierten *Anpassungsreaktionen* abgegrenzt (u.a. bei Lynn, 1966; Sokolov, 1963). Während der Effekt einer OR im allgemeinen in einer Sensitivitätssteigerung (»enhancement of analyzer sensitivity«; Sokolov, 1963) besteht, dienen diese einfachen Adaptationen der Erhaltung eines Gleichgewichts physiologischer Körperfunktionen. Die angesprochenen adaptiven Reaktionen beziehen sich, ungleich der OR, ganz und gar auf die jeweilige Stimulation und sind in ihrer Wirkung kompensatorisch. Zwei Beispiele sollen die Unterschiede verdeutlichen. Die Adaptation an einen Kältereiz ist eine Vasokonstriktion, die Adaptation an einen Wärmereiz eine Vasodilatation. Die OR zeichnet sich in der Körperperipherie in beiden Fällen durch eine Vasokonstriktion aus. Auf Helligkeitsveränderungen besteht die OR immer in einer Pupillendilatation, während die Adaptation, je nach Richtung der Veränderung, sowohl zu einer Pupillenerweiterung als auch zu einer Pupillenverengung und begleitenden Hell- oder Dunkeladaptationen führen kann. Ein weiterer Unterschied zur OR besteht darin, daß Adaptationen nicht habituieren (s.u.). Adaptive Reaktionen kommen zudem erst dann zur Geltung, wenn die anfängliche OR abgeklungen oder bereits habituiert ist, d.h. unter den gegebenen Bedingungen nicht mehr auftritt.

Schwierigkeiten bereitet die Abgrenzung der OR von der *konditionierten Reaktion* (CR). Pawlow sah in der OR noch eine unkonditionierte Reaktion auf Umweltveränderungen, die konditionierte (bedingte) Reflexe hemmen kann:

»Wir haben wieder eine streng gesetzmäßige Reaktion des Organismus vor uns, einen einfachen Reflex, den wir als Orientierungsreflex, als Einstellungsreflex bezeichnen. ... Diese Einstellung geschieht natürlich auf Kosten der Tätigkeit des einen oder anderen Punktes des Zentralnervensystems. ... Das ist die aufdringlichste und in unseren jetzigen Laboratorien geradezu unüberwindliche und unabwendbare Ursache der Störung unserer Grunderscheinung, des bedingten Reflexes.« (Pawlow, 1953a, S. 91)

Sokolov nahm an, daß eine CR die OR ablösen kann bzw. daß die Ausbildung einer CR stets von einer habituierenden OR begleitet wird:

»The relationship between orienting and conditioned reflexes may be stated in the following way. Until a conditioned reflex is firmly established, consolidated and automatized, it is accompanied by the development of orienting reactions to both conditioned and unconditioned stimulus. Stabilization of the conditioned connexion coincides with disappearance of the orienting reaction. All changes in the conditioned reflex system are accompanied by development or intensification of the orienting reflex, and the time the latter persists is proportional to the difficulty of the system of reflexes to be elaborated.« (Sokolov, 1963, S. 292)

Mit der Einführung und raschen Verbreitung des Signifikanzkonzepts der OR-Auslösung sollte sich die Lage der Dinge ändern. Man war nun auch bereit, in der CR eine OR auf signifikante Reize zu sehen. »The CS is discovered to be a signal for the impending UCS and it therefore evokes an orienting reflex« (Maltzman, 1971, S. 104). Die Konfusion war perfekt und ist es bis heute geblieben (vgl. z. B. Öhmans Theorie der Orientierungsreaktion aus dem Jahre 1979). Besonders tückisch ist das Problem, weil man mittlerweile nur noch in der SCR einen echten Indikator der OR sieht (Vossel & Zimmer, 1989a,b), die SCR aber sehr sensibel (u. a.) auf Konditionierungsprozeduren anspricht (Grings, 1977). Deshalb wäre es mehr als nur unangemessen, Fragen zur OR lediglich mit der SCR zu überprüfen und aus den Befunden allgemeine Gesetze über die OR abzuleiten. Die im Jahre 1979 ausgetragene heiße Debatte um die Frage nach den notwendigen und hinreichenden Bedingungen einer OR (s. o.) war aus dieser Sicht in erster Linie ein Streitgespräch um die Wirksamkeit konditionierter und unkonditionierter Auslöser bestimmter autonomer Körperreaktionen, und zwar jener, welche traditionell (u. a.) mit der OR in Verbindung gebracht worden sind (vornehmlich die SCR). Zusammenfassen läßt sich die derzeitige Situation am besten in den Worten von Grings (1977, S. 346): »For some, an orienting reflex will remain a primitive reflex resulting from stimulus change or novelty; for others it will represent a broader class of behavior associated with attending to stimuli.«

11.4 Das klassische OR-Paradigma

Die OR wird gewöhnlich in einem ganz charakteristischen Paradigma (»repetition-change/omission paradigm«) untersucht. In dieser Versuchsanordnung wird zuerst ein Orientierungsreiz, also ein Reiz, der zumindest anfänglich eine OR auslöst, mehrere Male unverändert dargeboten (Repetition) und dann irgendwann gegen einen anderen Reiz ausgetauscht, verändert präsentiert (Change) oder ausgelassen (Omission). In einem geeigneten Indikator der OR muß auf die anfänglichen Reizwiederholungen eine exponentiell abnehmende Reaktionsstärke (Habituation) beobachtbar sein, der ein Erstarken bzw. – nach Abschluß der Habituation (vorübergehendes Erlöschen der Reaktion) – eine Wiederkehr der Reaktion auf das neuartige Ereignis (OR, Change-OR oder Omission-OR) sowie eine gegenüber vorher etwas stärkere Reaktion (Dishabituation) auf die erneute Darbietung des zuvor mehrfach wiederholten Reizes folgt. Der zeitliche Abstand zwischen den einzelnen Reizdarbietungen ist gewöhnlich recht lang (20 bis 30 Sekunden und länger), damit auch langsame autonome Reaktionen vollständig und unverfälscht erfaßt werden können. Unüblich, aber ebenfalls effektiv ist die unveränderte Darbietung eines Reizes in einem gleichbleibenden versus veränderten Kontext. Z.T. (z.B. bei Groves & Thompson, 1970) wird der Begriff der Dishabituation eingeschränkter, weil unter Ausklammerung der Phänomene durch Auslassung verwendet.

11.5 Sokolovs Theorie der OR

Die ersten Entwürfe zu seiner Theorie der Orientierungsreaktion wurden bereits vor mehr als 35 Jahren publiziert (z.B. Sokolov, 1960; Voronin & Sokolov, 1960). Trotz entscheidender Modifikationen (vor allem 1966 und 1975) ist der Kern seiner Theorie bis zuletzt (1990) erhalten geblieben. Sokolovs Grundannahme basiert auf der Idee eines an das Gehirn höherer Organismen gebundenen unermüdlichen Vergleichsprozesses zwischen sensorischen Stimulationen aus externen Quellen und einem »neuronalen Modell«, bestehend aus Repräsentationen sowie Extrapolationen früherer Stimulationen. OR-Theorien dieses Typs werden mittlerweile auch »Vergleichstheorien« genannt (Siddle, 1991). Ergänzt wird die Grundannahme durch die Annahme einer steten Modifikation des neuronalen Modells durch Erfahrungen, was u. a. zu einer Präzisierung und Aktualisierung von Reizrepräsentationen führen kann. Allerdings können solche Modelländerungen nur stattfinden, wenn der Organismus dazu die Gelegenheit hat. Wird ein Modell nicht stets erneuert, verblaßt es mit der Zeit oder wird durch ein neues, angemesseneres Modell ersetzt. Findet eine vom Organismus registrierte Veränderung der Umwelt in seinem zentralen Nervensystem keine Entsprechung vor, kommt es – falls die hierfür erforderlichen körperlichen Grundlagen vorhanden sind – zu einer OR; ist das neuronale Modell der Umwelt und ihrer Veränderungen hingegen perfekt und im entscheidenden Moment auch aktiv, wird keine OR hervorgerufen, und man folgert, der Organismus sei auf eben diesen Reiz habituiert. Die entscheidende Ursache für eine OR sieht Sokolov demnach in einer unzureichenden Anpassung des Gehirns eines Organismus an die jeweils gegebenen situativen Vorkommnisse. Deshalb ist es auch egal, ob ein Organismus noch nie, in letzter Zeit nicht mehr oder in einem bestimmten Kontext noch nie bzw. nur äußerst selten dem Reiz ausgesetzt war. Das Ergebnis wird in allen Fällen gleich sein: eine OR auf das Neue oder zumindest Neuartige in seiner Umwelt. Ebenso wie ihr Auftreten hängt ihre Stärke im entscheidenden Maße von der Güte des neuronalen Modells ab, die wiederum mit der Anzahl und Aktualität der entsprechenden Stimulationen aus der Vergangenheit variiert. Je besser das Modell, desto geringer die festgestellte Abweichung (also die Neuartigkeit für das Gehirn) und desto schwächer die OR. Daraus läßt sich u. a. ableiten, daß die Habituation auf Reize im Schwellenbereich extrem beeinträchtigt bzw. verzögert sein muß: »When stimuli close to threshold are used, the formation of a model is more difficult and even a thousand stimuli in a series of successive experiments may fail to extinguish the orienting reaction.« (Sokolov, 1963, S. 293)

Hinsichtlich der Lokalisation des neuronalen Modells liegen von Sokolov unterschiedliche Annahmen vor. Ursprünglich sah er in neokortikalen Verbänden von Merkmalsdetektoren das neuronale Modell. Diese Position gab er jedoch 1975 zugunsten einer Lokalisation des Modells in den synaptischen Verbindungen zwischen diesen Detektoren und bestimmten Neuronen der Hippocampus-Formation auf, die er wegen ihrer Eigenschaften Neuheitsdetektoren nannte. Dies kann aus heutiger Sicht aber immer noch nicht die ganze Geschichte sein, denn zum einen sind mittlerweile auch Neuheitsdetektoren in den Mandelkernen gefunden worden (LeDoux, 1995), und zum anderen ist die so begründete Theorie von Sokolov ungeeignet zur Erklärung einiger OR-Phänomene (vgl. z. B. Näätänen, 1992, S. 60–68; Velden, 1978).

11.6 Hirnelektrische Anzeichen der OR

Annahmen zur OR und ihrer Habituation sowie Dishabituation werden gewöhnlich mit Größen des autonomen Nervensystems (besonders mit der SCR und der HR-Dezeleration) überprüft. Neuerdings gibt es auch erste ernstzunehmende Versuche, die OR zu Funktionen des zentralen Nervensystems in Beziehung zu setzen. Zwei Klassen von Phänomenen sind davon besonders betroffen, die Modulation der spontanen hirnelektrischen Aktivität und das ereignisbezogene Potential (»event-related potential«, ERP).

Zum erstgenannten Bereich gehört traditionell die *Desynchronisation* der spontanen Hirnwellen (Sokolov, 1963, 1975). Sie reflektiert vornehmlich den Aktivierungsaspekt der OR und in ihrer Topographie auch den selektiven Aspekt begleitender Aufmerksamkeitsprozesse. Die regionale Variante der Desynchronisation bei selektiver Aufmerksamkeit ist abhängig von einer frontalen Kontrolle des Aktivierungsgeschehens (s. o.). Besonders auffällig ist sie bei emotional und motivational wichtigen Hinweisreizen.

Die Feinanalyse des ERPs dient in der Psychophysiologie zum einen der Chronometrie (Zeitmessung) mentaler Prozesse und wird zum anderen zur Spezifikation von den an der Informationsverarbeitung beteiligten Prozessen eingesetzt. Mit der OR sind nahezu alle unspezifischen Komponenten des ERPs in Verbindung gebracht worden, besonders jedoch der *N2b/P3a-Komplex* am Vertex (Näätänen & Gaillard, 1983), die parietale *P3b* (Roth, 1983) und die frontale *O-Welle* (Loveless, 1983; Rohrbaugh, 1984; Rohrbaugh & Gaillard, 1983). Zum besseren Verständnis des nachfolgenden Textes sind die angesprochenen ERP-Komponenten in *Abb. 11.1* veranschaulicht.

Die *unspezifische,* am Vertex (C_z) besonders ausgeprägte *N1* (oder $N1_3$) reflektiert dagegen die reizbedingte (exogene) Aktivierung durch die Orientierungsreize. Die Amplitude dieser ERP-Komponente gilt als zuverlässiger, valider und sensibler Indikator der unspezifischen retikulären Aktivierung auf dynamisch-energetische Reizaspekte (Loveless & Brunia, 1990; Näätänen & Picton, 1987). »This component appears to be associated with a wide-spread transient arousal burst elicited by the stimulus« (Näätänen, 1992, S. 202). Sie ist demzufolge auch bzw. besonders bei Schreck- und Defensivreaktionen vorzufinden, weswegen sie zur Charakterisierung der OR weniger geeignet ist. Es gilt als relativ sicher (Näätänen, 1992), daß die unspezifische N1 zusammen mit spezifischen N1-Komponenten (bei auditiven Reizen zusammen mit der supratemporalen und frontalen N1) eine passive Aufmerksamkeitszuwen-

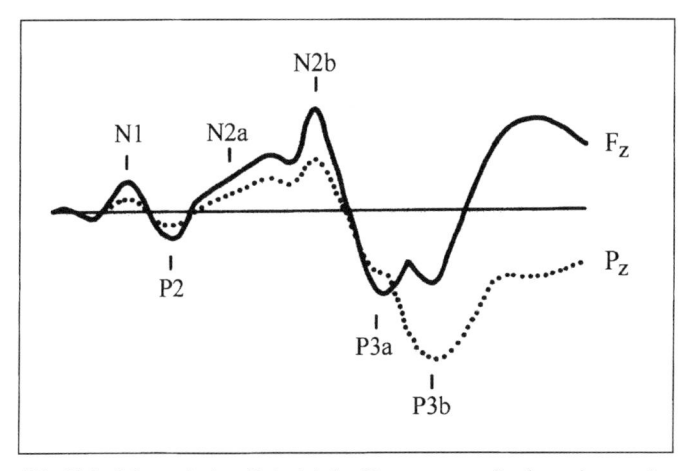

Abb. 11.1: Schematisches Beispiel der Komponenten-Struktur eines ereignisbezogenen Potentials an den Positionen F_z (durchgezogene Linie) und P_z (punktierte Linie). Das Intervall zwischen der N1 und der N2b ist zur Veranschaulichung gestreckt dargestellt (nach Näätänen et al., 1982)

dung einleitet, die für eine bewußte Wahrnehmung des auslösenden Reizes unentbehrlich ist. Zuverlässig konnte die unspezifische N1 bislang in Paradigmen mit langen Intervallen zwischen den einzelnen Reizen beobachtet werden (Näätänen, 1988), insbesondere auf unüberhörbare auditive Reize mit einem unmittelbaren Intensitätsanstieg (Loveless & Brunia, 1990).

Die *Vertex-Reaktionen* treten sowohl bei einem erstmalig oder vereinzelt erscheinenden Reiz als auch bei einer Reizveränderung im typischen OR-Paradigma auf und sind allesamt vom allgemeinen endogenen Aktivations- oder Wachsamkeitszustand abhängig. Sie werden ganz allgemein mit dem unwillkürlichen Wechsel der Aufmerksamkeit bei Orientierungsreaktionen in Zusammenhang gebracht (Loveless, 1983). Die Amplitude des N2b/P3a-Komplexes scheint sogar sensibel auf die intermodale Aufmerksamkeitsausrichtung zu reagieren, was für einen vermutlich im Nucleus reticularis thalami lokalisierten »Tormechanismus« spricht, der vom Mittelhirn und von den Frontallappen aus kontrolliert wird (s. o.). Im Normalfall reagiert der N2b/P3a-Komplex auf physikalische Abweichungen gleich welcher Modalität (auditiv, visuell, taktil). Semantische Abweichungen führen zu einer N400 (Besson & Macar, 1987; Kutas & Hillyard, 1980). Der Generatormechanismus springt aber auch auf einfache Formen der Erwartungswidrigkeit bzw. (genauer) auf geringe Übergangswahrscheinlichkeiten an, vorausgesetzt, diese sind bereits anhand physikalischer Reizmerkmale feststellbar. Der N2b/P3a-Komplex scheint aber trotz seines sehr deutlichen Bezugs zur OR und ihren auslösenden Bedingungen nicht auch schon mit der Bedeutungserfassung direkt in Verbindung zu stehen, allenfalls mit einer vorläufigen und sehr rudimentären (phylogenetisch frühen) Form der Reizbewertung oder primären (unbewußten) Reizklassifikation anhand einfacher physikalischer Reizmerkmale. Die eigentliche volle Bedeutung oder Signifikanz eines Reizes, die neben der Neuartigkeit und der Veränderung als eine zentrale Determinante von ORs angesehen wird, erschließt sich dem Individuum erst später. Deutlich spiegelt sie sich erst in der zeitlich nachfolgenden parietalen Positivierung (P3b), weswegen als »Reizevaluationszeit« die Zeitstrecke zwischen der N2b und der P3b bestimmt wird ($t_{SE} = t_{P3b} - t_{N2b}$).

Die parietale *P3b* scheint ganz im Gegensatz zu den Vertex-Reaktionen weniger mit dem unwillkürlichen als mit dem willkürlichen Wechsel der Aufmerksamkeit in Verbindung zu stehen (vgl. mit der Unterscheidung von Maltzman, 1977, zwischen »voluntary and involuntary ORs«). Sie ist deshalb in starkem Maße aufmerksamkeits- bzw. ablenkungsabhängig (vgl. z.B. Holdstock & Rugg, 1995). »This component probably cannot be elicited in the absence of attention« (Näätänen, 1992, S. 244). Die P3b reagiert insbesondere auf signifikante Reize, unabhängig davon, ob es sich dabei um einen neuen oder alten Reiz bzw. einen veränderten oder mehrfach wiederholten Reiz handelt. Coles et al. (1990) sind sogar der Auffassung, die P3b würde nur auf aufgabenrelevante Ereignisse (Zielreize) auftreten:

»Thus, P300s [angesprochen ist die P3b-Komponente der P3] are only elicited if the subject must use the stimuli to perform the assigned task. If the events occur while the subject is performing another task (...), then even rare events do not elicit the P300 (...). Furthermore, the P300 to an event is directly related to the event's utility in terms of the subject's task.« (Coles et al., 1990, S. 426)

Außer auf die Aufgabenrelevanz (Duncan-Johnson & Donchin, 1977) spricht sie auf die subjektive Auftretenswahrscheinlichkeit der Ereignisse (Johnson, 1986, 1988; Squires et al., 1976) und auf die Verarbeitungsanforderungen bzw. die Verfügbarkeit von Ressourcen für die Reizevaluation an (Donchin et al., 1986; Kramer & Spinks, 1991; Rösler, 1982, 1983). Funktionell steht die P3b vermutlich mit der sehr wichtigen Unterbrechungs- und Hemmungsfunktion der OR in Verbindung (Loveless, 1979; Roth, 1983).

»A better case can be made that the LPC [hier P3b genannt] is related to the interrupt mechanism, since both voluntary and involuntary acts of attention must involve interruption of an ongoing process (Roth, 1983), and there is some evidence that LPC is associated with the suppression of irrelevant activity (Loveless, 1979).« (Loveless, 1983, S. 96)

Nach unserer Auffassung dürfte die unwillkürliche Unterbrechungsfunktion aber klar mit einer frontalen P3a verknüpft sein.

Donchin (1981) sieht hinter der P3b (bei ihm undifferenziert die P300) einen »Aufarbeitungsmechanismus«, der letztlich u. a. Erinnern und die Entstehung situationsgerechter Erwartungen fördern soll. In seiner »context updating«-Hypothese der Überraschung (1981; Donchin & Coles, 1988a,b) vertritt er die Auffassung, die P3b-Amplitude reflektiere das genaue Ausmaß des Umbaus eines Schemas oder Modells der externen Welt (zur Kritik hieran s. Verleger, 1988). Unter dem Schema versteht er: »The schema may be conceptualized as the large and complex map representing all available data about the environment« (Donchin, 1981, S. 508). Die funktionelle Bedeutung der P3b wäre danach nicht von der Aktivität eines Systems zu trennen, das der Aufrechterhaltung, Erneuerung und Erweiterung eines Modells der Umwelt (des Kontextes) im Arbeitsgedächtnis dient: je größer die P3b, desto stärker die Änderungen im Arbeitsgedächtnis und desto aktueller und präziser die jeweilige Repräsentation der Umwelt. Je exakter diese Repräsentation und die kontextuelle Einbettung des Reizes wiederum wird, desto früher sollte sich anhand der Vergleichstheorien Habituation auf eine stete identische Reizung breitmachen. Dies gilt speziell für die P3b auf neuartige Ereignisse, nicht aber für die P3b auf aufgabenrelevante Reize (Rösler et al., 1987). Aufgabenrelevante Reize führen ebenso wie unerwartete, weil aus dem Kontext nicht vorhersagbare Reize stets zu einer stattlichen P3b. Ein Sachverhalt, der einen in die Zukunft weisenden Aspekt der Verarbeitung ins Spiel bringt.

Noch deutlicher ist dieser Aspekt mit der zeitlich auf die P3 folgenden frontalen *O-Welle* (engl. »orienting wave« oder kurz »O-wave«; Loveless & Sanford, 1974) verknüpft. Andere Namen für die frontale O-Welle sind beispielsweise: »early contingent negative variation«, »event-related slow potential of frontal lobe origin«, »late negative component«, »negative afterwave«, »negative slow wave« oder »slow negative wave«. Es handelt sich dabei um einen Komplex von wenigstens zwei späten, frontal negativen ERP-Komponenten (Rohrbaugh & Gaillard, 1983; in *Abb. 11.1* ist die erste der beiden Komponenten dargestellt). Die O-Welle spricht insbesondere auf signifikante Reize mit Hinweischarakter an (Skinner,

1988); aber auch auf neue oder unerwartete Ereignisse von lediglich potentieller Signifikanz ist sie beobachtbar (Rohrbaugh et al., 1978). Selbst das Ausbleiben eines physikalischen Reizes kann sie auslösen (z. B. Skinner, 1991), wenn das Ereignis nur unerwartet oder bedeutsam ist, z. B. etwas ankündigt. Auf imperative Reize ist sie (»post-imperative negative variation«, PINV) stark abgeschwächt, außer bei unklaren Reiz-Reaktions-Konsequenzkontingenzen (Elbert et al., 1982; Rockstroh et al., 1979). Bei Unaufmerksamkeit gegenüber den auslösenden Bedingungen ist die O-Welle im allgemeinen ebenfalls abgeschwächt (Loveless, 1983). Die O-Welle wird zu den typischen hirnelektrischen Komponenten der OR gezählt (Loveless, 1983; Rohrbaugh, 1984), obwohl u. a. ihre Habituation fraglich ist. Sie weist dafür möglicherweise Sensibilisierung (Simons et al., 1987) auf und hat eine deutliche Beziehung zu dem extrapolierenden, auf die Wahrnehmungs- sowie Verhaltenskontrolle ausgerichteten Aspekt der OR.

Skinner (1988, 1991) macht die O-Welle auf extrem neuartige sowie besonders bedeutsame Reize (Noxen, Bedrohungen und andere wichtige Signale) oder psychosoziale Stressoren zudem für die Defensivreaktion verantwortlich. Sie bewirke sowohl die äußerst selektive Wahrnehmung bzw. selektive Unaufmerksamkeit als auch gleichzeitig die Einstellung der Erfolgsorgane des autonomen Nervensystems auf ein bevorstehendes bzw. vorweggenommenes Verhalten. Beides werde durch die Frontallappen kontrolliert. Skinner (1988, 1991) beruft sich für den sensorischen Anteil an der Defensivreaktion auf das neurophysiologische Modell von Skinner und Yingling (1977; Yingling & Skinner, 1977) zur intermodalen Aufmerksamkeitssteuerung, das bereits oben (auch in seiner Erweiterung durch Brunia, 1993) besprochen worden ist. Zur Charakterisierung der Defensivreaktion ergänzt er dieses Modell der Aufmerksamkeitssteuerung lediglich um eine frontokortikale Kontrolle hypothalamischer Regelkreise und um eben diese Kontrolle der Regulation autonomer Funktionen auf Hirnstammebene.

12. Streß

Der Streßbegriff, der auch in der Alltagssprache eine große Popularität genießt, ist unter einer wissenschaftlichen Perspektive als interdisziplinäres Konzept zu betrachten, das im Schnittpunkt von Biologie, Physiologie, Medizin, Psychologie und Soziologie anzusiedeln ist. Er wird allerdings innerhalb als auch zwischen diesen

Disziplinen keineswegs einheitlich verwendet (z. B. Streß als Reiz oder Reaktion, Streß als Wechselwirkung zwischen Person und Situation, vgl. Vossel & Laux, 1983).

Weitgehender Konsens dürfte in den o. a. Disziplinen heute jedoch darin bestehen, Streß im Kontext solcher Situationen zu diskutieren, in denen interne oder externe Anforderungen das körperliche, psychische oder soziale Wohl von Lebewesen eindeutig bedrohen. Eine echte Bedrohung entsteht insbesondere dann, wenn die gestellten Anforderungen die Grenzen des Reaktions- oder Handlungsvermögens tangieren oder es überfordern. Streß hat demnach mit Anpassungsprozessen zu tun: In aller Regel muß ein gefährdeter Zustand unter relativ großem Aufwand verteidigt werden, wobei ggf. auch eine komplette Neuanpassung an die veränderten, vom Menschen meist als aversiv erlebten Bedingungen erforderlich ist.

Ziel der psychophysiologischen Streßforschung ist es primär, diese Anpassungsprozesse und ihre Konsequenzen in verschiedenen physiologischen Systemen zu beschreiben, ihre Wirkmechanismen aufzuklären und die Bedingungen zu analysieren, unter denen diese Prozesse auftreten. Dabei lassen sich in der psychophysiologischen Streßforschung verschiedene Ansätze vornehmlich danach unterscheiden, welche physiologischen Veränderungen im Mittelpunkt der Betrachtung stehen, nämlich Veränderungen in peripher-physiologischen Systemen, die vom Sympathikus kontrolliert werden, Veränderungen von Variablen des endokrinen Systems oder – speziell in neuerer Zeit – des Immunsystems.

12.1 Die Beiträge von Cannon und Selye

Die Popularisierung des Streßbegriffs ist unzweifelhaft eng mit der wissenschaftlichen Pionierleistung von Hans Selye (s. u.) verbunden, wenngleich dem Physiologen Walter Cannon (1929, 1931, 1932) das Verdienst zukommt, diesen Begriff als erster in die wissenschaftliche Terminologie eingeführt zu haben. Cannon verwendete den Streßbegriff im Zusammenhang mit seiner Ausdifferenzierung der Homöostasekonzeption. Danach ist der Organismus bemüht, ein konstantes »internes Milieu« aufrechtzuerhalten, d. h. in einem relativen Gleichgewichtszustand zu verbleiben, der von koordinierten physiologischen Prozessen gewährleistet wird. Streß wird von Cannon als eine Kraft angesehen, die den homöostatischen Zustand eines Organismus nachhaltig stört. In diesem Falle wird eine Streßreaktion, die sog. »Notfallreaktion«, ausgelöst, die in bezug auf die auslösenden Streßbedingungen unspezifisch sein soll.

Ziel dieser Streßreaktion ist die Mobilisierung von Energie zur Wiederherstellung des homöostatischen Zustandes, wobei dieser Prozeß relativ unabhängig von höheren Anteilen des Nervensystems ablaufen soll, um dieses von internen Regulationsaufgaben zu entlasten. Cannon beschrieb die unspezifische Streßreaktion als eine massive, uniforme Reaktion des sympathischen Nervensystems (vgl. Kap. 10.2), wobei er sich insbesondere für das aus dem Nebennierenmark ausgeschüttete Hormon Adrenalin und dessen vielfältige Wirkungen interessierte.

Als eigentlicher Begründer der Streßforschung gilt Hans Selye (z.B. 1957, 1976), der dem Streßbegriff die Popularität verschaffte, die er heute besitzt. Er vertrat ebenfalls eine *Unspezifitätskonzeption*. So definierte Selye (1957, S. 72) Streß als einen »Zustand, der sich als ein spezifisches Syndrom kundtut, das aus allen unspezifisch hervorgerufenen Veränderungen innerhalb eines biologischen Systems besteht«. Diejenigen Reize, die zu Streß führen, werden dann als *Stressoren* bezeichnet. Diese haben, wenn sie Anforderungen an den Organismus stellen, neben ihren spezifischen Effekten (z.B. führt Hitze zu einer Gefäßerweiterung und Kälte zu einer Gefäßverengung) immer auch unspezifische Wirkungen, d.h. Wirkungen, die von der jeweiligen Qualität des Reizes unabhängig sind. Die ersten Belege für diese Annahme stammten aus Tierexperimenten, in denen den Versuchstieren verschiedenste schädigende Substanzen verabreicht wurden. Dabei beobachtete Selye (z.B. 1936) unabhängig von der Art der schädigenden Substanz drei charakteristische Veränderungen (»Streßtrias«): (1) eine Vergrößerung der Nebennierenrinde; (2) eine Schrumpfung lymphatischer Organe, wie z.B. von Milz und Thymusdrüse und (3) Geschwürbildungen im Magen-Darm-Trakt.

Auf der Grundlage dieser und ähnlicher Untersuchungen formulierte Selye seine Lehre vom »Allgemeinen Adaptations Syndrom« (»General Adaptation Syndrome«, GAS), das gelegentlich auch als »Biologisches Streß-Syndrom« bezeichnet wird. Beim GAS handelt es sich um das bereits in seiner Streßdefinition angesprochene spezifische Syndrom, das aus allen unspezifisch hervorgerufenen Veränderungen besteht. Es beschreibt insbesondere, wie sich diese Veränderungen im Zeitablauf bei kontinuierlicher Einwirkung eines Stressors relativ hoher Intensität entwickeln. Seine biologische Funktion sieht Selye in der Mobilisierung von Energiereserven, die normalerweise nicht freigesetzt bzw. für andere Prozesse verwendet werden.

Das GAS verläuft in drei zeitlich aufeinanderfolgenden Phasen: der Alarmreaktion, der Widerstandsphase und der Erschöpfungsphase.

Alarmreaktion. Bei der Darbietung von Reizen, an die sich ein Organismus weder in qualitativer noch in quantitativer Hinsicht adaptiert hat, tritt die Alarmreaktion auf. Diese wird in eine *Schockphase* und eine darauf folgende *Gegenschockphase* unterteilt. Während der Schockphase kommt es u. a. zu einer Senkung der Körpertemperatur und des Muskeltonus. Außerdem fällt der Blutdruck ab, nachdem er kurzfristig als Folge der Ausschüttung von Adrenalin angestiegen war. Den gleichen Verlauf beobachtet man bei der Konzentration des Blutzuckers. Als weiteres Symptom dieser Phase wird von Selye die beginnende Geschwürbildung im Magen-Darm-Bereich genannt. In Abhängigkeit von der Intensität des Stressors variiert die Dauer dieser Phase zwischen wenigen Minuten und 24 Stunden. Sie geht dann üblicherweise in die Gegenschockphase über, in der es z. B. zu einer Vergrößerung der Nebennierenrinde und damit einhergehender vermehrter Ausschüttung der Nebennierenrindenhormone, zur Zerstörung von lymphatischem Gewebe und zu einer Reihe von anderen Veränderungen kommt, die sich z. T. als eine Umkehrung der Veränderungen in der Schockphase beschreiben lassen.

Widerstandsphase. Bei einer weiteren kontinuierlichen Einwirkung des Stressors tritt der Organismus in die Widerstandsphase ein. Das Hauptmerkmal dieser Phase ist die gesteigerte Widerstandsfähigkeit gegenüber dem ursprünglichen Stressor, der die Alarmreaktion auslöste, bei reduzierter Widerstandsfähigkeit gegenüber neuen Stressoren. Die während der Alarmreaktion beobachteten morphologischen und biochemischen Veränderungen verschwinden entweder, oder es treten Veränderungen in entgegengesetzter Richtung auf (z. B. Ausschüttung von Hormonen der Nebennierenrinde in der Gegenschockphase und Speicherung dieser Hormone während der Widerstandsphase).

Erschöpfungsphase. Diese Phase beschreibt alle unspezifischen Reaktionen als Folge einer weiteren kontinuierlichen Einwirkung des ursprünglichen Stressors. Charakteristisch ist insbesondere der Verlust der während der Widerstandsphase erreichten Anpassung an den Stressor sowie das erneute Auftreten von zahlreichen Symptomen der Alarmreaktion, die nun allerdings kaum mehr reversibel sind. Diese Phase endet im Extremfall mit dem Tod des Organismus.

Bei der Beschreibung der physiologischen und biochemischen *Mechanismen*, die für die Streß-Symptome verantwortlich sind, mißt Selye der sog. »Hypothalamus-Hypophysen-Nebennierenrinden-Achse« eine besondere Bedeutung bei. Die Applikation eines Stressors führt nicht nur zu lokalen, adaptiven Veränderungen im

Zielbereich, sondern bewirkt auch eine Alarmierung des Hypothalamus. Dabei konnte Selye allerdings nicht klären, ob die Information vom Ort der Schädigung aus auf chemischem Wege oder aber über Nervenimpulse an den Hypothalamus gelangt, d. h. welchen Weg der »primäre Vermittler der Streßreaktion« nimmt. Der Hypothalamus stimuliert nun durch die Abgabe von Releasing-Hormonen (z. B. Kortikotropin Releasing-Hormon, CRH) den Hypophysenvorderlappen, in erhöhtem Maße das Adrenokortikotrope Hormon (ACTH) ins Blut auszuschütten. Das ACTH als glandotropes Hormon (vgl. Kap. 2.5) regt seinerseits die vermehrte Sekretion von Hormonen der Nebennierenrinde (Kortikoide) an, die sich in zwei Gruppen einteilen lassen und zwar in die Gruppe der Glukokortikoide und die der Mineralokortikoide. Die hervorstechendste Eigenschaft der *Glukokortikoide* (z. B. Kortisol, Kortikosteron) ist ihre hemmende Wirkung auf entzündliche Prozesse (»anti-inflammatorische Kortikoide«). Außerdem bewirkt die Ausschüttung dieser Hormone u. a. die Freisetzung von Glukose, die Schrumpfung von lymphatischem Gewebe, die Unterdrückung der Bildung von Antikörpern und eine Verminderung der Anzahl von weißen Blutkörperchen. Außerdem soll die erhöhte Ausschüttung dieser Hormone bei der Entstehung von Geschwürbildungen im Magen-Darm-Trakt beteiligt sein. Die zweite Gruppe von Kortikoiden, die *Mineralokortikoide* (z. B. Aldosteron), wirkt hingegen primär entzündungsfördernd; diese Hormone werden daher auch unter der Bezeichnung »pro-inflammatorische Kortikoide« zusammengefaßt.

Während Selye sein Hauptaugenmerk auf die Rolle der Hormone der Nebennierenrinde richtete, beschäftigen sich andere Autoren (z. B. Levi, 1972, Frankenhaeuser, 1986) in der Tradition von Cannon schwerpunktmäßig mit den Hormonen des Nebennierenmarks unter Streß. Das Nebennierenmark wird vom sympathischen Nervensystem angeregt, welches über vegetative Nerven, insbesondere über den »Fasciculus longitudinalis dorsalis«, mit dem Hypothalamus in Verbindung steht. Als Folge einer Anregung dieses Systems treten zum einen die charakteristischen sympathischen Veränderungen in der Körperperipherie auf (vgl. Kap. 2.4), zum anderen werden aus dem Nebennierenmark die Katecholamine Adrenalin und Noradrenalin sezerniert, die besonders ausgeprägte Effekte auf das Herz-Kreislauf-System und auf Stoffwechselfunktionen ausüben.

Es sollte noch betont werden, daß die beschriebenen hormonellen Reaktionen nicht nur ablaufen, wenn ein Organismus starken physikalischen Stressoren ausgesetzt ist (schädigenden Substanzen, Hitze, Kälte usw.), sondern selbst dann nachweisbar sein können, wenn er mit eher moderaten psychischen Stressoren (z. B. mentaler

Belastung) konfrontiert ist. Für diese Hypothese existieren zahlreiche Belege sowohl aus Tier- als auch aus Humanexperimenten (vgl. Mason, 1968 a,b).

12.2 Die Modifikation der Unspezifitätskonzeption durch Mason

Erste Einwände gegenüber dem Ansatz von Selye wurden besonders von Mason (1971, 1975a,b) erhoben, der vor allem das Konzept der Unspezifität einer kritischen Betrachtung unterzog (vgl. auch Fröhlich, 1978).

Ausgangspunkt der Kritik von Mason ist die Aussage von Selye, daß die charakteristische Streßreaktion nicht nur von physikalischen, sondern auch von psychischen Stressoren ausgelöst werden kann. Zwar hatte bereits Cannon (1932) die Beeinflußbarkeit des sympathischen Nervensystems und des Nebennierenmarks durch psychische Faktoren nachgewiesen, aber erst Selye konnte zeigen, daß auch andere endokrine Organe, insbesondere die Nebennierenrinde, durch psychische Faktoren beeinflußbar sind. Wie Mason (1971) jedoch betont, ist die Trennung zwischen physikalischen und psychischen Stressoren problematisch, da vermutet werden darf, daß physikalische Stressoren im allgemeinen auch psychische Reaktionen mit auslösen. So führt z. B. extreme Kälte nicht nur zu den entsprechenden spezifischen und unspezifischen physiologischen Veränderungen, sondern es treten auch Gefühle des Unbehagens, des Schmerzes usw. auf. Dies könnte darauf hinweisen, daß physiologisch schädigende Reize nur auf Grund ihres gleichzeitigen Einflusses auf psychische Prozesse die von Selye beschriebenen hormonellen Reaktionen auslösen.

Um den Nachweis zu führen, daß es sich bei dem entscheidenden Bindeglied zwischen Stressor und der Ausschüttung von Hormonen der Nebennierenrinde um psychische Prozesse handelt, wurde von Mason (1971) eine Reihe von Experimenten durchgeführt, deren Hauptmerkmal in dem Versuch zu sehen ist, psychische Einflüsse bei der Applikation physikalischer Stressoren weitgehend auszuschalten bzw. zu minimieren. Erste Versuche mit Affen hatten z. B. gezeigt, daß eine plötzliche Erhöhung der Raumtemperatur um 8 °C zu einer deutlichen Streßreaktion führte, die sich in einem Anstieg der 17-Hydroxykortikoid-Werte (17-OH-CS), einem im Harn nachweisbaren Stoffwechselprodukt des Kortisols, manifestierte. Nach Masons Auffassung könnte die plötzliche Temperaturerhöhung auch emotional negative Reaktionen ausgelöst haben. Um diese zu eliminieren oder stark abzuschwächen, wurden die Versuche repliziert, mit dem Unterschied, daß anstelle einer schnellen und für die Versuchstiere unerwarteten Temperatursteigerung eine graduelle Steigerung um 0,5 °C pro Stunde vorgenommen wurde. Unter dieser Bedingung war keine Erhöhung der 17-OH-CS-Werte zu beobachten, sondern es trat sogar ein schwacher Abfall auf. Ähnliche Untersuchungen mit anderen Stressoren konnten diese Befunde bestätigen.

Nach Auffassung von Mason (1971) stellen diese und ähnliche Ergebnisse das Konzept der Unspezifität in der Formulierung von Selye in Frage. Während nach diesem Konzept *alle* Reize, die spezifische Anpassungsreaktionen erfordern, zu der beschriebenen Streßreaktion führen sollen, tritt diese nach Mason nur dann auf, wenn die Stressoren den Organismus gleichzeitig auch in einen Zustand *erhöhter emotionaler Erregung* versetzen. Das Auftreten einer solchen emotionalen Erregung setzt zumindest eine primitive Reizbewertung, etwa in Form einer Bedrohungseinschätzung, voraus. Mit dieser Auffassung hat Mason schon früh eine Brücke von physiologischen zu psychologischen Streßkonzeptionen (vgl. z. B. Lazarus & Folkman, 1984) geschlagen, in denen das Bewertungskonzept (»appraisal«) die zentrale Rolle spielt (s. u.). Außerdem geht Mason mit seiner Konzeption die Frage nach dem eigentlichen, dem »primären Vermittler der Streßreaktion« an. Die Auslösung und Kontrolle emotionaler Erregung setzt die Beteiligung kortikaler (z. B. des frontalen Kortex) und subkortikaler Strukturen (z. B. des limbischen Systems) voraus. Diese stehen in enger Beziehung u. a. zum Hypothalamus, dessen Bedeutung für die Streßreaktion bereits von Selye beschrieben worden ist. Der erste Mediator wäre somit ein zentraler Mechanismus, der bei der Applikation von physikalischen und psychischen Stressoren gleichermaßen involviert ist.

12.3 Weitere Entwicklungen

Die weiteren Entwicklungen in der Streßforschung lassen sich kurz folgendermaßen charakterisieren:

(1) Differenzierte Analyse der physiologischen und biochemischen Veränderungen bei Streß. Es ist heute bekannt, daß nicht nur die beschriebenen endokrinen Organe (Nebennierenrinde und -mark) bei Streß eine Rolle spielen, sondern daß darüber hinaus zahlreiche andere hormonelle Veränderungen auftreten, die z. T. in äußerst komplexen Wechselwirkungen stehen (vgl. Axelrod & Reisine, 1984). Außerdem erwies es sich als notwendig, die Vorstellun-

gen Cannons von einer massiven, uniformen sympathischen Erregung zu revidieren. So konnte z. B. gezeigt werden, daß bereits die initialen Reaktionen des sympathischen Nervensystems in bezug auf die Art des Stressors sehr spezifisch und abgestuft ausfallen können und daß somit die Reaktionen dieses Systems wesentlich differenzierter und sensitiver sind als lange angenommen wurde (vgl. Johnson & Anderson, 1990).

(2) Einbeziehung weiterer abhängiger Variablen. Neben den klassischen peripher-physiologischen Variablen, die vom sympathischen Nervensystem kontrolliert werden, sowie hormonellen Variablen wurde in den letzten Jahren verstärkt der Einfluß von Streß auf Parameter des Immunsystems untersucht, um das Auftreten bestimmter Erkrankungen (z. B. Infektionen, Autoimmunstörungen) als Folge von Streß erklären zu können. Dabei wurden immunologische Reaktionen u. a. bei akuten Stressoren (z. B. Raumflug, chirurgische Eingriffe), chronischen Stressoren (z. B. Arbeitslosigkeit, Pflege chronisch Kranker) als auch bei schwerwiegenden psychosozialen Ereignissen (z. B. Partnerverlust, Scheidung) untersucht (vgl. u. a. Kiecolt-Glaser & Glaser, 1991; Schedlowski, 1994).

(3) Formulierung differenzierter psychologischer Konzeptionen von Streß. Hier ist insbesondere die Streßkonzeption von Lazarus (vgl. Lazarus & Folkman, 1984) zu nennen, die sich dadurch auszeichnet, daß die psychologischen Prozesse bei der Entstehung von Streß – vor allem die einzelnen Bewertungsprozesse – auf einer theoretischen Ebene ausdifferenziert und spezifiziert werden. Im Zusammenhang mit diesem und ähnlichen theoretischen Ansätzen wurden auch zahlreiche psychologische Einflußfaktoren in ihrer Bedeutung für Streß empirisch untersucht. Als Beispiele sind Ungewißheit über Zeitpunkt und Wahrscheinlichkeit eines aversiven Ereignisses zu nennen. Große Aufmerksamkeit wurde darüber hinaus der subjektiven und objektiven Kontrollierbarkeit von Stressoren sowie der Bedeutung von unterschiedlichen Bewältigungsformen gewidmet (vgl. Laux, 1983; Krohne, 1996). Außerdem wird im Kontext von solchen Ansätzen versucht, Streß durch reale Ereignisse des Lebens (z. B. kritische Lebensereignisse oder alltägliche Widrigkeiten) zu erfassen und Beziehungen zu Befindensmerkmalen (z. B. psychisches Wohlbefinden, körperliche Beschwerden) nachzuweisen (vgl. Kanner et al., 1981). Die bisher vorliegenden Ergebnisse verweisen darauf, daß Streß – operationalisiert über solche Alltagsereignisse – mit psychischem Wohlbefinden und körperlichen Beschwerden deutlich kovariiert; diese Beziehungen zeigen sich in aller Regel allerdings nur dann, wenn die Maße für Wohlbefinden und Beschwerden, wie auch die für Streß, über subjektive

Selbstbeurteilungsverfahren gewonnen werden. Versuche hingegen, objektive Auswirkungen von erlebten Alltagsereignissen nachzuweisen, d. h. Beziehungen zu objektiv meßbaren Variablen des sympathischen Nervensystems, des endokrinen Systems oder des Immunsystems zu belegen, erbrachten häufig negative oder inkonsistente Befunde. Die Analyse der Ursachen für diese Befundlage, die notwendig ist, um unser Verständnis von der Beziehung zwischen Streß und Krankheit zu vertiefen, gehört zu den Herausforderungen der zukünftigen Streßforschung und dürfte vermutlich nur gelingen, wenn alle am Streßkonzept interessierten wissenschaftlichen Disziplinen eng kooperieren.

Teil IV: Ausgewählte Anwendungsbeispiele

Von den zahlreichen, z. T. äußerst heterogenen Anwendungsbereichen psychophysiologischer Methoden und theoretischer Ansätze sollen in diesem Teil drei ausgewählte Beispiele vorgestellt werden, die auch in einer breiteren Öffentlichkeit häufig diskutiert werden. Im einzelnen sind dies: das Biofeedback, Schlaf und die psychophysiologische Aussagebeurteilung, die landläufig unter dem Begriff der »Lügendetektion« subsumiert wird.

13. Biofeedback

Biofeedback bezeichnet ein Verfahren, bei dem einer Person einzelne physiologische Vorgänge, die nicht oder nur sehr ungenau wahrgenommen werden können, einer bewußten Wahrnehmung zugänglich gemacht werden. Die prinzipielle Vorgehensweise sieht so aus, daß bestimmte physiologische Variablen (z. B. die Herzschlagfrequenz) gemessen werden. Diese Meßwerte werden dann »on line«, also direkt, in exterozeptiv wahrnehmbare Signale (z. B. auditiver oder visueller Art) umgesetzt und der Person zurückgemeldet. Das Ziel eines Biofeedbacktrainings ist es, auf der Grundlage einer gesteigerten Wahrnehmbarkeit von Prozessen im Körper durch deren Rückmeldung eine gewisse Kontrolle und Beeinflußbarkeit von physiologischen Vorgängen zu erlernen. Biofeedback ist unter anwendungsbezogenen Gesichtspunkten ein Verfahren der Klinischen Psychologie. In diesem Kontext muß das letztendliche Ziel dieses Verfahrens natürlich darin bestehen, die erlernten Kontrollmechanismen im Alltag – unabhängig von der Apparatur – einzusetzen.

Die Biofeedback-Forschung erlebte Mitte der 70er bis Mitte der 80er Jahre einen regelrechten Boom, dem ein drastischer Rückgang folgte, der gegenwärtig noch anhält (vgl. Hatch & Saito, 1990; Vaitl, 1993). Dieser Boom der 70er Jahre war sicherlich zum einen auf technische und methodische Entwicklungsfortschritte zurückzuführen; zum anderen hatten die Arbeiten von Neal Miller zur operanten Konditionierung autonomer (vegetativer) Funktionen große Hoffnungen für die Behandlung zahlreicher Störungen mittels Biofeedback geweckt.

Bis in die 60er Jahre galt eine klare Zuordnung von autonom gesteuerten Funktionen und klassischem Konditionieren einerseits und der quergestreiften Muskulatur und operantem Konditionieren andererseits. Der Versuch, diese Zuordnung zu durchbrechen, ist vor allem mit den Bemühungen von Miller verbunden. Dessen zahlreiche Arbeiten (z.B. Miller & DiCara, 1968) erbrachten zunächst überzeugende Befunde für die operante Konditionierbarkeit autonomer Funktionsveränderungen. In diesen Untersuchungen (Tierexperimente an Ratten) wurde eine Reihe von physiologischen Variablen (z.B. die Herzschlagfrequenz, der Blutdruck oder die periphere Durchblutung) gemessen und spontane Veränderungen im Sinne des operanten Konditionierens verstärkt oder bestraft. Die Verstärkung bestand in einer elektrischen Reizung bestimmter Strukturen im Gehirn der Tiere, die Bestrafung in der Applikation von schmerzhaften Stromstößen. Um auszuschließen, daß die zu konditionierenden physiologischen Größen von der quergestreiften Muskulatur beeinflußt werden (z.B. Veränderungen des Blutdrucks durch Veränderungen der Muskelaktivität), um also eine tatsächliche und nicht durch andere Prozesse (»Mediatoren«) bewirkte operante Konditionierung nachzuweisen, bekamen die Ratten Curare injiziert. Dies führt zur Lähmung der quergestreiften Muskulatur (die Versuchstiere mußten dann natürlich künstlich beatmet werden, da Curare auch die Atemmuskulatur ausschaltet). Die von Miller vorgelegten Ergebnisse schienen eindeutig die Möglichkeit der operanten Konditionierbarkeit autonomer Funktionen zu belegen. So wurde z.B. eine konditionierte Steigerung (bis zu 10%) bzw. Verlangsamung (bis zu 12%) der Herzschlagfrequenz berichtet, und auch für andere Funktionen ließen sich vergleichbare Effekte finden.

Das zentrale Problem dieser frühen Arbeiten von Miller ist, daß diese weder in anderen Laboratorien noch von Miller selbst (vgl. Miller & Dworkin, 1974) repliziert werden konnten und daß offensichtlich keine befriedigende Erklärung für dieses Scheitern gefunden werden konnte. Die Vermutung von Miller und Dworkin (1974), wonach das Scheitern der Replikationsversuche möglicherweise darauf zurückzuführen sei, daß das Curare in der ursprünglichen Zusammensetzung nicht mehr verfügbar war, ist angesichts der Bedeutung und Auswirkungen der ursprünglichen Ergebnisse mehr als erstaunlich. Die heutige Situation ist somit unklar: Während für einige Autoren (z.B. Wittling, 1980) die Frage nach der operanten Konditionierbarkeit autonomer Funktionen offen ist, gehen andere

Autoren (z. B. Velden, 1994) davon aus, daß sich autonome Funktionen definitiv nicht operant konditionieren lassen. Unabhängig von diesen unterschiedlichen Beurteilungen bleibt festzuhalten, daß das Scheitern der Replikationen der frühen Arbeiten von Miller der Biofeedbackforschung eine zentrale empirische und theoretische Grundlage entzogen und damit auch zu deren Rückgang beigetragen hat.

Wenn wir uns der Humanforschung zuwenden, so stellt sich zunächst die Frage, welche Variablen einer Biofeedbackprozedur unterzogen wurden. Dabei zeigt sich, daß nicht nur autonome Variablen, sondern auch zentralnervöse Größen sowie Größen des neuromuskulären Systems herangezogen wurden. Im folgenden sollen die wichtigsten kurz besprochen werden (vgl. ausführlich Vaitl, 1993).

13.1 Biofeedback zentralnervöser Variablen

Bei den zurückgemeldeten zentralnervösen Variablen handelt es sich um verschiedene EEG-Parameter. Die *EEG-Feedbackforschung* läßt sich danach strukturieren, welche Hirnstromaktivität Gegenstand der Betrachtung ist. So läßt sich unterscheiden zwischen Alpha-EEG-Feedback, Theta-EEG-Feedback sowie dem Feedback weiterer EEG-Rhythmen (z. B. Rückmeldung des 40-Hz-Rhythmus oder der sog. sensomotorischen Rhythmen im Bereich von 12–14 Hz). Dabei wird so vorgegangen, daß aus dem Spontan-EEG diejenigen Frequenzbereiche herausgefiltert werden, die zurückgemeldet werden sollen (vgl. Kap. 5). Diese steuern die Feedback-Einheit, die entweder ein digitales oder ein analoges Signal liefert (Digital: z. B. Ton ein versus Ton aus, wenn Frequenzbereich vorhanden bzw. nicht vorhanden; Analog: z. B. Veränderung der Tonhöhe mit der Amplitudenhöhe des Frequenzbereichs). Darüber hinaus gibt es Versuche, Gleichspannungsverschiebungen (z. B. die CNV) einem Biofeedback zu unterziehen.

Grundsätzlich läßt sich feststellen, daß die EEG-Biofeedbackforschung wenig erfolgreich war. So ist z. B. umstritten, ob eine Veränderung der Theta-Aktivität überhaupt möglich ist (vgl. Beatty, 1977, mit Vaitl, 1993). Des weiteren ist heute bekannt, daß Zunahmen der Alpha-Aktivität nicht darauf zurückzuführen sind, daß die Personen lernten, ihre Hirnstromtätigkeit direkt zu beeinflussen, sondern daß sie lernten, Vorgänge zu unterdrücken, die die Synchronisation des EEGs stören. Hier sind vor allem okulomotorische Vorgänge zu nennen. Auch Behandlungsversuche von verschiedenen Epilepsieformen mittels EEG-Feedback erbrachten inkonsistente Befunde. Einige wenige Studien berichten zwar über Erfolge, wobei allerdings die Wirkmechanismen der Rückmeldung ungeklärt blieben. Insgesamt betrachtet lassen die Epilepsiestudien aber nicht den Schluß zu, daß es in der Hirnstromaktivität des Menschen einen bestimmten Rhythmus oder Frequenzbereich gibt, dessen Verstärkung durch Biofeedback zu einer Reduktion epileptischer Anfälle führt.

13.2 Biofeedback autonomer Variablen

Die zentralen autonomen Variablen, die Biofeedbackprozeduren unterzogen wurden, sind die Herzschlagfrequenz, der Blutdruck, die elektrodermale Aktivität sowie vasomotorische Größen.

Bei der *Herzschlagfrequenz* (HR) wurden Versuche unternommen, diese durch Biofeedback zu steigern, zu senken oder deren Variabilität zu beschränken. In den ersten beiden Fällen erhalten die Personen in aller Regel ein digitales Feedback, das ihnen anzeigt, ob ein bestimmter Grenzwert der HR unter- oder überschritten wird. Im letzten Fall muß den Personen die genaue zeitliche Abfolge der Herzschläge zurückgemeldet werden. Hier bedient man sich meist einer optischen Rückmeldung, die die einzelnen Herzschläge und die Intervalle zwischen ihnen graphisch präsentiert. In Grundlagenuntersuchungen hat sich gezeigt, daß die Herztätigkeit tatsächlich durch Biofeedback geändert werden kann, wobei eine Senkung leichter erreichbar ist als eine Steigerung. Allerdings sind die berichteten Effekte in aller Regel nur relativ schwach ausgeprägt. Hinzu kommt, daß die HR-Veränderungen meist über Mediatoren vermittelt sind, d. h. die Personen lernen, bestimmte Strategien einzusetzen, die zu dem gewünschten Ergebnis führen (z. B. Veränderungen in der Muskelspannung, Atmung oder kognitiven Aktivität). Versuche, über ein Verlaufsfeedback Herzrhythmusstörungen zu behandeln, sind schwierig zu beurteilen, zumal ausschließlich klinische Einzelfallstudien vorliegen. In diesen wird z. T. von funktionellen Verbesserungen berichtet. Man muß allerdings heute davon ausgehen, daß diese Verbesserungen nicht auf einen spezifischen Effekt des Feedbacks zurückzuführen sind, sondern dadurch zustande kommen, daß im Verlaufe des Trainings die Überzeugung gestärkt wird, die Herztätigkeit kontrollieren zu können. Mit anderen Worten, die Rückmeldung einer erfolgreichen Kontrolle ist entscheidend und zwar relativ unabhängig davon, ob diese tatsächlich erzielt wurde oder nicht.

Beim Biofeedback des *Blutdrucks* wurde überwiegend versucht, den arteriellen Blutdruck zu senken. Die Arbeiten hierzu sind allerdings sehr schwer einzuschätzen, da sie alle mit dem zentralen Problem zu kämpfen hatten, den Blutdruck tatsächlich kontinuierlich zu messen. Wie bereits in Kapitel 4.3 erwähnt, ist eine noninvasive kontinuierliche Blutdruckmessung erst mit der auf dem Peñaz-Prinzip basierenden Fin. A. Pres-Methode möglich. Mit dieser Methode wurden allerdings noch keine Feedback-Untersuchungen durchgeführt, sondern die vorliegenden Untersuchungen basieren alle auf Methoden, die allenfalls eine approximative Schätzung des Blutdruckverlaufs gestatten (vgl. Kap. 4.3). Grundsätzlich ist festzustellen, daß in einigen Studien über ein erfolgreiches Biofeedback des Blutdrucks berichtet wird, wobei sowohl Steigerungen als auch Senkungen des systolischen und diastolischen Drucks erzielt wurden. Allerdings sind die Ergebnisse sehr uneinheitlich (manchmal gelang nur eine Blutdrucksenkung, nicht aber eine Steigerung oder aber umgekehrt), ohne daß im Einzelfall klar wäre, welche Ursachen dafür verantwortlich waren. Hinzu kommt, daß insbesondere beim Blutdruck das Ausgangsniveau vor Trainingsbeginn nicht vernachlässigt werden darf (ist dieses z. B. niedrig, so ist eine weitere Senkung praktisch nicht mehr möglich) und daß die massiven intraindividuellen Schwankungen des Blutdrucks angemessen mitberücksichtigt werden müssen. Klinische Studien, in denen ein Blutdruckfeedback primär zur Behandlung der essentiellen Hypertonie eingesetzt wurde, sind aus der genannten methodischen Schwierigkeit heraus ebenfalls nur schwer zu bewerten. Es werden z. T. Erfolge bei der Senkung des Blutdrucks von Hypertonikern berichtet. Die Effekte sind allerdings trotz mehrmonatigen Trainings numerisch nicht stark ausgeprägt (maximal 10 mmHg), und es bleibt völlig unklar, ob eine stabile, längerfristige Generalisierung vom Labor auf Alltagsbedingungen stattgefunden hat.

Nur wenige Untersuchungen beschäftigen sich mit dem Biofeedback der *elektrodermalen Aktivität* (vgl. Kap. 3), da bei diesem Reaktionssystem kaum ein Bezug zu klinischen Fragestellungen gesehen wird. Offensichtlich ist es möglich, die Anzahl der Spontanfluktuationen durch Rückmeldung zu modifizieren, während eine Veränderung der ereignisbezogenen Hautleitfähigkeitsreaktion kaum möglich erscheint. Die Effekte des Biofeedbacks von Spontanfluktuationen sind allerdings nur schwach, und es bleibt weitgehend unklar, ob und welche Bedeutung vermittelnde Prozesse (z. B. Veränderungen in der Atemfrequenz und Atemtiefe) dabei spielen.

Ziel des Biofeedbacks *vasomotorischer* Größen ist es, vasodilatatorische bzw. vasokonstriktorische Vorgänge in der Körperperipherie oder im Kopfbereich zu modifizieren. Für die Körperperipherie wird wegen des einfacheren Meßvorgangs überwiegend das Feedback der Hauttemperatur am Finger oder an der Handinnenfläche verwendet; je stärker die entsprechenden Gefäße durchblutet sind, desto höher ist die Temperatur. Allerdings muß dabei beachtet werden, daß die Beziehung zwischen Durchblutung und Temperatur nicht linear ist. Die Temperatur nimmt mit steigender Durchblutung zu, bis ein Wert von 37 °C erreicht ist; von diesem Wert an kann der Blutfluß weiter ansteigen, ohne daß sich die Hauttemperatur wesentlich verändert (vgl. Vaitl, 1993). Bei vasomotorischen Messungen im Kopfbereich (meist an der Schläfen-Arterie, »zephales« Feedback) werden die Veränderungen der Pulsamplitude bzw. des Blutvolumens mit Hilfe der verschiedenen plethysmographischen Methoden registriert (vgl. Kap. 4.4) und den Personen in der Regel analog zurückgemeldet. Arbeiten aus dem Bereich der Grundlagenforschung haben gezeigt, daß durch Biofeedback sowohl Senkungen als auch Steigerungen der Hauttemperatur erzielt werden können, also sowohl periphere vasokonstriktorische als auch vasodilatatorische Effekte nachweisbar sind. Im klinischen Bereich wurde das Feedback vasomotorischer Größen überwiegend im Zusammenhang mit zwei Störungen untersucht, der Migräne und der Raynaudschen Erkrankung. Bei Migräne wurde sowohl Temperaturfeedback als auch zephales Feedback eingesetzt. Dieses hat zum Ziel, eine Vasokonstriktion der Gefäße im Kopfbereich zu trainieren, um das so Erlernte später bei Migräneattacken anwenden zu können. Die bisherigen Studien sprechen dafür, daß beide Feedbackformen bei Migräne keinen spezifischen Effekt ausüben. Die berichteten Ergebnisse zeigen z. B., daß keine Überlegenheit des vasomotorischen Feedbacks gegenüber einem reinen Entspannungstraining besteht und daß bei der Kombination von Feedback- und Entspannungsverfahren der Faktor »Entspannung« entscheidend ist. Der Einsatz des Temperaturfeedbacks bei der Raynaudschen Erkrankung (Vasospasmen durch sympathische Fehlregulation) hat in einigen Fällen zu Symptomverbesserungen geführt, die anderen Behandlungsverfahren überlegen waren. Es wird deshalb vermutet, daß hier ein spezifischer Effekt vorliegt. Vasomotorisches Feedback soll über alpha- und betaadrenerge sympathische Einflüsse die periphere Durchblutung beeinflussen, ohne einen generellen Entspannungseffekt zu erzielen. Es muß allerdings betont werden, daß diese Hypothese sowie die positiven Effekte bei der Behandlung der Raynaudschen Erkrankung mittels Temperaturfeedback einer weiteren empirischen Überprüfung und Absicherung bedürfen, da die Anzahl der bisher vorliegenden Untersuchungen noch gering ist und diese durch eine wenig systematische Vorgehensweise gekennzeichnet sind.

13.3 Biofeedback neuromuskulärer Variablen

Beim Biofeedback von Variablen des neuromuskulären Systems geht es darum, den Muskeltonus zu modifizieren. Hierzu wird das Elektromyogramm (EMG) erfaßt (vgl. Kap. 6) und den Personen auditiv oder visuell zurückgemeldet. Dabei läßt sich das EMG-Feedback danach unterscheiden, ob die Aktivität von einzelnen motorischen Einheiten oder die von größeren Muskelpartien unter Kontrolle gebracht werden soll. Das EMG-Feedback einzelner motorischer Einheiten (das EMG wird dabei mittels Nadelelektroden erfaßt) spielt insbesondere eine wichtige Rolle bei der Behandlung von neuromuskulären Störungen. Dies sind Störungen der Erregungsbildung und -weiterleitung, die sich in Lähmungserscheinungen, abnorm hoher Muskelaktivität oder auch mangelnder Koordination manifestieren können. Es hat sich gezeigt, daß es mittels EMG-Feedback möglich ist, Kontraktionen einzelner motorischer Einheiten kontrolliert auszuführen und auch die Aktivität mehrerer Einheiten zu synchronisieren, um so komplexere Bewegungsabläufe wieder trainieren zu können. Hierzu ist es nicht nur erforderlich, bestimmte Einheiten kontrolliert zu aktivieren, sondern gleichzeitig auch störende Kontraktionen benachbarter Einheiten zu hemmen. Zahlreiche Arbeiten haben gezeigt, daß dies mit Hilfe des EMG-Feedbacks möglich ist (vgl. zusammenfassend Basmajian, 1988). Darüber hinaus ist wesentlich, daß diese Trainingserfolge bei allmählicher Rücknahme der Feedbackinformation erhalten bleiben und somit eine Generalisierung der Effekte auf den Alltag erfolgen kann.

Beim EMG-Feedback größerer Muskelpartien besteht das primäre Ziel darin, den neuromuskulären Tonus zu senken, also einen Entspannungszustand zu erreichen. Da es nicht möglich ist, alle Muskelpartien einem Feedback-Training zu unterziehen, muß zwangsläufig eine Auswahl erfolgen. Die überwiegende Mehrzahl von Untersuchungen konzentriert sich dabei auf die Muskelpartien der Stirn (lateraler und medialer Frontalis-Muskel). Dabei hat sich gezeigt, daß das Feedback dieser Muskelaktivität zu einer besseren Entspannung der Stirnmuskulatur führt. Die ursprüngliche Hoffnung allerdings, daß dieser Effekt auch auf andere Muskeln generalisiert, hat sich nicht erfüllt. Die heute vorliegenden Befunde sprechen im Gegenteil dafür, daß das Feedback einzelner Muskelpartien eng umschriebene Effekte mit sich bringt, die für die Hypothese der Spezifität und nicht für die einer breiten Generalisierung sprechen. Im klinischen Bereich wurde das EMG-Feedback größerer Muskelpartien zur Behandlung zahlreicher Störungen eingesetzt (vgl. die Übersicht bei Vaitl, 1993), wobei die meisten Erfahrungen mit Angststörungen, Spannungskopfschmerz und chronischen Schmerzzuständen vorliegen. Es würde an dieser Stelle zu weit führen, die umfangreiche Literatur zu diesen Fragestellungen ausführlich zu besprechen. Vielmehr kann nur ein kurzes Fazit gezogen werden (vgl. ausführlich Hatch et al., 1987; Vaitl, 1993). Bei der Behandlung von Angststörungen hat sich gezeigt, daß EMG-Feedback nicht zu positiveren Effekten als die eines unspezifischen Entspannungstrainings führt. Beim Spannungskopfschmerz hat sich das EMG-Feedback als eine relativ wirkungsvolle Behandlungsform erwiesen, die ungefähr die gleichen Verbesserungsraten aufweist, wie sie mit einem Entspannungstraining erzielt werden können, wobei eine Kombination beider Verfahren die Verbesserungschancen möglicherweise noch leicht steigern kann. Bei chronischen Schmerzzuständen schließlich, insbesondere bei chronischen Rückenschmerzen, ergaben sich in einigen Studien positive Effekte des EMG-Feedbacks, die sich denen konventioneller Behandlungsformen als überlegen erwiesen, ohne daß jedoch mit Hilfe des Feedbacks eine vollständige Schmerzfreiheit erzielt werden konnte. Es muß allerdings auch für die Fälle, in denen sich das EMG-Feedback als positiv erwiesen hat, kritisch angemerkt werden, daß weitgehende Unklarheit darüber besteht, über welche spezifischen Mechanismen das Feedback wirkt. Hier wurden die unterschiedlichsten Hypothesen formuliert, deren empirische Absicherung eine Herausforderung für die zukünftige Forschung darstellt.

Abschließend sei angemerkt, daß die Biofeedbackforschung die großen Hoffnungen, mit denen sie angetreten ist, weitgehend nicht erfüllen konnte. Dies gilt insbesondere für die willentliche Kontrollierbarkeit autonomer Funktionen, aber auch für den Nutzen als klinische Behandlungsmethode. Mit Ausnahme der Behandlung neuromuskulärer Störungen und ihrer Folgen (Lähmungserscheinungen) und ggf. einiger anderer Störungsformen mittels EMG-Feedback ließen sich nur selten Vorteile eines Biofeedbacktrainings nachweisen. Wenn überhaupt Effekte gefunden wurden, erwiesen sie sich als relativ schwach und damit von geringer praktischer Relevanz. Hinzu kommt, daß auch das Kosten-Nutzen-Verhältnis eher zuungunsten des Biofeedbacks ausfällt und daß die Frage der Übertragbarkeit von durch Biofeedback erzielten Effekten auf den Alltag bisher nicht befriedigend beantwortet werden konnte. Letzteres liegt u. a. daran, daß die Kenntnisse über die vermittelnden Prozesse zwischen der Rückmeldung und der gewünschten Veränderung in vielen Fällen unzulänglich sind und somit nicht klar ist, ob das, was in einem laborähnlichen Setting trainiert wurde, tatsächlich für die Anwendung im Alltag relevant und umsetzbar ist (vgl. z. B. Befunde zur Kontextabhängigkeit von Lernvorgängen, Godden & Baddeley, 1975). Als ein weiteres schwerwiegendes Manko der Biofeedbackforschung erweist sich die unbefriedigende theoretische Aufarbeitung dieses Gebiets. So finden sich unterschiedlichste theoretische Ansätze (z. B. operantes Konditionieren; kybernetische Ansätze; Mediationshypothesen; Theorien zum Erwerb motorischer Fertigkeiten usw.), zwischen denen keine empirisch begründete Entscheidung möglich ist. Ohne durch Grundlagenforschung gut abgesicherte Theorien, die insbesondere auch die Wirkmechanismen spezifizieren müssen, dürfte die Zukunft der Biofeedbackforschung jedoch eher düster sein, auch wenn die Apparateindustrie heute noch das Gegenteil beteuert.

14. Schlaf

Der Mensch verbringt rund ein Drittel seines Lebens im Schlaf. Diese »zweite Existenzform des Menschen« läßt sich als ein Zustand der relativen motorischen Ruhe und scheinbar fehlender sensorischer Reaktivität beschreiben, der periodisch, meistens in einer bestimmten Phase des Tages auftritt. Psychisch gesehen kommt es zu Bewußtseinsverlust oder zu Bewußtseinsveränderungen, wie sie sich z. B. in Träumen manifestieren.

Die systematische Erforschung des Schlafes ist ohne den Einsatz psychophysiologischer Methoden undenkbar. Zwischenzeitlich werden sie sogar zu individualdiagnostischen Zwecken (bei Schlafstörungen) herangezogen. Während des Schlafes kommt es zu zahlreichen Körperfunktionsänderungen, wie z. B. Veränderungen der Herzschlagfrequenz, der Hautleitfähigkeit, der Körpertemperatur und der Durchblutung der Sexualorgane, wobei diese Veränderungen mehr oder weniger periodischen Schwankungen unterliegen. Die zentralen psychophysiologischen Variablen der Schlafforschung, die insbesondere zur Charakterisierung der Schlafstadien herangezogen werden, sind allerdings das Elektroenzephalogramm, das Elektromyogramm und das Elektrookulogramm. Dabei wird das EEG standardmäßig von den Positionen C_3 und C_4, das EMG von der Kinnmuskulatur und das EOG vom linken und rechten Auge abgeleitet. Mit dem EOG werden Augenbewegungen erfaßt, mit dem EMG die tonische Muskelspannung. Im EEG lassen sich zum einen die Veränderungen in der Frequenz der hirnelektrischen Aktivität erkennen, zum anderen zeigen sich bestimmte Wellenformen bzw. kurzfristige, wiederkehrende Phänomene, die im Wachzustand nicht zu beobachten sind. Dies sind insbesondere die Schlafspindeln und der sog. K-Komplex. *Schlafspindeln* sind EEG-Komplexe, die im wesentlichen aus Sigma-Wellen mit einer Frequenz von 10 bis 14 Hz bestehen; ihre Amplitude beträgt etwa 50 µV, ihre Dauer 0,5 bis 2 Sekunden. Der *K-Komplex* ist eine Wellenform mit einer Dauer von 1 bis 2 Sekunden, die biphasig (negativ – positiv) verläuft und häufig von Schlafspindeln oder alphaartigen Wellen gefolgt wird. K-Komplexe können spontan auftreten, aber auch durch Sinnesreize ausgelöst werden, wobei sich im zweiten Fall ihre Latenz in der Größenordnung von 150 bis 500 ms bewegt.

14.1 Schlafstadien

Auf der Grundlage von EEG, EMG und EOG werden sog. Schlafstadien unterschieden. Der Begriff Schlafstadium verweist darauf, daß der Schlaf kein einheitliches, monotones Phänomen repräsentiert, sondern in seiner qualitativen Struktur im Verlaufe einer Nacht Wandlungen unterworfen ist. Das Klassifikationssystem von Schlafstadien geht auf Dement und Kleitman (1957) zurück und wurde später von der »Association for the Psychophysiological Study of Sleep« in das »Manual of Standardized Terminology, Techniques, and Scoring System of Sleep Stages of Human Subjects« übernommen, das heute weltweit in Gebrauch ist. Es definiert 6 Schlafstadien, wobei das Wachstadium miteingeschlossen ist (vgl. Clarenbach et al., 1991).

Stadium W: Stadium des ruhigen Wachseins bei geschlossenen Augen und reduzierter kognitiver Aktivität. Dieses Stadium steht am Beginn des Schlafes, tritt aber auch während des Schlafes als kurze Aufwachperiode auf. Dabei zeigt sich im EEG überwiegend Alpha-Aktivität, der Muskeltonus bewegt sich in einem mittleren Bereich und im EOG sind sowohl langsame als auch schnellere Augenbewegungen zu erkennen.

Stadium NREM-1: Dieses Stadium entspricht dem eigentlichen Einschlafstadium. Es tritt zu Beginn der Schlafperiode auf, ist aber auch während des Schlafes nach den Aufwachperioden zu beobachten. Die Alpha-Aktivität im EEG reduziert sich, während die höherfrequente Beta-Aktivität an Gewicht gewinnt. Gelegentlich sind Theta-Wellen, seltener Delta-Wellen zu beobachten. Der Muskeltonus nimmt leicht ab, und es treten langsame Augenbewegungen auf.

Stadium NREM-2: Dieses Stadium markiert den Beginn des eigentlichen Schlafes. Im EEG sind insbesondere Schlafspindeln zu beobachten, und es treten spontane oder evozierte K-Komplexe auf. Das Intervall zwischen einzelnen Schlafspindeln darf nicht größer als drei Minuten sein, um dieses Stadium zu diagnostizieren. Der Muskeltonus ist relativ schwach ausgeprägt, im EOG ergeben sich keine Anzeichen für langsame und schnelle Augenbewegungen.

Stadium NREM-3: Das Stadium NREM-3 bezeichnet das erste der beiden Tiefschlafstadien (auch »slow wave sleep« genannt). Das EEG ist charakterisiert durch Beta- und Theta-Aktivität. Es treten einzelne Schlafspindeln und K-Komplexe auf. Darüber hinaus sind relativ zahlreiche Delta-Wellen zu erkennen. Nach strengen Kriterien ist dieses Stadium dann zu diagnostizieren, wenn mindestens 20%, aber nicht mehr als 50% der Epoche Delta-Wellen mit einer Amplitude von mindestens 75 µV aufweisen. Im EMG können leichte Zu- als auch Abnahmen des Muskeltonus erkennbar sein. Es treten keine Augenbewegungen auf.

Stadium NREM-4: Dieses Stadium kennzeichnet das tiefere der beiden Tiefschlafstadien. Im EEG dominieren Delta-Wellen, die zwischen 50% und 100% der Epoche in Anspruch nehmen. Der Muskeltonus ist gegenüber dem vorhergehenden Stadium reduziert, aber noch deutlich erfaßbar. Es gibt keine Anzeichen für Augenbewegungen.

Stadium REM: Dieses Stadium wird auch als Traumschlafstadium bzw. als paradoxer Schlaf bezeichnet. Das EEG zeigt ein niedrigamplitudiges Beta-Muster mit eingestreuter Alpha- und Theta-Aktivität. Im EMG ist ein vollständiges Absinken des Muskeltonus registrierbar. Das EOG verweist auf das Auftreten von schnellen Augenbewegungen (»rapid eye movements«), wobei diese immer konjugiert verlaufen. Während dieses Stadiums berichten 70–90% der Personen, die aus dem REM-Schlaf geweckt werden oder aufwachen, von Träumen, die meistens gut organisiert, bilderreich und zeitlich ausgedehnt sind. In den NREM-Stadien kann es auch zu Träumen kommen; diese sind aber seltener. Es handelt sich meist um kurze, nebulöse Erlebnisse, die beim Aufwachen aus den Stadien NREM-3 und NREM-4 berichtet werden.

Die Abfolge dieser Stadien während eines Nachtschlafes ist nicht zufällig, sondern weist eine Regelhaftigkeit, eine *Struktur* auf. Der Schlaf läßt sich in 90-Minuten-Zyklen einteilen, die mehrfach auf-

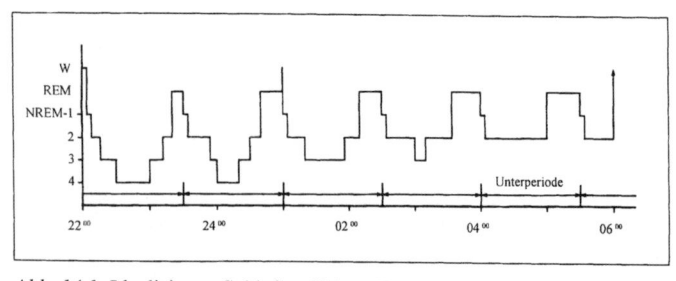

Abb. 14.1: Idealisiertes Schlafprofil (aus Koella, 1988)

einander folgen. Dabei werden in einem Zyklus zunächst die Stadien NREM-1 bis NREM-4 nacheinander durchlaufen, wobei im ersten Zyklus das Stadium NREM-4 etwa nach einer halben Stunde erreicht wird. Anschließend treten die Stadien in umgekehrter Folge auf. Das Auftreten des REM-Schlafes mit der Möglichkeit, anschließend kurz das Wachstadium zu erreichen, beendet den Zyklus. In *Abb. 14.1* ist die Abfolge der einzelnen Stadien über den Verlauf einer Nacht dargestellt.

Aus *Abb. 14.1* sind zwei weitere Merkmale des Schlafverlaufs erkennbar. Zum einen wird der Schlaf im Verlaufe der Nacht zunehmend flacher, d. h., das Stadium NREM-4 wird nur ein- oder zweimal zu Beginn erreicht, die Dauer des Stadiums NREM-3 verkürzt sich, und dieses Stadium tritt gegen Morgen hin ebenfalls nicht mehr auf. Zum anderen verlängern sich die Stadien des REM-Schlafes vom ersten bis zum letzten Schlafzyklus. Unter quantitativen Aspekten betrachtet, nimmt das Stadium NREM-1 etwa 5%, NREM-2 etwa 50%, NREM-3 etwa 8%, NREM-4 etwa 13% und REM etwa 24% der Gesamtschlafzeit ein.

14.2 Organisation und Regulation des Schlafes

Koella (1988) weist darauf hin, daß diese Regelhaftigkeit des Schlafes sowie die den Schlafstadien zugrundeliegenden neuronalen und motorischen Aktivitäten dem kontrollierenden Einfluß einer organisierenden Instanz unterstehen müssen. Er versucht, die Merkmale dieser Instanz in seinem Modell der SORA (»Schlaforganisierende und regulierende Apparatur«) näher zu spezifizieren. Den Ausgangspunkt für seine Modellvorstellung bildet die Frage, zu welchen Leistungen der Organismus in den verschiedenen Stadien fähig ist, wobei wir uns im folgenden der Einfachheit halber auf zwei Bereiche beschränken wollen, den Bereich motorischer und den Bereich kognitiver Funktionen. Koella verwendet in diesem Zusammenhang den Begriff der »Vigilanz«; er versteht darunter die Bereitschaft des Organismus, auf ein gegebenes Muster von inneren oder äußeren Reizen adäquat zu reagieren. Im Wachzustand besteht eine hohe motorische Vigilanz, d. h. eine hohe Bereitschaft zur Ausführung von präzisen motorischen Handlungen. Die anatomischen Grundlagen bilden Strukturen im motorischen Kortex, in den Basalganglien, im Kleinhirn, Hirnstamm und Rückenmark. Außerdem besteht eine hohe Vigilanz in kognitiven Systemen, deren neuronale Grundlagen im frontalen, parietalen und temporalen Kortex, im limbischen System sowie im Zwischenhirn lokalisiert werden. In den Stadien NREM-2 bis NREM-4 ist das Bewußtsein weitgehend erloschen, die Funktionen Lernen, Erinnern und Fühlen sind nicht mehr möglich (wenngleich einige primitive Funktionen noch ausgeführt werden können). Die Vigilanz in den Systemen für kognitive Funktionen ist somit niedrig, wohingegen in diesen Schlafstadien die Vigilanz der motorischen Systeme noch relativ hoch ist. Dies zeigt sich im Muskeltonus, an der hohen Reflexerregbarkeit und an der Tatsache, daß in diesen Stadien Schlafwandeln möglich ist. Im REM-Schlaf hingegen sind die Verhältnisse umgekehrt. Die Vigilanz in den kognitiven Funktionssystemen ist hoch; es kommt z. B. zu Träumen, die z. T. auch erinnert werden können. Die Vigilanz in den motorischen Systemen ist allerdings mit Ausnahme der Atmungsaktivität und der Augenbewegungen praktisch auf Null abgesunken.

Zur Erklärung dieser systematischen Vigilanzunterschiede postuliert Koella die Existenz der SORA. Dabei integriert er zahlreiche Befunde zu biochemischen Prozessen, die mit hoher Wahrscheinlichkeit an der Organisation von Wachsein und Schlaf beteiligt sind. Er weist aber gleichzeitig darauf hin, daß der funktionelle Aufbau und die Funktionsprinzipien der SORA bis heute noch nicht empirisch belegt sind. Er geht davon aus, daß SORA nach dem Reflexprinzip funktioniert und gleichzeitig auch über adaptiv-regulatorische Fähigkeiten verfügt (z. B. um im Falle des Schlafentzugs für ausreichenden Nachholschlaf zu sorgen). Die SORA selbst soll aus einem Eingangsteil, einer Zentrale und einem Ausgangsteil mit Projektionen zu den Effektorsystemen (Muskeln und Nervenzellen) bestehen. Als zentrale Transmittersysteme, die die neuronale Aktivität der Effektoren kontrollieren, werden folgende genannt: cholinerge und adrenerge Neuromodulationssysteme als verantwortliche Systeme für die Vigilanz der kognitiven Funktionen; dopaminerge Systeme, die die motorische Vigilanz kontrollieren, und schließlich serotonerge Systeme (z. B. mit dem Transmitter 5-HT bzw. Serotonin), die vigilanzsenkend die kognitiven Funktionen, weniger die motorischen beeinflussen (auf weitere, eher untergeordnete Transmittersysteme, die von Koella angesprochen werden, soll an dieser Stelle nicht näher eingegangen werden). Dies bedeutet für den Wachzustand, daß die cholinerge, adrenerge und dopaminerge Aktivität hoch ist, während gleichzeitig Serotonin diejenigen Systeme dämpft, die an bestimmtem Verhalten nicht beteiligt sind. In den NREM-Stadien weisen die cholinergen und adrenergen Systeme niedrige Aktivität auf; hingegen ist die Aktivität des serotonergen und dopaminergen Systems noch relativ hoch. Im REM-Schlaf schließlich sind die Verhältnisse genau umgekehrt: niedrige dopaminerge und serotonerge Aktivität, hohe cholinerge und adrenerge Aktivität. Diese verschiedenen Systemzustände werden als abhängig von bestimmten Programmen der Schaltzentrale der SORA angesehen, dem Wachprogramm und dem Schlafprogramm, wobei letzteres aus zwei Teilprogrammen zusammengesetzt ist, von denen immer nur eines aktiv sein kann, dem NREM- und dem REM-Programm. Welches dieser Programme tatsächlich aktiviert ist, hängt vor allem von den Eingangsinformationen ab, die die Zentrale erhält. Dabei werden drei Eingangssysteme unterschieden: (1) Rückmeldeschleifen von den Effektorsystemen, die das Zentrum über den augenblicklichen Zustand, aber auch über frühere Ereignisse und Zustände informieren (z. B. über Art und Dauer der Wachaktivität, Menge und Art des Schlafes). (2) Ein zweiter Eingang vermittelt Informationen über die Zeit. Diese »innere Uhr« läuft, wenn äußere Zeitgeber vorhanden sind, synchron mit dem 24-Stunden-Tag; fehlen diese, so stellt sich die innere Uhr beim Menschen auf eine Periodik von etwa 25 Stunden ein. Die Informationen der Rückkopplung und der inneren Uhr werden gemeinsam verrechnet, um ggf. schlaffördernde Signale zu produzieren. (3) Kollateralen aller sensorischen Systeme (z. B. visuell, auditiv, somatosensorisch) leiten Informationen zur Zentrale, um über den Zustand der Umgebung, aber auch über das innere Milieu zu informieren. Sie haben in aller Regel den Effekt, den Schlaf zu unterbrechen, können aber z. B. bei monotoner Darbietung auch schlaffördernd wirken, wenn sie keine Gefahr signalisieren. Außerdem wird angenommen, daß eine

Beziehung zwischen diesen Bahnen und der inneren Uhr besteht und auf diesem Weg die innere Uhr mit der realen Zeit synchronisiert wird.

Das Modell von Koella stellt eher ein »Gedanken-Modell« der Organisation und Regulation des Schlafes dar; es trifft explizit weder Aussagen über die neuroanatomischen Zentren noch über die Funktion des Schlafes. Hinsichtlich der *neuroanatomischen Strukturen* gilt heute als gesichert, daß man nicht von einem einzelnen Schlafzentrum ausgehen kann, sondern daß der Schlaf von einer Vielzahl von Kernen im Zwischenhirn und den hinteren drei Teilen des Hirnstamms kontrolliert wird. Dabei sind der Thalamus und die Formatio reticularis von besonderer Bedeutung. Wichtig ist, daß beide eine weitgehende Autonomie in ihren Funktionen besitzen, so daß der Interaktion zwischen diesen Strukturen eine entscheidende Bedeutung zukommt. Da von ihnen zahlreiche auf- und absteigende Bahnen ausgehen, moduliert ihre Aktivität den Grundtonus ganzer Kerngebiete im Gehirn (vgl. Fleissner, 1996).

14.3 Funktionen des Schlafes

Über die Funktion des Schlafes existieren unterschiedliche Auffassungen und Überlegungen. Allgemein formuliert geht man heute davon aus, daß der Schlaf zwei zentrale, sich nicht gegenseitig ausschließende Funktionen besitzt, zum einen homöostatische, zum anderen heteroplastische Funktionen (vgl. ausführlich Hobson & Steriade, 1986). Die *homöostatische* Funktion besteht vor allem darin, während des Schlafes das energetische Gleichgewicht des Organismus wiederherzustellen. Hobson (1990) z.B. geht davon aus, daß insbesondere der REM-Schlaf dazu dient, bestimmte Neurotransmitter, die im Verlaufe des Tages »verbraucht« wurden, zu ergänzen. Er stützt seine Auffassung auf Tierexperimente, in denen festgestellt worden ist, daß im REM-Schlaf bestimmte Nervenzellen (die sog. »rem off«-Zellen) vollständig aufhören zu feuern. Er vermutet, daß dieser Ruhezustand dazu dient, die Transmitterspeicher dieser Neuronen wieder »aufzufüllen«. Dabei handelt es sich um Neurone des Locus coeruleus und der Raphekerne, die – wenn sie aktiv sind – die Transmitter Noradrenalin bzw. Serotonin abgeben (es sei an dieser Stelle angemerkt, daß diese Auffassung von Hobson im Widerspruch zum Modell von Koella steht, nach dem im REM-Schlaf hohe adrenerge Aktivität bestehen sollte).

Überlegungen, die die *heteroplastische* Funktion des Schlafes betonen, beziehen sich auf die Fähigkeit zum Wandel als Reaktion auf neue Gegebenheiten. Dabei lassen sich entwicklungstheoretische, erhaltungstheoretische und lerntheoretische Überlegungen unterscheiden, wobei allerdings betont werden muß, daß diese Überlegungen eher spekulativer Natur sind und bis heute eine adäquate empirische Fundierung aussteht (vgl. Hobson, 1990). *Entwicklungstheorien* gehen davon aus, daß die spezifische Aktivierung bestimmter Gehirnstrukturen im REM-Schlaf dem Gehirn die Gelegenheit bietet, zukünftiges Verhalten antizipatorisch zu üben, und zwar dadurch zu üben, daß die Funktionsfähigkeit von Neuronen und Schaltkreisen im Gehirn erhöht wird, noch bevor der Organismus diese tatsächlich einsetzen muß. *Erhaltungstheorien* nehmen an, daß der Schlaf – insbesondere der REM-Schlaf – die Gelegenheit bietet, weniger häufig gezeigte Verhaltensweisen zu üben. Beispiele dafür wären Instinkthandlungen, die auch in menschlichen Träumen sehr zahlreich vorkommen. *Lerntheorien* schließlich betonen die Funktion des REM-Schlafes bei der Stärkung bzw. Konsolidierung des Gedächtnisses. Dabei geht man davon aus, daß bestimmte Gedächtnisinhalte durch eine Reaktivierung jener Schaltkreise konsolidiert werden, deren Synapsenstärke durch vorangegangene Erfahrung verändert wurde. Da nun eine solche Aktivierung im REM-Schlaf zu beobachten ist, wird angenommen, daß diese Form des Schlafes die Gedächtnisbildung erleichtern kann. Darüber hinaus wird vermutet, daß diese Aktivierung durch ihren Einfluß auf die Synapsenstärke auch dazu beitragen kann, vor längerer Zeit erworbene Inhalte leichter zugänglich zu machen.

Zum Abschluß dieses Kapitels soll noch kurz auf einen methodischen Aspekt eingegangen werden. Die bisherigen Erkenntnisse zum Schlaf des Menschen wurden ausschließlich in sog. Schlaflaboratorien gewonnen. Diese Vorgehensweise bringt jedoch eine Reihe von Nachteilen mit sich (fremde Umgebung; fremdes Bett; Gefühl, beobachtet zu werden; Eingewöhnungszeit usw.). Neuere Entwicklungen zielen daher darauf ab, die Psychophysiologie des Schlafes verstärkt in der gewohnten häuslichen Umgebung zu untersuchen. Beispielhaft sollen zwei neuere Entwicklungen genannt werden, die sich dieses Ziel gesetzt haben. Zum einen die Miniaturisierung von Apparaturen, die die Erfassung der relevanten psychophysiologischen Variablen im Feld gestatten (»Ambulantes Schlaf Monitoring«; vgl. Jain et al., 1997), zum anderen die Entwicklung spezifischer Techniken, die es auf einfache Art ermöglichen, die zentralen Schlafstadien zu identifizieren, wobei die Anwendung dieser Technik von dem Probanden selbst vorgenommen werden kann (z. B. durch die Messung von Lidschlägen und Körperbewegungen mittels der »nightcap«; vgl. Ajilore et al., 1995).

15. Psychophysiologische Aussagebeurteilung

Die psychophysiologische Aussagebeurteilung kennzeichnet einen Forschungs- und Anwendungsbereich psychophysiologischer Methoden und Erkenntnisse, in dem es um die Frage geht, inwieweit auf der Grundlage von physiologischen Reaktionen Schlußfolgerungen über die Glaubwürdigkeit von Personen getroffen werden können. Im angloamerikanischen Sprachraum spricht man in der Regel von »lie detection« oder »detection of deception«, in Deutschland umgangssprachlich meist von »Lügendetektion«. Es muß allerdings betont werden, daß Begriffsbildungen mit »Lüge« oder »Täuschung« aus mehreren Gründen unzulänglich sind. Erstens liegt keine empirische Evidenz dafür vor, daß ein spezifisches physiologisches Reaktionsmuster existiert, das in einem inter- oder intraindividuell konsistenten Zusammenhang mit »Lügen« oder »Täuschungen« steht und deshalb »entdeckt« werden kann. Darüber hinaus ist ein solches Reaktionsmuster, das in der Tradition von Arbeiten zur differentiellen Emotionspsychologie zu sehen wäre, weder Voraussetzung noch Gegenstand der anwendungsbezogenen Aussagebeurteilung. Zweitens muß es in der forensischen Praxis nicht notwendigerweise nur um die Aufdeckung von Lüge oder Täuschung gehen, sondern es kann auch darum gehen, den Wahrheitsgehalt von Aussagen festzustellen bzw. zu bestätigen. Als Beispiel mag ein zu Unrecht Verdächtigter gelten, der durch die psychophysiologische Beurteilung seiner Aussage möglicherweise *entlastet* werden kann.

Aus diesen Gründen wird im folgenden die von Steller (1987) vorgeschlagene neutrale Bezeichnung »Psychophysiologische Aussagebeurteilung« verwendet. Der Gegenstand, um den es geht, ist die Frage, wie sich die emotionale Bewertung bestimmter Ereignisse oder Reize in physiologischen Variablen widerspiegelt und vor allem ob aufgrund intraindividueller Unterschiede in bestimmten Reaktionsgrößen eine valide diagnostische Schlußfolgerung über die Glaubwürdigkeit einer Person möglich ist.

Der Begriff der psychophysiologischen Aussagebeurteilung stellt einen Oberbegriff dar, unter dem eine ganze Reihe unterschiedlicher diagnostischer Vorgehensweisen oder Verfahren zusammengefaßt werden. Von zentraler Bedeutung sind dabei die unterschiedlichen Befragungstechniken. Im Prinzip werden bei den meisten Verfahren sog. relevante und irrelevante Fragen oder Items kombiniert und nach einem bestimmten Schema präsentiert. Relevante Fragen sind auf die Tat (z. B. auf ein Verbrechen) bezogen, irrelevante hingegen auf etwas Vergleichbares, das aber mit der konkreten Tat nichts zu tun hat. Während der Befragung werden meist mittels eines Polygraphen (»Lügendetektor«) mehrere physiologische Variablen erhoben, die überwiegend die Aktivität des autonomen Nervensystems widerspiegeln sollen. Die in der Praxis gebräuchlichsten sind die elektrische Hautleitfähigkeit, thorakale und abdominale Atembewegungen (Brust- und Bauchatmung) sowie die kardiovaskulären Größen relativer arterieller Blutdruck und Pulsvolumenamplitude. Bei der Hautleitfähigkeit interessieren reizbezogene Erhöhungen der Leitfähigkeit und Veränderungen in der Häufigkeit und Stärke von Spontanfluktuationen. An der Atmung interessieren alle Veränderungen in der Tiefe und Frequenz, wobei insbesondere auf eine Verlängerung der Atemzyklen und eine Reduktion der Atemtiefe geachtet wird. Bei den kardiovaskulären Größen stehen im Mittelpunkt der Betrachtung ein Anstieg des Blutdrucks, verstärkte Vasokonstriktion sowie ggf. Veränderungen der Herzschlagfrequenz. In wissenschaftlichen Laboruntersuchungen wurden weitere physiologische Größen z. T. mitberücksichtigt, wie z. B. die Lidschlagfrequenz, die Pupillenweite oder ereignisbezogene Potentiale. Bei der Auswertung wird grundsätzlich so vorgegangen, daß die Stärke der physiologischen Veränderungen auf die relevanten und irrelevanten Fragen bestimmt wird, um auf der Basis dieses Vergleichs mittelbare diagnostische Schlußfolgerungen über den Wahrheitsgehalt der Aussagen zu ziehen.

15.1 Befragungstechniken

Bezogen auf die Art der Befragungstechnik lassen sich im wesentlichen zwei Gruppen von Vorgehensweisen gegenüberstellen, direkte und indirekte.

Die in der Praxis (u. a. in den USA, Kanada, Israel, Japan und in neuerer Zeit auch in Deutschland) überwiegend bis ausschließlich verwendete *direkte* Methode ist der sog. *Kontrollfragentest* (»Control Question Test«, CQT). Die relevanten Fragen des Kontrollfragentests beziehen sich direkt auf Details der Tat (z. B.: »Haben Sie den goldenen Ring gestohlen?«). Jeder relevanten Frage wird eine Kontrollfrage zur Seite gestellt, die zwar in keinem direkten Zusammenhang mit der konkreten Tat steht, jedoch ähnliche, emotional belastende Inhalte thematisiert (z. B.: »Haben Sie vor Ihrem 18. Geburtstag jemals etwas genommen, das Ihnen nicht gehörte?«). Darüber hinaus werden vollständig irrelevante Fragen eingestreut (z. B.: »Ist Ihr Name ... ?«). Die individuelle Formulierung der Kontrollfragen wird im Rahmen eines ausführlichen Vortest-Interviews festgelegt. Im Verlaufe dieses Interviews suggeriert der Untersucher dem Probanden, daß den Antworten auf die Kontrollfragen eine entscheidende Bedeutung für die Beurteilung seiner Glaubwürdigkeit zukommt. Dabei vertritt der Untersucher die Ansicht, daß einer Person, die das in der Kontrollfrage thematisierte Vergehen begangen hat, durchaus auch die konkrete Tat zugetraut werden kann. Auf diese Weise soll der Proband dazu gebracht werden, die Kontrollfragen zu verneinen, um den Verdacht gegen sich nicht zusätzlich zu erhärten. Gemäß der zentralen Annahme des Kontrollfragentests sollen sich unschuldige Personen durch die Kontrollfragen in einem stärkeren Maße bedroht fühlen, da sie auf die Fragen entweder lügen oder sich hinsichtlich des Wahrheitsgehalts der Verneinung zumindest unsicher sind, wobei diese Unsicherheit zusätzlich durch die relativ vage Formulierung der Kontrollfragen gesteigert wird. Die relevanten Fragen hingegen können von unschuldigen Personen wahrheitsgemäß verneint werden. Bei unschuldigen Personen sollen demnach die Kontrollfragen eine erhöhte emotionale Erregung bzw. eine intensive Auseinandersetzung mit dem Frageninhalt auslösen, was von stärkeren physiologischen Reaktionen – verglichen mit den relevanten Fragen – begleitet sein soll. Im Gegensatz dazu sind für schuldige Personen die relevanten Fragen bedeutsamer als die Kontrollfragen, da sie bei diesen Fragen den Tatvorwurf wahrheitswidrig verneinen müssen. Dementsprechend sollen schuldige Personen auf die relevanten Fragen physiologisch stärker reagieren als auf die Kontrollfragen. Im Verlaufe des Kontrollfragentests werden verschiedene Paare von relevanten und Kontrollfragen sukzessiv dargeboten. Sind die physiologischen Reaktionen auf die Kontrollfragen deutlich stärker ausgeprägt als auf die relevanten Fragen, werden die Aussagen des Probanden als »glaubwürdig« eingestuft. Ergibt sich hingegen ein umgekehrtes Reaktionsmuster mit deutlich stärkeren Reaktionen auf die relevanten Fragen, so wird der Proband als »unglaubwürdig« klassifiziert. Falls sich keine eindeutigen Reaktionsunterschiede zwischen relevanten und Kontrollfragen ergeben, wird der Test als »unentscheidbar« gewertet.

Zu den bekanntesten *indirekten* Methoden zählt vor allem der *Tatwissentest* (»Guilty Knowledge test«, GKT). Dieses Verfahren zielt nicht direkt darauf ab, den Wahrheitsgehalt von Aussagen festzustellen, sondern es soll ermittelt werden, inwiefern ein Beschuldigter Kenntnisse über spezifische, tatbezogene Details besitzt, die eine unschuldige Person nicht besitzen kann. Zu diesem Zweck werden wichtige Details des Tathergangs als relevante Items in eine Reihe gleich plausibler, aber nicht tatbezogener Alternativen (irrelevante Items) eingebettet und in Form von Multiple-Choice-Fragen dargeboten. Befand sich z.B. der gestohlene Gegenstand in einer Schublade, könnte folgende Sequenz denkbar sein: »Wo befand sich der Gegenstand, der gestohlen wurde? a) im Schrank, b) auf dem Regal, c) in der Schublade, d) im Ablagekasten, e) auf der Fensterbank, f) im Tresor«. Bei der Durchführung des Tatwissentests werden mehrere derartige Fragen gestellt, die sich auf unterschiedliche tatbezogene Sachverhalte beziehen (z.B.: Welcher Gegenstand wurde gestohlen, Merkmale des gestohlenen Gegenstandes usw.). Auch bei diesem Verfahren findet vor der eigentlichen Untersuchung ein Interview statt, um das Tatwissen von Personen zu erkunden. Tatbezogene Details, die auch unschuldigen Personen bekannt sein können (z. B. aus Medien oder Verhören), müssen von der Befragung ausgeschlossen werden. Die Grundannahme des Verfahrens ist, daß nur Tatbeteiligte die zutreffenden Sachverhalte kennen und somit ihre physiologischen Reaktionen auf die relevanten Sachverhalte stärker ausgeprägt sein sollen. Unschuldige Personen hingegen können die zutreffenden relevanten Alternativen nicht kennen; sie sollten somit ein mehr oder weniger zufälliges Reaktionsmuster zeigen. Es läßt sich außerdem bei diesem Verfahren exakt die Wahrscheinlichkeit berechnen, mit der eine Person ohne Tatwissen bei der relevanten Alternative zufällig ihre stärkste Reaktion zeigt: Bei einer Frage mit 5 Antwortmöglichkeiten beträgt diese 1:5; bei mehreren Fragen verringert sich die Wahrscheinlichkeit entsprechend dem Multiplikationssatz der Wahrscheinlichkeitsrechnung. Bei 5 Fragen mit je 5 Alternativen beträgt die Wahrscheinlichkeit für konsistent stärkste Reaktionen bei der relevanten Alternative 1:3125, bei 10 Fragen bereits 1 zu knapp 10 Millionen. Da die Items des Tatwissentests nur zu relativ schwachen physiologischen Veränderungen führen, beschränkt man sich bei der Anwendung meist auf die Amplituden der Hautleitfähigkeitsreaktionen, die das empfindlichste Maß darstellen. Bei der Auswertung wird überprüft, ob eine Person konsistent stärkere Reaktionen auf die relevanten Items zeigt. Ist dies der Fall, so wird daraus der Schluß gezogen, daß diese Person über Tatwissen verfügt, woraus sich weitere Schlußfolgerungen über Schuld oder Unschuld anschließen können.

Aus dem Gesagten sollte der grundlegende Unterschied zwischen den beiden Verfahren klar geworden sein. Beim Tatwissentest ist die unterschiedliche *Bedeutsamkeit* von relevanten und irrelevanten Items für Personen mit und ohne Tatwissen von Anfang an gegeben. Im Gegensatz dazu muß beim Kontrollfragentest die unterschiedliche Bedeutsamkeit von relevanten und Kontrollfragen erst durch deren individuelle Formulierung im Verlaufe des Vortest-Interviews suggestiv geschaffen werden.

15.2 Kritik am Kontrollfragentest

Im folgenden soll vor allem auf kritische Einwände eingegangen werden, wie sie gegenüber dem Kontrollfragentest formuliert worden sind, da dieses Verfahren die Methode der Wahl im anwendungsbezogenen Bereich darstellt. Dies gilt sowohl für den forensischen Einsatzbereich als auch für die kommerzielle Nutzung in der privaten Wirtschaft und im öffentlichen Dienst (Überprüfung der »Ehrenhaftigkeit«), wobei sich die aus der Wissenschaft stammenden Kritiker und Befürworter des Kontrollfragentests einig sind, seine Anwendung in den beiden letztgenannten Bereichen strikt abzulehnen (was allerdings zumindest in den USA die professionellen »Polygraphers« mit ihrer Vereinigung der »American Polygraph Association« lange nicht daran gehindert hat, dies zu tun). Wir orientieren uns dabei insbesondere an den Arbeiten von Lykken (1981) und Furedy (1986, 1993, 1996).

Lykken kritisiert insbesondere die mangelnde Treffsicherheit des Kontrollfragentests, also dessen mangelnde Validität. Er beurteilt die Treffsicherheit als nur unwesentlich höher als Zufallsentscheidungen. Dieses Problem ergibt sich seiner Ansicht nach vor allem deshalb, weil die zentralen Annahmen des CQTs falsch seien. So bezweifelt Lykken z. B., daß es generell gelingen kann, die Kontrollfragen so zu formulieren, daß sie für unschuldige Personen eine größere Bedrohung darstellen als die relevanten Fragen. Ob dies gelingt oder nicht, hängt weitgehend vom psychologischen Geschick des Untersuchers ab und ist somit nicht standardisierbar und überprüfbar. Der CQT bietet außerdem keine Möglichkeit zu prüfen, ob die relevanten Fragen wahrheitsgemäß oder wahrheitswidrig beantwortet werden, da die Kontrollfragen im wissenschaftlichen Sinne eben keine adäquate Kontrollbedingung repräsentieren. Auch unschuldige Personen sind in der Lage, die relevanten Fragen zu erkennen und diese als bedrohlich zu bewerten, zumal u. U. ihr persönliches Schicksal von dem Testergebnis abhängt. Somit ergibt sich das hohe Risiko, daß auch unschuldige Personen auf die relevanten Fragen eine ausgeprägte emotionale Erregung und stärkere physiologische Reaktionen zeigen als auf die Kontrollfragen. Dieser Kritikpunkt wird durch die Ergebnisse einer Reihe von Validitätsstudien gestützt, die zeigen, daß beim CQT die Wahrscheinlichkeit, glaubwürdige Personen irrtümlich als »unglaubwürdig« zu klassifizieren, unverhältnismäßig hoch ist (bei laborexperimentellen Studien reicht der Prozentsatz solcher »irrtümlich positiver Befunde« bis zu über 30%).

Auch Furedy kritisiert am CQT die Tatsache, daß dieses Verfahren aufgrund der Bedeutung des Vortest-Interviews für die Formulierung der Kontrollfragen nicht standardisierbar und somit lediglich als ein »pseudowissenschaftliches Verfahren« zu betrachten sei. Als weitere Probleme dieses Verfahrens werden von Furedy folgende genannt:

a) Die mangelnde Konstruktvalidität des CQT. Furedy geht davon aus, daß dieses Verfahren nicht nur Täuschungsversuche erfaßt, sondern vor allem auch die Angst von Personen, ohne daß die angstauslösenden Faktoren exakt spezifizierbar sind. Neben der Angst von schuldigen Personen entdeckt zu werden, kommen auch andere angstauslösende Faktoren in Betracht, wie z. B. die Befürchtungen von Unschuldigen hinsichtlich der Konsequenzen, die sich aus einem falschen Testergebnis ergeben könnten, wobei entscheidend ist, daß im Einzelfall die angstauslösende Quelle nicht eindeutig identifizierbar ist.

b) Beim CQT beruht die Entscheidung über die Glaubwürdigkeit nicht ausschließlich auf den gewonnenen physiologischen Daten, sondern es fließen in diese Entscheidung komplexe Informationen ein, die sich aus der gesamten Interaktion zwischen Untersucher und Proband ergeben. Da für den CQT keine eindeutigen Auswertungsregeln formuliert sind, würde der Untersucher die physiologischen Daten im Lichte seiner Meinung interpretieren. Demnach basiert die Entscheidungsfindung beim CQT weder ausschließlich auf objektiven physiologischen Befunden noch auf rein wissenschaftlichen Prinzipien.

c) Ein besonderer Nutzen des CQTs für die nordamerikanischen Ermittlungsbehörden beruht auf der Tatsache, daß viele Beschuldigte eine Tat gestehen, wenn sie anhand der Testbefunde als unglaubwürdig eingestuft werden. Dieses Geständnis wird in aller Regel in einem Nachtest-Interview erzielt, das mehrere Stunden andauern kann. Man muß davon ausgehen, daß diese Geständnisse zu einem unbekannten Prozentsatz falsch sind, da zum einen die Beschuldigten unter erheblichen psychologischen Druck gesetzt werden und zum anderen die Institution des »plea-bargaining« (Geständnis für ein relativ mildes Strafmaß und Einstellen weitergehender Anklagen) die Wahrscheinlichkeit für falsche Geständnisse erhöht.

d) Schließlich besteht beim CQT ein Problem, das von Furedy als »Polygrapher's Dilemma« bezeichnet wird. Die Vorgehensweise beim CQT versetzt den Untersucher unausweichlich in einen Konflikt gegenüber unschuldigen Personen. Fällt der emotionale Gehalt der Kontrollfragen zu schwach aus, so steigt das Risiko für irrtümlich positive Befunde. Sind hingegen die Kontrollfragen hoch bedrohlich, so muß man in Kauf nehmen, daß unschuldige Personen in starke Bedrängnis gebracht werden und psychische Beeinträchtigungen erfahren können, zumal in aller Regel nach der Untersuchung keine psychologische Nachsorge oder Aufklärung erfolgt. Kommt es zu einem »unentscheidbaren« Ergebnis, bleibt letztendlich der Verdacht weiterhin bestehen. Unabhängig vom Ausgang einer Untersuchung muß deshalb stets mit negativen Konsequenzen für unschuldige Personen gerechnet werden, die als ethisch bedenklich einzustufen sind.

Die Kritiker des CQTs favorisieren in aller Regel den Tatwissentest als alternative Methode, da dieser weniger anfällig für methodische Unzulänglichkeiten sei. Er entspricht eher einem wissenschaftlich fundierten Testverfahren und bietet vor allem die Möglichkeit der Standardisierung und Objektivierung. Die Formulierung der Fragen und Antwortalternativen ist bei diesem Verfahren durch die Tat und deren Umstände bedingt und somit weitgehend unabhängig von der Interaktion zwischen Untersucher und Beschuldigtem. Sofern die bei den jeweiligen Fragen angebotenen relevanten und irrelevanten Alternativen für unschuldige Personen gleich plausibel erscheinen und emotional ähnliche Effekte hervorrufen, stellen die irrelevanten Alternativen eine adäquate Kontrolle dar, so daß konsistent stärkere Reaktionen auf die relevanten Alternativen mit hoher Wahrscheinlichkeit auf Tatwissen zurückzuführen sind. Das Risiko, unschuldige Personen irrtümlich als schuldig zu klassifizieren, ist beim Tatwissentest sehr gering und kann durch Hinzufügen weiterer Fragen weiter verringert werden. Als weiterer Vorteil wird noch genannt, daß dieses Verfahren nur im Zusammenhang mit einer konkreten Tat sinnvoll angewendet werden kann, wodurch die Gefahr einer kommerziellen, mißbräuchlichen Nutzung minimiert wird.

Zusammenfassend kann festgehalten werden, daß das in der Praxis dominierende Verfahren, der Kontrollfragentest, sowohl unter methodischen als auch unter ethischen Gesichtspunkten erhebliche Angriffspunkte bietet, die bisher von den Verfechtern dieses Verfahrens nicht überzeugend widerlegt werden konnten (vgl. z.B. Honts et al., 1995). Der Einsatz dieses Verfahrens in der forensischen Praxis, der auch in Deutschland immer wieder gefordert und zwischenzeitlich in Zivilprozessen vereinzelt auch praktiziert wird, muß mit äußerster Skepsis beurteilt werden. Andererseits ist zu betonen, daß die Vorteile des Tatwissentests bisher ausschließlich in laborexperimentellen Untersuchungen nachgewiesen werden konnten und seine Brauchbarkeit für konkrete Anwendungsfälle nicht belegt ist. Dies liegt nicht zuletzt daran, daß die professionellen amerikanischen Polygrapher bis heute dieses Verfahren boykottieren und ausschließlich den Kontrollfragentest als die Methode der Wahl propagieren, schulen und verwenden.

15.3 Psychophysiologische Differenzierung von Täuschung und Wahrheit

Von Furedy wurde in den 80er Jahren ein neues aus der Experimentalpsychologie stammendes Paradigma zur Untersuchung von Lüge und Täuschung entwickelt, das nicht zum Ziel hat, glaubwürdige von unglaubwürdigen Personen zu unterscheiden, sondern das dazu dienen soll, den Prozeß der Täuschung von anderen psychischen Prozessen abzugrenzen. Furedy geht davon aus, daß die grundlagenwissenschaftliche Beschäftigung mit dem Phänomen Täuschung wichtig sei, da dieses Phänomen – phylogenetisch betrachtet – eine wichtige Anpassungsreaktion des Organismus darstellt. Das Hauptcharakteristikum des neuen Paradigmas, das als »Differentiation of Deception«-Paradigma bezeichnet wird, ist der laborexperimentelle Vergleich von autonomen Erregungsmaßen in zwei intraindividuell variierten Versuchsbedingungen, die sich lediglich darin unterscheiden, daß bestimmte Items in der einen Bedingung wahrheitsgemäß und in der anderen Bedingung wahrheitswidrig beantwortet werden müssen. Dementsprechend besteht die Aufgabe der Probanden darin, parallelisierte Fragen (z. B. Fragen mit biographischem Inhalt oder einfache Wissensfragen) zur Hälfte wahrheitsgemäß zu beantworten und bei der anderen Hälfte der Items die Unwahrheit zu sagen, wobei die Probanden im voraus über diese Regeln informiert sind. Alle potentiell konfundierenden Variablen, die neben dem Wahrheitsgehalt der Antworten noch Einfluß auf die physiologischen Maße haben könnten (z. B. syntaktischer oder semantischer Schwierigkeitsgrad der Fragen), sind streng zu kontrollieren. Die Täuschung gilt dann als psychophysiologisches Phänomen nachgewiesen, wenn sich eine signifikante Differenz zwischen den beiden Versuchsbedingungen ergibt, wenn also die in der Bedingung Täuschung gemessene autonome Erregung stärker ist als diejenige in der Bedingung Aufrichtigkeit. Ferner soll die experimentelle Manipulation weiterer unabhängiger Variablen zusätzlich zum Faktor »Wahrheitsgehalt der Antwort« Aufschluß darüber liefern, inwieweit Täuschung als psychophysiologischer Prozeß dem Einfluß anderer Faktoren unterliegt. In mehreren experimentellen Studien (vgl. Furedy, 1996; Vossel et al., 1997) konnte inzwischen die Brauchbarkeit dieses Paradigmas nachgewiesen werden und sowohl für die Hautleitfähigkeit als auch für die Herzschlagfrequenz gezeigt werden, daß eine psychophysiologische Differenzierung zwischen Täuschung und Aufrichtigkeit möglich ist. Darüber hinaus konnte gezeigt werden, daß dieses Phänomen unabhängig von einer Reihe zusätzlicher Faktoren auftritt; dazu zählen z. B. bestimmte Probandenmerkmale (Geschlecht, Täuschungsmotivation), Merkmale des Fragenmaterials (Erinnerungsschwierigkeit und Neuheit wahrheitswidriger und wahrheitsgemäßer Antworten) und des Antwortmodus (verbale Antwort versus Knopfdruck). Die weitere Beschäftigung mit diesem Paradigma insbesondere unter Einbeziehung weiterer abhängiger (z. B. zentralnervöser Variablen) wie auch unabhängiger Variablen (z. B. emotionaler Gehalt der Fragen) wird sowohl unser Verständnis für das ubiquitäre Phänomen Täuschung erweitern als auch möglicherweise die Grundlagen für eine angemessenere individualdiagnostische Zugangsweise zu diesem Phänomen liefern.

Literatur

Ajilore, O., Stickgold, R., Rittenhouse, C. D. & Hobson, J. A. (1995). Nightcap: Laboratory and home-based evaluation of a portable sleep monitor. *Psychophysiology, 32,* 92–98.

Andersen, P. & Andersson, S. A. (1968). *Physiological basis of the alpha rhythm.* New York: Appleton-Century-Crofts.

Anthony, B. J. & Graham, F. K. (1985). Blink reflex modification by selective attention: Evidence for the modulation of ›automatic‹ processing. *Biological Psychology, 21,* 43–59.

Aschoff, J. (1971). Temperaturregulation. In O. H. Gauer, K. Kramer & R. Jung (Hrsg.), *Physiologie des Menschen* (Band 2, S. 43–116). München: Urban und Schwarzenberg.

Aschoff, J., Daan, S. & Groos, G. A. (1982). *Vertebrate circadian systems: Structure and physiology.* Heidelberg: Springer.

Asterita, M. F. (1985). *The physiology of stress.* New York: Human Sciences Press.

Axelrod, J. & Reisine, T. D. (1984). Stress hormones: Their interaction and regulation. *Science, 224,* 452–459.

Bacon, F. (1960). *The Novum organum and related writings.* New York: Liberal Arts Press.

Barceló, F., Gale, A. & Hall, M. (1995). Multichannel EEG power reflects information processing and attentional demands during visual orienting. *Journal of Psychophysiology, 9,* 32–44.

Barlow, J. S. (1986). Artifact processing (rejection and minimization) in EEG data processing. In F. H. Lopes da Silva, W. Storm van Leeuwen & A. Rémond (Hrsg.), *Clinical applications of computer analysis of EEG and other neurophysiological signals* (S. 16–62). Amsterdam: Elsevier.

Barry, R. J. (1984). Preliminary processes in O-R elicitation. *Acta Psychologica, 55,* 109–142.

Basmajian, J. V. (1988). Research foundations of EMG biofeedback in rehabilitation. *Biofeedback and Self-Regulation, 13,* 275–298.

Beatty, J. (1977). Learned regulation of alpha and theta frequency activity in the human electroencephalogram. In G. E. Schwartz & J. Beatty (Hrsg.), *Biofeedback: Theory and research* (S. 351–370). New York: Academic Press.

Beatty, J. (1982). Phasic not tonic pupillary responses vary with auditory vigilance performance. *Psychophysiology, 19,* 167–172.

Bendat, J. S. & Piersol, A. G. (1986). *Random data: Analysis and measurement procedures.* New York: Wiley.

Ben-Shakhar, G. (1994). The roles of stimulus novelty and significance in determining the electrodermal orienting response: Interactive versus additive approaches. *Psychophysiology, 31,* 402–411.

Berger, H. (1929). Über das Elektrenkephalogramm des Menschen. *Archiv für Psychiatrie und Nervenkrankheiten, 87*, 527–570.

Berlyne, D. E. (1958). The influence of complexity and novelty in visual figures on orienting responses. *Journal of Experimental Psychology, 55*, 289–296.

Berlyne, D. E. (1960). *Conflict, arousal and curiosity*. New York: McGraw-Hill.

Berlyne, D. E. (1961). Conflict and the orientation reaction. *Journal of Experimental Psychology, 62*, 476–483.

Berlyne, D. E., Craw, M. A., Salapatek, P. H. & Lewis, J. L. (1963). Novelty, complexity, incongruity, extrinsic motivation, and the GSR. *Journal of Experimental Psychology, 66*, 560–567.

Bernstein, A. S. (1968). The orienting response and direction of stimulus change. *Psychonomic Science, 12*, 127–128.

Bernstein, A. S. (1979). The orienting response as novelty and significance detector: Reply to O'Gorman. *Psychophysiology, 16*, 263–273.

Bernstein, A. S. (1981). The orienting response and stimulus significance: Further comments. *Biological Psychology, 12*, 171–185.

Bernstein, A. S., Taylor, K., Austen, B. G., Nathanson, M. & Scarpelli, A. (1971). Orienting response and apparent movement toward or away from the observer. *Journal of Experimental Psychology, 87*, 37–45.

Besson, M. & Macar, F. (1987). An event-related potential analysis of incongruity in music and other non-linguistic contexts. *Psychophysiology, 24*, 14–25.

Blumenthal, T. D. & Berg, W. K. (1986). Stimulus rise time, intensity, and bandwidth effects on acoustic startle amplitude and probability. *Psychophysiology, 23*, 635–641.

Blumenthal, T. D. & Goode, C. T. (1991). The startle eyeblink response to low intensity stimuli. *Psychophysiology, 28*, 296–306.

Bösel, R. (1981). *Physiologische Psychologie*. Berlin: de Gruyter.

Bohlin, G. & Kjellberg, A. (1979). Orienting activity in two-stimulus paradigms as reflected in heart rate. In H. D. Kimmel, E. H. van Olst & J. F. Orlebeke (Hrsg.), *The orienting reflex in humans* (S. 169–197). Hillsdale, NJ: Lawrence Erlbaum.

Boucsein, W. (1988). *Elektrodermale Aktivität: Grundlagen, Methoden und Anwendungen*. Berlin: Springer.

Bradley, M. M. & Vrana, S. R. (1993). The startle probe in the study of emotions and emotional disorders. In N. Birbaumer & A. Öhman (Hrsg.), *The structure of emotion: Psychophysiological, cognitive, and clinical aspects* (S. 270–287). Toronto: Hogrefe & Huber.

Brandtstädter, J. (1982). Apriorische Elemente in psychologischen Forschungsprogrammen. *Zeitschrift für Sozialpsychologie, 13*, 267–277.

Bredenkamp, J. (1969). Experiment und Feldexperiment. In C. F. Graumann (Hrsg.), *Handbuch der Psychologie (Band 7): Sozialpsychologie. Erster Halbband: Theorien und Methoden* (S. 332–374). Göttingen: Hogrefe.

Bredenkamp, J. (1979). Das Problem der externen Validität pädagogisch-psychologischer Untersuchungen. In J. Brandtstädter, G. Reinert & K. A.

Schneewind (Hrsg.), *Pädagogische Psychologie: Probleme und Perspektiven* (S. 267–289). Stuttgart: Klett-Cotta.

Bremer, F. (1935). Cerveau ›isolé‹ et physiologie du sommeil. *Comptes Rendus des Séances de la Société de Biologie, 118*, 1235–1241.

Brown, C.C. (1967). A proposed standard nomenclature for psychophysiological measures. *Psychophysiology, 4*, 260–264.

Brunia, C.H.M. (1993). Waiting in readiness: Gating in attention and motor preparation. *Psychophysiology, 30*, 327–339.

Bunge, M. (1977). Emergence and the mind. *Neuroscience, 2*, 501–509.

Bunge, M. (1984). *Das Leib-Seele-Problem: Ein psychobiologischer Versuch*. Tübingen: Mohr.

Bunge, M. (1993). Die Bedeutung der Philosophie für die Psychologie. In L. Montada (Hrsg.), *Bericht über den 38. Kongreß der Deutschen Gesellschaft für Psychologie in Trier 1992* (Band 2, S. 51–63). Göttingen: Hogrefe.

Bunge, M. & Ardila, R. (1990). *Philosophie der Psychologie*. Tübingen: Mohr.

Cacioppo, J.T. & Tassinary, L.G. (1990a). Inferring psychological significance from physiological signals. *American Psychologist, 45*, 16–28.

Cacioppo, J.T. & Tassinary, L.G. (Hrsg.) (1990b). *Principles of psychophysiology: Physical, social, and inferential elements*. Cambridge: Cambridge University Press.

Cacioppo, J.T., Tassinary, L.G. & Fridlund, A.J. (1990). The skeletomotor system. In J.T. Cacioppo & L.G. Tassinary (Hrsg.), *Principles of psychophysiology: Physical, social, and inferential elements* (S. 325–384). Cambridge: Cambridge University Press.

Cacioppo, J.T., Uchino, B.N., Crites, S.L., Snydersmith, M.A., Smith, G., Berntson, G.G. & Lang, P.J. (1992). Relationship between facial expressiveness and sympathetic activation in emotion: A critical review, with emphasis on modeling underlying mechanisms and individual differences. *Journal of Personality and Social Psychology, 62*, 110–128.

Campbell, D.T. & Stanley, J.C. (1963). Experimental and quasi-experimental designs for research on teaching. In N.L. Gage (Hrsg.), *Handbook of research on teaching* (S. 171–246). Chicago, IL: Rand McNally.

Cannon, W.B. (1929). *Bodily changes in pain, hunger, fear and rage: An account of recent researches into the function of emotional excitement*. New York: Appleton-Century-Crofts.

Cannon, W.B. (1931). Again the James-Lange and the thalamic theories of emotion. *Psychological Review, 38*, 281–295.

Cannon, W.B. (1932). *The wisdom of the body*. New York: Norton.

Carlsmith, J.M., Ellsworth, P.C. & Aronson, E. (1976). *Methods of research in social psychology*. Reading, MA: Addison-Wesley.

Carlson, N.R. (1986). *Physiology of behavior*. Boston, MA: Allyn & Bacon.

Caton, R. (1875). The electric currents of the brain. *British Medical Journal, 2*, 278.

Cattell, R.B. (1972). The nature and genesis of mood states: A theoretical model with experimental measurements concerning anxiety, depression, arousal, and other mood states. In C. D. Spielberger (Hrsg.), *Anxiety: Current trends in theory and research* (S. 115–183). New York: Academic Press.

Clarenbach, P., Klotz, U., Koella, W. P. & Rudolf, G. A. E. (Hrsg.) (1991). *Schering Lexikon Schlafmedizin*. München: MMV Medizin Verlag.

Clarkson, M. G. & Berg, W. K. (1984). Bioelectric and potentiometric measures of eyeblink amplitude in reflex modification paradigms. *Psychophysiology, 21*, 237–241.

Coles, M. G. H., Donchin, E. & Porges, S. W. (Hrsg.) (1986). *Psychophysiology: Systems, processes, and applications*. New York: Guilford.

Coles, M. G. H., Gratton, G. & Fabiani, M. (1990). Event-related brain potentials. In J. T. Cacioppo & L. G. Tassinary (Hrsg.), *Principles of psychophysiology: Physical, social, and inferential elements* (S. 413–455). Cambridge: Cambridge University Press.

Cook, T. D. & Campbell, D. T. (1979). *Quasi-experimentation: Design and analysis issues for field settings*. Chicago, IL: Rand McNally.

Cooper, R., Osselton, J. W. & Shaw, J. C. (1980). *EEG technology*. London: Butterworths.

Crider, A. (1993). Electrodermal response lability-stability: Individual difference correlates. In J. C. Roy, W. Boucsein, D. C. Fowles & J. H. Gruzelier (Hrsg.), *Progress in electrodermal research* (S. 173–186). New York: Plenum.

Darrow, C. W. (1929). Differences in the physiological reactions to sensory and ideational stimuli. *Psychological Bulletin, 26*, 185–201.

Davidson, R. J. (1978). Specificity and patterning in biobehavioral systems: Implications for behavior change. *American Psychologist, 33*, 430–436.

Davis, M. (1984). The mammalian startle response. In R. C. Eaton (Hrsg.), *Neural mechanisms of startle behavior* (S. 287–351). New York: Plenum.

Dawson, M. E., Schell, A. M. & Filion, D. L. (1990). The electrodermal system. In J. T. Cacioppo & L. G. Tassinary (Hrsg.), *Principles of psychophysiology: Physical, social, and inferential elements* (S. 295–324). Cambridge: Cambridge University Press.

de Boer, R. W., Karemaker, J. M. & Strackee, J. (1985). Description of heart-rate variability data in accordance with a physiological model for the genesis of heartbeats. *Psychophysiology, 22*, 147–155.

Dement, W. C. & Kleitman, N. (1957). Cyclic variations in EEG during sleep and their relation to eye movements, body motility, and dreaming. *Electroencephalography and Clinical Neurophysiology, 9*, 673–690.

Donchin, E. (1981). Surprise! ... Surprise? *Psychophysiology, 18*, 493–513.

Donchin, E. & Coles, M. G. H. (1988a). Is the P300 component a manifestation of context updating? *Behavioral and Brain Sciences, 11*, 357–374.

Donchin, E. & Coles, M. G. H. (1988b). On the conceptual foundations of cognitive psychophysiology. *Behavioral and Brain Sciences, 11*, 408–427.

Donchin, E. & Heffley, E. (1978). Multivariate analysis of event-related potential data: A tutorial review. In D. Otto (Hrsg.), *Multidisciplinary perspectives on event-related brain potential research* (S. 555–572). Washington, DC: U.S. Government Printing Office.

Donchin, E., Ritter, W. & McCallum, W.C. (1978). Cognitive psychophysiology: The endogenous components of the ERP. In E. Callaway, P. Tueting & S.H. Koslow (Hrsg.), *Event-related brain potentials in man* (S. 349–411). New York: Academic Press.

Donchin, E., Kramer, A.F. & Wickens, C. (1986). Applications of brain event-related potentials to problems in engineering psychology. In M.G.H. Coles, E. Donchin & S.W. Porges (Hrsg.), *Psychophysiology: Systems, processes, and applications* (S. 702–718). New York: Guilford.

Dudel, J. (1987). Erregung von Nerv und Muskel. In R.F. Schmidt (Hrsg.), *Grundriß der Neurophysiologie* (S. 20–71). Berlin: Springer.

Duffy, E. (1951). The concept of energy mobilization. *Psychological Review, 58*, 30–40.

Duffy, E. (1957). The psychological significance of the concept of »arousal« or »activation«. *Psychological Review, 64*, 265–275.

Duffy, E. (1962). *Activation and behavior*. New York: Wiley.

Duffy, E. (1972). Activation. In N.S. Greenfield & R.A. Sternbach (Hrsg.), *Handbook of psychophysiology* (S. 577–622). New York: Holt, Rinehart and Winston.

Duncan-Johnson, C.C. & Donchin, E. (1977). On quantifying surprise: The variation of event-related potentials with subjective probability. *Psychophysiology, 14*, 456–467.

Easterbrook, J.A. (1959). The effect of emotion on cue utilization and the organization of behavior. *Psychological Review, 66*, 183–201.

Eccles, J.C. (1964). *The physiology of synapses*. Berlin: Springer.

Edelberg, R. (1973). Mechanisms of electrodermal adaptations for locomotion, manipulation, or defense. *Progress in Physiological Psychology, 5*, 155–209.

Elbert, T., Rockstroh, B., Lutzenberger, W. & Birbaumer, N. (1982). Slow brain potentials after withdrawal of control. *Archives of Psychiatry and Neurological Sciences, 232*, 201–214.

Elul, M.R. (1972). The genesis of the EEG. *International Review of Neurobiology, 15*, 227–272.

Engel, B.T. & Moos, R.H. (1967). The generality of specificity. *Archives of General Psychiatry, 16*, 574–581.

Fahrenberg, J. (1979). Psychophysiologie. In K.P. Kisker, J.E. Meyer, C. Müller & E. Strömgren (Hrsg.), *Psychiatrie der Gegenwart* (Band I/1, S. 91–210). Berlin: Springer.

Fahrenberg, J. (1983). Psychophysiologische Methodik. In K.-J. Groffmann & L. Michel (Hrsg.), *Verhaltensdiagnostik* (Enzyklopädie der Psychologie, Themenbereich B, Serie II, Band 4, S. 1–192). Göttingen: Hogrefe.

Fahrenberg, J. (1986). Psychophysiological individuality: A pattern analytic approach to personality research and psychosomatic medicine. *Advances in Behavioral Research and Therapy, 8*, 43–100.

Fahrenberg, J. & Foerster, F. (1989). *Nicht-invasive Methodik für die kardiovasculäre Psychophysiologie*. Frankfurt: Peter Lang.

Fahrenberg, J., Walschburger, P., Foerster, F., Myrtek, M. & Müller, W. (1979). *Psychophysiologische Aktivierungsforschung*. München: Minerva.

Féré, C. (1888). Note sur les modifications de la résistance électrique sous l'influence des excitations sensorielles et des emotions. *Comptes Rendus des Séances de la Société de Biologie, 5,* 217–219.

Flaten, M. A. (1993). A comparison of electromyographic and photoelectric techniques in the study of classical eyeblink conditioning and startle reflex modification. *Journal of Psychophysiology, 7,* 230–237.

Fleissner, G. (1996). Rhythmizität, zirkadiane Rhythmik und Schlaf. In J. Dudel, R. Menzel & R. F. Schmidt (Hrsg.), *Neurowissenschaft: Vom Molekül zur Kognition* (S. 519–537). Berlin: Springer.

Foerster, F. (1985). Psychophysiological response specificities: A replication over a 12-month period. *Biological Psychology, 21,* 169–182.

Foerster, F. (1995). On the problems of initial-value-dependencies and measurement of change. *Journal of Psychophysiology, 9,* 324–341.

Fowles, D. C. (1986). The eccrine system and electrodermal activity. In M. G. II. Coles, E. Donchin & S. W. Porges (Hrsg.), *Psychophysiology: Systems, processes, and applications* (S. 51–96). New York: Guilford.

Fowles, D. C., Christie, M. J., Edelberg, R., Grings, W. W., Lykken, D. T. & Venables, P. H. (1981). Publication recommendations for electrodermal measurements. *Psychophysiology, 18,* 232–239.

Frankenhaeuser, M. (1986). A psychobiological framework for research on human stress and coping. In M. H. Appley & R. Trumbull (Hrsg.), *Dynamics of stress: Physiological, psychological, and social perspectives* (S. 101–116). New York: Plenum.

Fridlund, A. J. (1979). Contour-following integrator for dynamic tracking of electromyographic data. *Psychophysiology, 16,* 491–493.

Fridlund, A. J. & Cacioppo, J. T. (1986). Guidelines for human electromyographic research. *Psychophysiology, 23,* 567–589.

Fröhlich, W. D. (1978). Stress, anxiety, and the control of attention: A psychophysiological approach. In C. D. Spielberger & I. G. Sarason (Hrsg.), *Stress and anxiety* (Band 5, S. 99–130). Washington, DC: Hemisphere.

Furedy, J. J. (1985). Joint use of heart-rate and T-wave amplitude as non-invasive cardiac performance measures: A psychophysiological perspective. In J. F. Orlebeke, G. Mulder & L. J. P. van Doornen (Hrsg.), *Psychophysiology of cardiovascular control: Models, methods, and data* (S. 237–256). New York: Plenum.

Furedy, J. J. (1986). Lie detection as psychophysiological differentiation: Some fine lines. In M. G. H. Coles, E. Donchin & S. W. Porges (Hrsg.), *Psychophysiology: Systems, processes, and applications* (S. 683–701). New York: Guilford.

Furedy, J. J. (1993). The ›control‹ question ›test‹ (CQT) polygrapher's dilemma: Logico-ethical considerations for psychophysiological practitioners and researchers. *International Journal of Psychophysiology, 15,* 263–267.

Furedy, J.J. (1996). The North American polygraph and psychophysiology: Disinterested, uninterested, and interested perspectives. *International Journal of Psychophysiology, 21*, 97–105.

Gadenne, V. (1976). *Die Gültigkeit psychologischer Untersuchungen*. Stuttgart: Kohlhammer.

Gadenne, V. (1987). Darstellung und Prüfbarkeit psychologischer Theorien aus der Sicht der Aussagenkonzeption und des Non-Statement View. In M. Amelang (Hrsg.), *Bericht über den 35. Kongreß der Deutschen Gesellschaft für Psychologie in Heidelberg 1986* (Band 2, S. 191–198). Göttingen: Hogrefe.

Galluscio, E.H. (1990). *Biological psychology*. New York: Macmillan.

Ganong, W.F. (1974). *Lehrbuch der Medizinischen Physiologie*. Berlin: Springer.

Garcia, J. & Koelling, R.A. (1966). Relation of cue to consequence in avoidance learning. *Psychonomic Science, 4*, 123–124.

Geer, J.H. & Head, S. (1990). The sexual response system. In J.T. Cacioppo & L.G. Tassinary (Hrsg.), *Principles of psychophysiology: Physical, social, and inferential elements* (S. 599–630). Cambridge: Cambridge University Press.

Geer, J.H., O'Donohue, W.T. & Schorman, R.H. (1986). Sexuality. In M.G.H. Coles, E. Donchin & S.W. Porges (Hrsg.), *Psychophysiology: Systems, processes, and applications* (S. 407–427). New York: Guilford.

Gildemeister, M. (1922). Der galvanische Hautreflex als Teilerscheinung eines allgemeinen autonomen Reflexes. *Pflügers Archiv für die gesamte Physiologie des Menschen und der Tiere, 197*, 432–436.

Godden, D.R. & Baddeley, A.D. (1975). Context-dependent memory in two natural environments: On land and underwater. *British Journal of Psychology, 66*, 325–331.

Graham, F.K. (1978). Constraints on measuring heart rate and period sequentially through real and cardiac time. *Psychophysiology, 15*, 492–495.

Graham, F.K. (1980). Representing cardiac activity in relation to time. In I. Martin & P.H. Venables (Hrsg.), *Techniques in psychophysiology* (S. 192–197). Chichester: Wiley.

Grings, W.W. (1960). Preparatory set variables related to classical conditioning of autonomic responses. *Psychological Review, 67*, 243–252.

Grings, W.W. (1977). Orientation, conditioning, and learning. *Psychophysiology, 14*, 343–350.

Groves, P.M. & Thompson, R.F. (1970). Habituation: A dual-process theory. *Psychological Review, 77*, 419–450.

Hare, R.D. (1972). Cardiovascular components of orienting and defensive responses. *Psychophysiology, 9*, 606–614.

Hassett, J. (1978). *A primer of psychophysiology*. San Francisco, CA: Freeman.

Hatch, J.P. & Saito, I. (1990). Growth and development of biofeedback: A bibliographic update. *Biofeedback and Self-Regulation, 15*, 37–46.

Hatch, J. P., Fisher, J. G. & Rugh, J. D. (Hrsg.) (1987). *Biofeedback: Studies in clinical efficacy*. New York: Plenum.

Hebb, D. O. (1955). Drives and the C. N. S. (Conceptual Nervous System). *Psychological Review*, 62, 243–254.

Herholz, K. & Heindel, W. (1996). Bildgebende Verfahren. In H. J. Markowitsch (Hrsg.), *Grundlagen der Neuropsychologie* (Enzyklopädie der Psychologie, Themenbereich C, Serie I, Band 1, S. 635–723). Göttingen: Hogrefe.

Herrmann, L. & Luchsinger, B. (1878). Ueber die Secretionsströme der Haut bei der Katze. *Pflügers Archiv für die gesamte Physiologie des Menschen und der Tiere*, 1, 310–319.

Herrmann, T. (1983). Nützliche Fiktionen: Anmerkungen zur Funktion kognitionspsychologischer Theoriebildungen. *Sprache & Kognition*, 2, 88–99.

Herrmann, T. (1984). Methoden als Problemlösungsmittel. In E. Roth & K. Heidenreich (Hrsg.), *Sozialwissenschaftliche Methoden: Lehr- und Handbuch für Forschung und Praxis* (S. 18–46). München: Oldenbourg.

Herrmann, T. & Stapf, K. H. (1971). Über theoretische Konstruktionen in der Psychologie. *Psychologische Beiträge*, 13, 336–354.

Hillyard, S. A., Picton, T. W. & Regan, D. (1978). Sensation, perception, and attention: Analysis using ERPs. In E. Callaway, P. Tueting & S. H. Koslow (Hrsg.), *Event-related brain potentials in man* (S. 223–321). New York: Academic Press.

Hobson, J. A. (1990). *Schlaf*. Heidelberg: Spektrum der Wissenschaft.

Hobson, J. A. & Steriade, M. (1986). The neuronal basis of behavioral state control. In V. B. Mountcastle, F. E. Bloom & S. R. Geiger (Hrsg.), *Handbook of physiology* (Section 1: The nervous system, Vol. 4: Intrinsic regulatory systems of the brain, S. 701–823). Bethesda, MD: American Physiological Society.

Holder, D. S. (1987). Feasibility of developing a method of imaging neuronal activity in the human brain. *Medical and Biological Engineering and Computing*, 25, 2–11.

Holdstock, J. S. & Rugg, M. D. (1995). The effect of attention on the P300 deflection elicited by novel sounds. *Journal of Psychophysiology*, 9, 18–31.

Honts, C. R., Kircher, J. C. & Raskin, D. C. (1995). Polygrapher's dilemma or psychologist's chimaera: A reply to Furedy's logico-ethical considerations for psychophysiological practitioners and researchers. *International Journal of Psychophysiology*, 20, 199–207.

Hugdahl, K. (1995). *Psychophysiology: The mind-body perspective*. Cambridge, MA: Harvard University Press.

Hull, C. L. (1943). *Principles of behavior*. New York: Appleton-Century-Crofts.

Jackson, J. C. (1974). Amplitude and habituation of the orienting reflex as a function of stimulus intensity. *Psychophysiology*, 11, 647–659.

Jain, A., Weiß, R., Fricke, L., Köhn, M., Krohm, M. L., Steinhausen, A., Mutz, G. & Stephan, E. (1997). *High quality ambulatory sleep monitor-*

ing. 3rd European Congress of Psychophysiology, University of Konstanz, Konstanz. (Abstract)

Janke, W. (1993). Biopsychologie. In A. Schorr (Hrsg.), *Handwörterbuch der Angewandten Psychologie: Die Angewandte Psychologie in Schlüsselbegriffen* (S. 99–109). Bonn: Deutscher Psychologen Verlag.

Jasper, H. (1958). Report on the committee on methods of clinical examination in electroencephalography. *Electroencephalography and Clinical Neurophysiology, 10,* 370–375.

Jennings, J.R., Tahmoush, A.J. & Redmond, D.P. (1980). Non-invasive measurement of peripheral vascular activity. In I. Martin & P.H. Venables (Hrsg.), *Techniques in psychophysiology* (S. 69–137). Chichester: Wiley.

Johnson, A.K. & Anderson, E.A. (1990). Stress and arousal. In J.T. Cacioppo & L.G. Tassinary (Hrsg.), *Principles of psychophysiology: Physical, social, and inferential elements* (S. 216–252). Cambridge: Cambridge University Press.

Johnson, R., Jr. (1986). A triarchic model of P300 amplitude. *Psychophysiology, 23,* 367–384.

Johnson, R., Jr. (1988). The amplitude of the P300 component of the event-related potential: Review and synthesis. In P.K. Ackles, J.R. Jennings & M.G.H. Coles (Hrsg.), *Advances in psychophysiology* (Band III, S. 69–137). Greenwich, CT: JAI Press.

Kanner, A.D., Coyne, J.C., Schaefer, C. & Lazarus, R.S. (1981). Comparison of two modes of stress measurement: Daily hassles and uplifts versus major life events. *Journal of Behavioral Medicine, 4,* 1–39.

Kiecolt-Glaser, J.K. & Glaser, R. (1991). Stress and immune function in humans. In R. Ader, D.L. Felten & N. Cohen (Hrsg.), *Psychoneuroimmunology* (S. 849–867). San Diego, CA: Academic Press.

Kim, S.G., Ashe, J., Hendrich, K., Ellermann, J.M., Merkle, H., Ugurbil, K. & Georgopoulos, A.P. (1993). Functional magnetic resonance imaging of motor cortex: Hemispheric asymmetry and handedness. *Science, 261,* 615–617.

Kleinsmith, L.J. & Kaplan, S. (1963). Paired-associate learning as a function of arousal and interpolated interval. *Journal of Experimental Psychology, 65,* 190–193.

Kleinsmith, L.J. & Kaplan, S. (1964). Interaction of arousal and recall interval in nonsense syllable paired-associate learning. *Journal of Experimental Psychology, 67,* 124–126.

Koella, W.P. (1988). *Die Physiologie des Schlafes*. Stuttgart: Fischer.

Köhler, T. & Troester, U. (1991). Changes in the palmar sweat index during mental arithmetic. *Biological Psychology, 32,* 143–154.

Köhler, T., Vögele, C. & Weber, D. (1989). Die Zahl der aktiven Schweißdrüsen (PSI, palmar sweat index) als psychophysiologischer Parameter. *Zeitschrift für Experimentelle und Angewandte Psychologie, 36,* 89–100.

Köhler, T., Dunker, J. & Zander, O. (1992). The number of active palmar sweat glands (palmar sweat index, PSI) as an activation measure in field studies. *Behavior Research Methods, Instruments, & Computers, 24,* 519–522.

Kornhuber, H. H. (1987). Handlungsentschluß, Aufmerksamkeit und Lernmotivation im Spiegel menschlicher Hirnpotentiale. Mit Bemerkungen zu Wille und Freiheit. In H. Heckhausen, P. M. Gollwitzer & F. E. Weinert (Hrsg.), *Jenseits des Rubikon: Der Wille in den Humanwissenschaften* (S. 376–401). Berlin: Springer.

Kornhuber, H. H. & Deecke, L. (1965). Hirnpotentialänderungen bei Willkürbewegungen und passiven Bewegungen des Menschen: Bereitschaftspotential und reafferente Potentiale. *Pflügers Archiv für die gesamte Physiologie, 282,* 1–17.

Kramer, A. F. & Spinks, J. (1991). Capacity views of human information processing. In R. Jennings & M. G. H. Coles (Hrsg.), *Handbook of cognitive psychophysiology: Central and autonomic nervous systems approaches* (S. 179–249). London: Wiley.

Krohne, H. W. (1996). *Angst und Angstbewältigung.* Stuttgart: Kohlhammer.

Kuhn, T. S. (1991). *Die Struktur wissenschaftlicher Revolutionen.* Frankfurt: Suhrkamp.

Kutas, M. & Hillyard, S. A. (1980). Reading senseless sentences: Brain potentials reflect semantic incongruity. *Science, 207,* 203–205.

Lacey, J. I. (1967). Somatic response patterning and stress: Some revisions of activation theory. In M. H. Appley & R. Trumbull (Hrsg.), *Psychological stress: Issues in research* (S. 14–42). New York: Appleton-Century-Crofts.

Lader, M. H. (1975). *The psychophysiology of mental illness.* London: Routledge & Kegan Paul.

Landers, D. M. (1980). The arousal-performance relationship revisited. *Research Quarterly for Exercise and Sport, 51,* 77–90.

Landis, C. & Hunt, W. A. (1939). *The startle pattern.* New York: Farrar & Rinehart.

Lang, P. J., Bradley, M. M. & Cuthbert, B. N. (1990). Emotion, attention, and the startle reflex. *Psychological Review, 97,* 377–395.

Larsen, P. B., Schneiderman, N. & Pasin, R. D. (1986). Physiological bases of cardiovascular psychophysiology. In M. G. H. Coles, E. Donchin & S. W. Porges (Hrsg.), *Psychophysiology: Systems, processes, and applications* (S. 122–165). New York: Guilford.

Lausch, E. (1980). *Manipulation: Der Griff nach dem Gehirn.* Reinbek: Rowohlt Taschenbuch Verlag.

Laux, L. (1983). Psychologische Streßkonzeptionen. In H. Thomae (Hrsg.), *Motivation und Emotion* (Enzyklopädie der Psychologie, Band 1. Theorien und Formen der Motivation; S. 453–535). Göttingen: Hogrefe.

Lazarus, R. S. & Folkman, S. (1984). *Stress, appraisal, and coping.* New York: Springer Publishing Company.

Lazarus, R. S., Opton, E. M., Nomikos, M. S. & Rankin, N. O. (1965). The principle of short-circuiting of threat: Further evidence. *Journal of Personality, 33,* 622–635.

LeDoux, J. E. (1995). In search of an emotional system in the brain: Leaping from fear to emotion and consciousness. In M. S. Gazzaniga (Hrsg.), *The cognitive neurosciences* (S. 1049–1061). Cambridge, MA: MIT Press.

Levey, A. B. (1980). Measurement units in psychophysiology. In I. Martin & P. H. Venables (Hrsg.), *Techniques in psychophysiology* (S. 597–628). Chichester: Wiley.

Levi, L. (Hrsg.) (1972). *Stress and distress in response to psychosocial stimuli.* Oxford: Pergamon Press.

Levinson, D. F. & Edelberg, R. (1985). Scoring criteria for response latency and habituation in electrodermal research: A critique. *Psychophysiology, 22*, 417–426.

Lewin, K. (1963). Formalisierung und Fortschritt in der Psychologie. In D. Cartwright (Hrsg.), *Feldtheorie in den Sozialwissenschaften: Ausgewählte theoretische Schriften* (S. 47–73). Bern: Huber.

Lidberg, L., Schalling, D. & Levander, S. E. (1972). Some characteristics of digital vasomotor activity. *Psychophysiology, 9*, 402–411.

Lindsley, D. B. (1951). Emotion. In S. S. Stevens (Hrsg.), *Handbook of experimental psychology* (S. 473–516). New York: Wiley.

Lindsley, D. B. (1957). Psychophysiology and motivation. In M. R. Jones (Hrsg.), *Nebraska Symposium on Motivation* (S. 44–105). Lincoln, NE: University of Nebraska Press.

Lindsley, D. B. (1960). Attention, consciousness, sleep and wakefulness. In J. Field (Hrsg.), *Handbook of physiology-neurophysiology* (Band 3, S. 1553–1593). Washington, DC: American Physiological Society.

Lindsley, D. B. (1970). The role of nonspecific reticulo-thalamo-cortical systems in emotion. In P. Black (Hrsg.), *Physiological correlates of emotion* (S. 147–188). New York: Academic Press.

Lindsley, D. B. (1982). Neural mechanisms of arousal, attention, and information processing. In J. Orbach (Hrsg.), *Neuropsychology after Lashley: Fifty years since the publication of Brain Mechanisms and Intelligence* (S. 315–407). Hillsdale, NJ: Lawrence Erlbaum.

Lindsley, D. B. & Wicke, J. D. (1974). The electroencephalogram: Autonomous electrical activity in man and animals. In R. F. Thompson & M. M. Patterson (Hrsg.), *Bioelectric recording techniques: Part B: Electroencephalography and human brain potentials* (S. 3–83). New York: Academic Press.

Lindsley, D. B., Schreiner, L. H., Knowles, W. B. & Magoun, H. W. (1950). Behavioral and EEG changes following chronic brain stem lesions in the cat. *Electroencephalography and Clinical Neurophysiology, 2*, 483–498.

Lippold, O. C. J. (1967). Electromyography. In P. H. Venables & I. Martin (Hrsg.), *A manual of psychophysiological measures* (S. 245–297). Amsterdam: North-Holland.

Lopes da Silva, F. H. & Storm van Leeuwen, W. (1978). The cortical alpha rhythm in dog: The depth and surface profile of phase. In M. A. B. Brazier & H. Petsche (Hrsg.), *Architectonics of the cerebral cortex* (S. 319–333). New York: Raven Press.

Lorig, T. S. & Schwartz, G. E. (1990). The pulmonary system. In J. T. Cacioppo & L. G. Tassinary (Hrsg.), *Principles of psychophysiology: Physical, social, and inferential elements* (S. 580–598). Cambridge: Cambridge University Press.

Loveless, N. E. (1979). Event-related slow potentials of the brain as expressions of orienting function. In H. D. Kimmel, E. H. van Olst & J. F. Orlebeke (Hrsg.), *The orienting reflex in humans* (S. 77–100). Hillsdale, NJ: Lawrence Erlbaum.

Loveless, N. E. (1983). The orienting response and evoked potentials in man. In D. A. T. Siddle (Hrsg.), *Orienting and habituation: Perspectives in human research* (S. 71–108). Chichester: Wiley.

Loveless, N. E. & Brunia, C. M. H. (1990). Effects of rise-time on late components of the auditory evoked potential. *Journal of Psychophysiology, 4*, 369–380.

Loveless, N. E. & Sanford, A. J. (1974). Slow potential correlates of preparatory set. *Biological Psychology, 1*, 303–314.

Luria, A. R. (1973). *The working brain.* New York: Basic Books.

Lutzenberger, W., Elbert, T., Rockstroh, B. & Birbaumer, N. (1985). *Das EEG.* Berlin: Springer.

Lykken, D. T. (1981). *A tremor in the blood: Uses and abuses of the lie detector.* New York: McGraw-Hill.

Lykken, D. T. & Venables, P. H. (1971). Direct measurement of skin conductance: A proposal for standardization. *Psychophysiology, 8*, 656–672.

Lynn, R. (1966). *Attention, arousal and the orientation reaction.* Oxford: Pergamon Press.

Malmo, R. B. (1959). Activation: A neuropsychological dimension. *Psychological Review, 66*, 367–386.

Malmo, R. B. & Shagass, C. (1949). Physiologic study of symptom mechanisms in psychiatric patients under stress. *Psychosomatic Medicine, 11*, 25–29.

Malmo, R. B., Shagass, C. & Davis, F. H. (1950). Symptom specificity and bodily reactions during psychiatric interview. *Psychosomatic Medicine, 12*, 362–376.

Maltzman, I. (1971). The orienting reflex and thinking as determiners of conditioning and generalization to words. In H. H. Kendler & J. T. Spence (Hrsg.), *Essays in neobehaviorism* (S. 89–111). New York: Appleton-Century-Crofts.

Maltzman, I. (1977). Orienting in classical conditioning and generalization of the galvanic skin response to words: An overview. *Journal of Experimental Psychology: General, 106*, 111–119.

Maltzman, I. (1979). Orienting reflexes and significance: A Reply to O'Gorman. *Psychophysiology, 16*, 274–282.

Markowitsch, H. J. (1983). Was ist physiologische Psychologie? *Psychologische Rundschau, 34*, 86–94.

Mason, J. W. (1968a). A review of psychoendocrine research on the pituitary-adrenal cortical system. *Psychosomatic Medicine, 30*, 576.

Mason, J. W. (1968b). A review of psychoendocrine research on the sympathetic-adrenal medullary system. *Psychosomatic Medicine, 30*, 666.

Mason, J. W. (1971). A reevaluation of the concept of »non-specificity« in stress theory. *Journal of Psychiatric Research, 8*, 323–333.

Mason, J. W. (1975a). A historical view of the stress field. Part I. *Journal of Human Stress, 1*(1), 7–12.

Mason, J. W. (1975b). A historical view of the stress field. Part II. *Journal of Human Stress, 1*(2), 22–36.

McLean, P. D. (1969). Induced arousal and time of recall as determinants of paired-associate recall. *British Journal of Psychology, 60*, 57–62.

Mesulam, M. M. & Perry, J. (1972). The diagnosis of love-sickness: Experimental psychophysiology without the polygraph. *Psychophysiology, 9*, 546–551.

Miller, N. E. & DiCara, L. V. (1968). Instrumental learning of urine formation by rats: Changes in renal blood flow. *American Journal of Physiology, 215*, 677–683.

Miller, N. E. & Dworkin, B. R. (1974). Visceral learning: Recent difficulties with curarized rats and significant problems for human research. In P. A. Obrist, A. H. Block, J. Brener & L. V. DiCara (Hrsg.), *Cardiovascular psychophysiology* (S. 312–331). Chicago, IL: Aldine.

Miltner, W., Birbaumer, N. & Gerber, W. D. (1986). *Verhaltensmedizin*. Berlin: Springer.

Moonen, C. T. W. (1995). Imaging of human brain activation with functional MRI. *Biological Psychiatry, 37*, 141–143.

Moruzzi, G. & Magoun, H. W. (1949). Brain stem reticular formation and activation of the EEG. *Electroencephalography and Clinical Neurophysiology, 1*, 455–473.

Mulder, T. & Hulstijn, W. (1984). The effect of fatigue and repetition of the task on the surface electromyographic signal. *Psychophysiology, 21*, 528–534.

Muthny, F. A. (1984). *Elektrodermale Aktivität und palmare Schwitzaktivität als Biosignale der Haut in der psychophysiologischen Grundlagenforschung*. Freiburg: Dreisam Verlag.

Näätänen, R. (1988). Implications of ERP data for psychological theories of attention. *Biological Psychology, 26*, 117–163.

Näätänen, R. (1992). *Attention and brain function*. Hillsdale, NJ: Lawrence Erlbaum.

Näätänen, R. & Gaillard, A. W. K. (1983). The N2 deflection of ERP and the orienting reflex. In A. W. K. Gaillard & W. Ritter (Hrsg.), *EEG correlates of information processing: Theoretical issues* (S. 119–141). Amsterdam: North-Holland.

Näätänen, R. & Picton, T. (1987). The N1 wave of the human electric and magnetic response to sound: A review and analysis of the component structure. *Psychophysiology, 24*, 375–425.

Näätänen, R., Simpson, M. & Loveless, N. E. (1982). Stimulus deviance and evoked potentials. *Biological Psychology, 14*, 53–98.

Neiss, R. (1988). Reconceptualizing arousal: Psychobiological states in motor performance. *Psychological Bulletin, 103*, 345–366.

Neiss, R. (1990). Ending arousal's reign of error: A reply to Anderson. *Psychological Bulletin, 107,* 101–105.

Neisser, U. (1976). *Cognition and reality: Principles and implications of cognitive psychology.* San Francisco, CA: Freeman.

Neisser, U. (1979). *Kognition und Wirklichkeit.* Stuttgart: Klett-Cotta.

Neumann, E. & Blanton, R. (1970). The early history of electrodermal research. *Psychophysiology, 6,* 453–475.

Norman, D. A. & Bobrow, D. G. (1975). On data-limited and resource-limited processes. *Cognitve Psychology, 7,* 44–64.

Öhman, A. (1979). The orienting response, attention, and learning: An information-processing perspective. In H. D. Kimmel, E. H. van Olst & J. F. Orlebeke (Hrsg.), *The orienting reflex in humans* (S. 443–471). Hillsdale, NJ: Lawrence Erlbaum.

Ogawa, S., Lee, T. M., Ray, A. R. & Tank, D. W. (1990). Brain magnetic resonance imaging with contrast dependent on blood oxygenation. *Proceedings of the National Academy of Sciences of the USA, 87,* 9868–9872.

O'Gorman, J. G. (1979). The orienting reflex: Novelty or significance detector? *Psychophysiology, 16,* 253–262.

Oster, P. J. & Stern, J. A. (1980). Measurement of eye movements: Electrooculography. In I. Martin & P. H. Venables (Hrsg.), *Techniques in psychophysiology* (S. 275–309). Chichester: Wiley.

Papillo, J. F. & Shapiro, D. (1990). The cardiovascular system. In J. T. Cacioppo & L. G. Tassinary (Hrsg.), *Principles of psychophysiology: Physical, social, and inferential elements* (S. 456–512). Cambridge: Cambridge University Press.

Pawlow, I. P. (1953a). *Sämtliche Werke (Band III/1).* Berlin: Akademie-Verlag.

Pawlow, I. P. (1953b). *Sämtliche Werke (Band IV).* Berlin: Akademie-Verlag.

Peñaz, J. (1973). Photoelectric measurement of blood pressure, volume and flow in the finger. In R. Albert, W. Vogt & W. Helbig (Hrsg.), *Digest of the 10th International Conference on Medical and Biological Engineering* (S. 104–120). Dresden.

Pfurtscheller, G. & Lopes da Silva, F. H. (Hrsg.) (1988). *Functional brain imaging.* Toronto: Huber.

Popper, K. R. (1989). *Logik der Forschung.* Tübingen: Mohr.

Popper, K. R. (1995). *Lesebuch: Ausgewählte Texte zu Erkenntnistheorie, Philosophie der Naturwissenschaften, Metaphysik, Sozialphilosophie.* Tübingen: Mohr.

Porges, S. W. (1986). Respiratory sinus arrhythmia: Physiological basis, quantitative methods, and clinical implications. In P. Grossman, K. Janssen & D. Vaitl (Hrsg.), *Cardiorespiratory and cardiosomatic psychophysiology* (S. 101–115). New York: Plenum.

Porges, S. W. & Byrne, E. A. (1992). Research methods for measurement of heart rate and respiration. *Biological Psychology, 34,* 93–130.

Pribram, K. H. & McGuinness, D. (1975). Arousal, activation, and effort in the control of attention. *Psychological Review, 82,* 116–149.

Ray, W. J. (1990). The electrocortical system. In J. T. Cacioppo & L. G. Tassinary (Hrsg.), *Principles of psychophysiology: Physical, social, and inferential elements* (S. 385–412). Cambridge: Cambridge University Press.

Reed, S. D., Harver, A. & Katkin, E. S. (1990). Interoception. In J. T. Cacioppo & L. G. Tassinary (Hrsg.), *Principles of psychophysiology: Physicial, social, and inferential elements* (S. 253–291). Cambridge: Cambridge University Press.

Robbins, T. W. & Everitt, B. J. (1995). Arousal systems and attention. In M. S. Gazzaniga (Hrsg.), *The cognitive neurosciences* (S. 703–720). Cambridge, MA: MIT Press.

Rockstroh, B., Elbert, T., Lutzenberger, W. & Birbaumer, N. (1979). Slow cortical potentials under conditions of uncontrollability. *Psychophysiology, 16*, 374–380.

Rohrbaugh, J. W. (1984). The orienting reflex: Performance and central nervous system manifestations. In R. Parasuraman & R. Davies (Hrsg.), *Varieties of attention* (S. 323–373). Orlando, FL: Academic Press.

Rohrbaugh, J. W. & Gaillard, A. W. K. (1983). Sensory and motor aspects of the contingent negative variation. In A. W. K. Gaillard & W. Ritter (Hrsg.), *Tutorials in event related potential research: Endogenous components* (S. 269–310). Amsterdam: North-Holland.

Rohrbaugh, J. W., Syndulko, K. & Lindsley, D. B. (1976). Brain wave components of the contingent negative variation. *Science, 191*, 1055–1057.

Rohrbaugh, J. W., Syndulko, K. & Lindsley, D. B. (1978). Cortical slow negative waves following nonpaired stimuli: Effects of task factors. *Electroencephalography and Clinical Neurophysiology, 45*, 551–567.

Roland, P. E. (1993). *Brain activation*. New York: Wiley.

Rösler, F. (1982). *Hirnelektrische Korrelate kognitiver Prozesse*. Berlin: Springer.

Rösler, F. (1983). Endogenous ERPs and cognition: Probes, prospects, and pitfalls in matching pieces of the mind-body puzzle. In A. W. K. Gaillard & W. Ritter (Hrsg.), *Tutorials in event related potential research: Endogenous components* (S. 9–35). Amsterdam: North-Holland.

Rösler, F. & Manzey, D. (1981). Principal components and VARIMAX-rotated components in event-related potential research: Some remarks on their interpretation. *Biological Psychology, 13*, 3–26.

Rösler, F., Hasselmann, D. & Sojka, B. (1987). Central and peripheral correlates of orienting and habituation. In R. Johnson, Jr., J. W. Rohrbaugh & R. Parasuraman (Hrsg.), *Current trends in event-related potential research* (S. 366–372). Amsterdam: Elsevier.

Roth, W. T. (1983). A comparison of P300 and skin conductance response. In A. W. K. Gaillard & W. Ritter (Hrsg.), *Tutorials in event related potential research: Endogenous components* (S. 177–199). Amsterdam: North-Holland.

Routtenberg, A. (1968). The two-arousal hypothesis: Reticular formation and limbic system. *Psychological Review, 75*, 51–80.

Rüddel, H. & Curio, I. (Hrsg.) (1991). *Non-invasive continuous blood pressure measurement*. Frankfurt: Peter Lang.

Rugg, M.D. & Coles, M.G.H. (Hrsg.) (1995). *Electrophysiology of mind: Event-related brain potentials and cognition*. Oxford: Oxford University Press.

Schandry, R. (1989). *Lehrbuch der Psychophysiologie. Körperliche Indikatoren psychischen Geschehens*. München: Psychologie Verlags Union.

Schedlowski, M. (1994). *Streß, Hormone und zelluläre Immunfunktion: Ein Beitrag zur Psychoneuroimmunologie*. Heidelberg: Spektrum Akademischer Verlag.

Schwartz, G.E., Whitehorn, D., Hernon, J. & Jones, M. (1986). The ARC method for averaging repetitive cycles: Application to respiration during stress and relaxation. *Psychophysiology, 23*, 460.

Selg, H., Klapprott, J. & Kamenz, R. (1992). *Forschungsmethoden der Psychologie*. Stuttgart: Kohlhammer.

Selye, H. (1936). A syndrome produced by diverse nocuous agents. *Nature, 138*, 32.

Selye, H. (1957). *Stress beherrscht unser Leben*. Düsseldorf: Econ.

Selye, H. (1976). *The stress of life*. New York: McGraw-Hill.

Settels, J.J. & Wesseling, K.H. (1985). Fin.A.Pres: Non-invasive finger arterial pressure waveform registration. In J.F. Orlebeke, G. Mulder & L.J.P. van Doornen (Hrsg.), *Psychophysiology of cardiovascular control: Models, methods, and data* (S. 267–283). New York: Plenum.

Siddle, D.A.T. (1979). The orienting response and stimulus significance: Some comments. *Biological Psychology, 8*, 303–309.

Siddle, D.A.T. (Hrsg.) (1983). *Orienting and habituation: Perspectives in human research*. Chichester: Wiley.

Siddle, D.A.T. (1991). Orienting, habituation, and resource allocation: An associative analysis. *Psychophysiology, 28*, 245–259.

Siddle, D.A.T. & Heron, P.A. (1976). Effects of length of training and amount of tone frequency change on amplitude of autonomic components of the orienting response. *Psychophysiology, 13*, 281–287.

Simons, R.F., Rockstroh, B., Elbert, T., Fiorito, E., Lutzenberger, W. & Birbaumer, N. (1987). Evocation and habituation of autonomic and event-related potential responses in a nonsignal environment. *Journal of Psychophysiology, 1*, 45–59.

Singer, R.N. (1982). Thought processes and emotions in sport. *The Physician and Sportsmedicine, 10*, 75–88.

Skinner, J.E. (1988). Regulation of cardiac vulnerability by the frontal cortex: A new concept of Cannon's cerebral defense mechanism. In G.C. Galbraith, M.L. Kietzman & E. Donchin (Hrsg.), *Neurophysiology and psychophysiology: Experimental and clinical applications* (S. 68–80). Hillsdale, NJ: Lawrence Erlbaum.

Skinner, J.E. (1991). Brain control of cardiovascular dynamics. In C.H.M. Brunia, G. Mulder & M.N. Verbaten (Hrsg.), *Event-related brain research* (S. 270–283). Amsterdam: Elsevier.

Skinner, J. E. & Yingling, C. D. (1977). Central gating mechanisms that regulate event-related potentials and behavior. In J. E. Desmedt (Hrsg.), *Attention, voluntary contraction and slow potential shifts* (S. 30–69). Basel: Karger.

Sokolov, E. N. (1960). Neuronal models and the orienting reflex. In M. A. B. Brazier (Hrsg.), *The central nervous system and behaviour* (S. 187–276). New York: Macy.

Sokolov, E. N. (1963). *Perception and the conditioned reflex*. Oxford: Pergamon Press.

Sokolov, E. N. (1966). Orienting reflex as information regulator. In A. Leontyev, A. Luriya & A. Smirnov (Hrsg.), *Psychological research in the U. S. S. R.* (Band 1, S. 334–360). Moscow: Progress Publishers.

Sokolov, E. N. (1969). The modeling properties of the nervous system. In M. Cole & I. Maltzman (Hrsg.), *A handbook of contemporary Soviet Psychology* (S. 671–704). New York: Basic Books.

Sokolov, E. N. (1975). The neuronal mechanisms of the orienting reflex. In E. N. Sokolov & O. S. Vinogradova (Hrsg.), *Neuronal mechanisms of the orienting reflex* (S. 217–235). Hillsdale, NJ: Lawrence Erlbaum.

Sokolov, E. N. (1990). Comment on Barry's Paper. *Pavlovian Journal of Biological Science*, 25, 99–100.

Squires, K. C., Wickens, C., Squires, N. K. & Donchin, E. (1976). The effect of stimulus sequence on the waveform of the cortical event-related potential. *Science*, 193, 1142–1146.

Stegmüller, W. (1974). *Probleme und Resultate der Wissenschaftstheorie und Analytischen Philosophie (Band II): Theorie und Erfahrung. Erster Halbband: Begriffsformen, Wissenschaftssprache, empirische Signifikanz und theoretische Begriffe*. Berlin: Springer.

Stemmler, G. & Fahrenberg, J. (1989). Psychophysiological assessment: Conceptual, psychometric, and statistical issues. In G. Turpin (Hrsg.), *Handbook of clinical psychophysiology* (S. 71–104). Chichester: Wiley.

Steller, M. (1987). *Psychophysiologische Aussagebeurteilung*. Göttingen: Hogrefe.

Stern, J. A. (1964). Toward a definition of psychophysiology. *Psychophysiology*, 1, 90–91.

Stern, J. A. & Dunham, D. N. (1990). The ocular system. In J. T. Cacioppo & L. G. Tassinary (Hrsg.), *Principles of psychophysiology: Physical, social, and inferential elements* (S. 513–553). Cambridge: Cambridge University Press.

Stern, R. M., Ray, W. J. & Davis, C. M. (1980). *Psychophysiological recording*. New York: Oxford University Press.

Stern, R. M., Koch, K. L. & Vasey, M. W. (1990). The gastrointestinal system. In J. T. Cacioppo & L. G. Tassinary (Hrsg.), *Principles of psychophysiology: Physical, social, and inferential elements* (S. 554–579). Cambridge: Cambridge University Press.

Stevens, C. F. (1983). Die Nervenzelle. In *Gehirn und Nervensystem* (S. 2–12). Heidelberg: Spektrum der Wissenschaft.

Stevens, S. S. (1951). Mathematics, measurement, and psychophysics. In

S. S. Stevens (Hrsg.), *Handbook of experimental psychology* (S. 1–49). New York: Wiley.

Tarchanoff, J. (1889). Décharges électriques dans la peau de l'homme sous l'influence de l'excitation des organes des sens et de différentes formes d'activité psychique. *Comptes Rendus des Séances de la Société de Biologie, 41*, 447–451.

Tarchanoff, J. (1890). Ueber die galvanischen Erscheinungen in der Haut des Menschen bei Reizungen der Sinnesorgane und bei verschiedenen Formen der psychischen Thätigkeit. *Pflügers Archiv für die gesamte Physiologie des Menschen und der Tiere, 46*, 46–55.

Tassinary, L. G., Cacioppo, J. T. & Geen, T. R. (1989). A psychometric study of surface electrode placements for facial electromyographic recording: I. The brow and cheek muscle regions. *Psychophysiology, 26*, 1–16.

Turpin, G. (1986). Effects of stimulus intensity on autonomic responding: The problem of differentiating orienting and defense reflexes. *Psychophysiology, 23*, 1–14.

Tyhurst, J. S. (1951). Individual reactions to community disaster. *American Journal of Psychiatry, 107*, 764–769.

Tyron, W. W. (1975). Pupillometry: A survey of sources of variation. *Psychophysiology, 12*, 90–93.

Unger, S. M. (1964). Habituation of the vasoconstrictive orienting reaction. *Journal of Experimental Psychology, 67*, 11–18.

Vaitl, D. (1993). Biofeedback. In D. Vaitl & F. Petermann (Hrsg.), *Handbuch der Entspannungsverfahren* (Band 1: Grundlagen und Methoden, S. 272–315). Weinheim: Psychologie Verlags Union.

Velden, M. (1978). Some necessary revisions of the neuronal model concept of the orienting response. *Psychophysiology, 15*, 181–185.

Velden, M. (1994). *Psychophysiologie: Eine kritische Einführung.* Weinheim: Psychologie Verlags Union.

Velden, M. & Graham, F. K. (1988). Depicting heart rate over real time: Two procedures that are mathematically identical. *Journal of Psychophysiology, 2*, 291–292.

Velden, M. & Vossel, G. (1985). How can skin conductance responses increase over trials while skin resistance responses decrease? *Physiological Psychology, 13*, 291–295.

Velden, M. & Wölk, C. (1987). Depicting cardiac activity over real time: A proposal for standardization. *Journal of Psychophysiology, 1*, 173–175.

Velden, M. & Wölk, C. (1990). Plotting systolic, diastolic, and pulse pressure on a real time scale. *International Journal of Psychophysiology, 10*, 99–101.

Venables, P. H. (1984). Arousal: An examination of its status as a concept. In M. G. H. Coles, J. R. Jennings & J. A. Stern (Hrsg.), *Psychophysiological perspectives: Festschrift for Beatrice and John Lacey* (S. 134–154). New York: Van Nostrand Reinhold.

Venables, P. H. & Christie, M. J. (1973). Mechanisms, instrumentation, recording techniques, and quantification of responses. In W. F. Prokasy &

D. C. Raskin (Hrsg.), *Electrodermal activity in psychological research* (S. 1-124). New York: Academic Press.

Venables, P. H. & Christie, M. J. (1980). Electrodermal activity. In I. Martin & P. H. Venables (Hrsg.), *Techniques in psychophysiology* (S. 3-67). Chichester: Wiley.

Veraguth, O. (1909). *Das psychogalvanische Reflexphänomen.* Berlin: Karger.

Verleger, R. (1988). Event-related potentials and cognition: A critique of the context updating hypothesis and an alternative interpretation of P3. *Behavioral and Brain Sciences, 11,* 343-356.

Vigouroux, R. (1879). Sur le rôle de la résistance électrique des tissues dans l'électro-diagnostic. *Comptes Rendus des Séances de la Société de Biologie, 31,* 336-339.

Vila, J., Fernández, M. C. & Godoy, J. (1992). The cardiac defense response in humans: Effect of stimulus modality and gender differences. *Journal of Psychophysiology, 6,* 140-154.

Voronin, L. G. & Sokolov, E. N. (1960). Cortical mechanisms of the orienting reflex and their relation to the conditioned reflex. *Electroencephalography and Clinical Neurophysiology, Supplement 13,* 335-344.

Vossel, G. (1990). *Elektrodermale Labilität: Ein Beitrag zur Differentiellen Psychophysiologie.* Göttingen: Hogrefe.

Vossel, G. & Laux, L. (1983). Stress. In H. A. Euler & H. Mandl (Hrsg.), *Emotionspsychologie: Ein Handbuch in Schlüsselbegriffen* (S. 226-233). München: Urban und Schwarzenberg.

Vossel, G. & Zimmer, H. (1989a). Heart rate deceleration as an index of the orienting response? *Journal of Psychophysiology, 3,* 111-124.

Vossel, G. & Zimmer, H. (1989b). »Roses have thorns and silver fountains mud«: A reply to Simons and Turpin. *Journal of Psychophysiology, 3,* 141-146.

Vossel, G. & Zimmer, H. (1990). Psychometric properties of non-specific electrodermal response frequency for a sample of male students. *International Journal of Psychophysiology, 10,* 69-73.

Vossel, G. & Zimmer, H. (1992). Elektrodermale Labilität, Habituation und Reizänderungseffekte: Eine psychophysiologische Analyse. *Schweizerische Zeitschrift für Psychologie, 51,* 89-101.

Vossel, G. & Zimmer, H. (1993). Aufmerksamkeit. In A. Schorr (Hrsg.), *Handwörterbuch der Angewandten Psychologie: Die Angewandte Psychologie in Schlüsselbegriffen* (S. 58-61). Bonn: Deutscher Psychologen Verlag.

Vossel, G., Gödert, H. W. & Rill, H.-G. (1997). *Differentiation of deception: The effects of electrodermal lability and mode of responding on skin conductance and heart rate.* 3rd European Congress of Psychophysiology, University of Konstanz, Konstanz. (Abstract)

Wallin, B. G. (1981). Sympathetic nerve activity underlying electrodermal and cardiovascular responses in man. *Psychophysiology, 18,* 470-476.

Walschburger, P. (1976). *Zur Beschreibung von Aktivierungsprozessen: Eine*

FACHVERLAG FÜR PSYCHOLOGIE UND MEDIZIN

Heinz W. Krohne
Angst und Angstbewältigung

427 Seiten. Kart.
DM 48,–/öS 350,–/sFr 44,50
ISBN 3-17-013039-0

Seit vielen Jahren ist die Angstforschung in Deutschland mit dem Namen Krohne verbunden. Dieses Buch bietet einen aktuellen Überblick über den gegenwärtigen Wissensstand. Der Autor stellt unter anderem Methoden zur Messung der Angst dar, Formen und Strategien der Angstbewältigung, Theorien, empirische Befunde zu den Bedingungen, Auslösern und Konsequenzen der Angst, ferner zeigt er Anwendungsmöglichkeiten der Ergebnisse der Angst- und Bewältigungsforschung auf, speziell in den Bereichen Gesundheit und Leistung.

Der Autor
Prof. Dr. Heinz W. Krohne ist Leiter der Abteilung Persönlichkeitspsychologie im Psychologischen Institut der Johannes Gutenberg-Universität Mainz.

Kohlhammer

W. Kohlhammer GmbH · 70549 Stuttgart

Methodenstudie zur psychophysiologischen Diagnostik. Freiburg: Unveröffentlichte Dissertation.

Walter, W. G., Cooper, R., Aldridge, V. J., McCallum, W. C. & Winter, A. L. (1964). Contingent negative variation: An electric sign of sensorimotor association and expectancy in the human brain. *Nature, 203*, 380–384.

Waters, W. F., McDonald, D. G. & Koresko, R. L. (1977). Habituation of the orienting response: A gating mechanism subserving selective attention. *Psychophysiology, 14*, 228–236.

Weinert, F. E. (1987). Bildhafte Vorstellungen des Willens. In H. Heckhausen, P. M. Gollwitzer & F. E. Weinert (Hrsg.), *Jenseits des Rubikon: Der Wille in den Humanwissenschaften* (S. 10–26). Berlin: Springer.

Westmeyer, H. (1982). Wissenschaftstheoretische Aspekte der Feldforschung. In J.-L. Patry (Hrsg.), *Feldforschung: Methoden und Probleme sozialwissenschaftlicher Forschung unter natürlichen Bedingungen* (S. 67–84). Bern: Huber.

Wittling, W. (1980). Biofeedback-Therapie. In W. Wittling (Hrsg.), *Handbuch der Klinischen Psychologie* (Band 2: Psychotherapeutische Interventionsmethoden, S. 197–245). Hamburg: Hoffmann und Campe.

Wölk, C., Velden, M., Zimmermann, U. & Krug, S. (1989). The interrelation between phasic blood pressure and heart rate changes in the context of the ›baroreceptor hypothesis‹. *Journal of Psychophysiology, 3*, 397–402.

Yerkes, R. M. & Dodson, J. D. (1908). The relation of strength of stimulus to rapidity of habit-formation. *Journal of Comparative and Neurological Psychology, 18*, 459–482.

Yingling, C. D. & Skinner, J. E. (1977). Gating of thalamic input to the cerebral cortex by nucleus reticularis thalami. In J. E. Desmedt (Hrsg.), *Attention, voluntary contraction and slow potential shifts* (S. 70–96). Basel: Karger.

Zeier, H. (1977). Grundzüge der Neuroanatomie. In R. A. Stamm & H. Zeier (Hrsg.), *Die Psychologie des 20. Jahrhunderts* (Band 6: Lorenz und die Folgen, S. 671–714). Zürich: Kindler.

Zimmer, H. & Vossel, G. (1993). Methoden der Quantifizierung phasischer Hautleitfähigkeitserhöhungen: Eine Gefahr für die Validität? *Zeitschrift für Experimentelle und Angewandte Psychologie, 40*, 676–702.